U0455898

南水北调中线工程文物保护项目
河南省考古发掘报告
第②号

百泉、郭柳与山彪

河南省文物局　编　著

科学出版社
北　京

内 容 简 介

2006~2007年，为了配合南水北调中线工程建设，新乡市文物考古研究所对辉县市百泉、凤泉区郭柳和卫辉市山彪三处墓地进行了全面发掘，清理了近120座墓葬。本书全面、系统地报道了这批资料，从墓葬形制、规格和年代及随葬品方面进行了分析、探讨，为探索豫北地区汉、唐、宋金、明清时期丧葬习俗和社会发展状况，提供了一批重要的实物资料。

本书可供考古学、历史学研究者及高等院校相关专业师生阅读、参考。

图书在版编目（CIP）数据

河南省考研发掘报告. 第2号，百泉、郭柳与山彪／河南省文物局编著. —北京：科学出版社，2010.1

南水北调中线工程文物保护项目

ISBN 978-7-03-027221-8

Ⅰ.①河…　Ⅱ.①河…　Ⅲ.①墓葬（考古）－发掘报告－河南省　Ⅳ.①K878.85

中国版本图书馆 CIP 数据核字（2010）第 065245 号

责任编辑：张亚娜　郝莎莎／责任校对：陈玉凤
责任印制：赵德静／封面设计：黄华斌

科 学 出 版 社 出版

北京东黄城根北街 16 号
邮政编码：100717
http://www.sciencep.com

中国科学院印刷厂 印刷

科学出版社发行　各地新华书店经销

*

2010 年 1 月第 一 版　　开本：890×1240　1/16
2010 年 1 月第一次印刷　　印张：20 1/4　插页：44
印数：1—1 600　　字数：535 000

定价：208.00 元

（如有印装质量问题，我社负责调换）

Reports on the Cultural Relics Conservation
in the South-to-North Water Diversion Project
Henan Vol.2

The Baiquan, Guoliu and Shanbiao
Cemetery Sites in Xinxiang City, Henan

Administration of Cultural Heritage of Henan Province

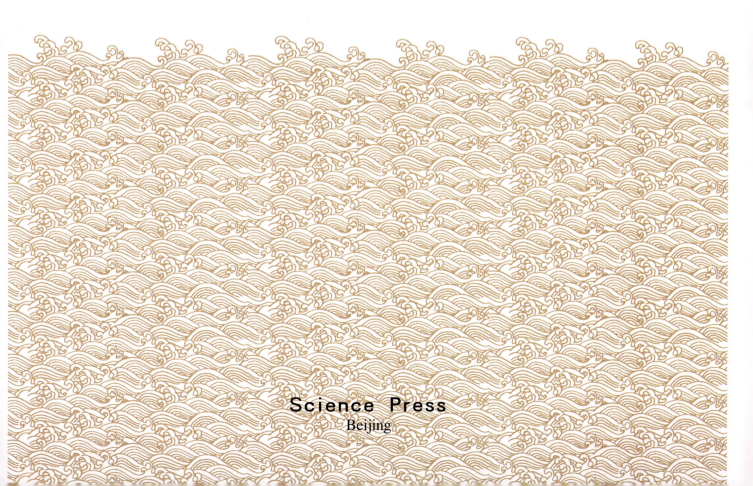

Science Press
Beijing

南水北调中线工程文物保护项目报告

河南省编辑委员会

主　　　任　陈爱兰

副　主　任　孙英民　李玉东　邓培全　尚宇鸣

　　　　　　齐耀华　刘正才　张志清

编　　　委　郑小玲　付玉林　司治平　康国义　王爱英

　　　　　　秦文生　孙新民　秦曙光　王长春　王家永

　　　　　　韦耀国　常志兵　李　勇　湛若云　阎铁成

　　　　　　许晓鹏　段振美　陈高潮　范　禄　杨保群

　　　　　　张　琳　陈同庆　秦文波　孔祥珍

总　　　编　陈爱兰

执 行 总 编　孙英民

副　总　编　张志清　孙新民　司治平

编 辑 部 主 任　秦文波

编辑部副主任　孔祥珍　董　睿

南水北调中线工程文物保护项目报告

河南省第 2 号

《百泉、郭柳与山彪》

主　编

傅山泉

项目承担单位

河南省文物考古研究所

新乡市文物考古研究所

前　言

　　作为举世瞩目的特大型水利建设项目，南水北调中线工程的文物保护工作在河南是史无前例的。无论是工程涉及区域之广大，还是文物点分布的密集程度和价值之高，在河南的考古史上都是前所未有的。因此，当黄河小浪底水利枢纽工程和长江三峡库区的文物保护工作结束后不久，随着南水北调中线工程设计规划和施工的渐次展开，世人的目光便开始聚焦古老的中原大地。如何在配合特大型工程建设的同时，使中原大地珍贵的文化遗产得到有效保护，成为河南文物部门的重要任务。

　　南水北调中线工程包括水源地和总干渠两个主要项目。水源地丹江口水库地跨河南、湖北两省，总淹没面积达 370 平方公里，其中河南省境内占 170 平方公里，约占总面积的 46%。总干渠起自河南省淅川县的陶岔，流经河南、河北、北京、天津等省市，全长 1276 公里，其中河南境内达 731 公里，约占总长度的 58%。从南阳盆地沿太行山东麓北行，流经南阳、平顶山、许昌、郑州、焦作、新乡、鹤壁、安阳 8 个省辖市 32 个县（市、区），南水北调中线工程纵贯了古代中原的核心区域。在淹没区和总干渠沿线及其附近分布的文物点，既有旧石器时代的化石地点和古人类遗迹，也有新石器时代的大型聚落，更有数量众多、内涵丰富的反映不同文化风格及其交融过程的历史时期的城址、墓葬群、古代建筑和石刻艺术等。可以说，纵贯河南南北的总干渠，在中原大地形成了一条极为难得的融汇各个文化发展时期和各种文化因素的古代文化廊道。

　　南水北调中线工程河南段的文物保护工作，有以下几个显著特点：

　　一是全国文物考古队伍积极参与。1994～2005 年，河南省组织协调省内外有关文物考古、科研和工程设计单位，对南水北调中线工程丹江口河南淹没区和总干渠沿线进行文物调查、复核和确认工作。经国家有关部门复核确认，南水北调中线工程共涉及河南境内文物点 330 处。2005 年，南水北调中线工程河南段文物保护抢救工作正式启动。河南省文物考古研究所和中国社会科学院考古研究所、武汉大学历史系、陕西省考古研究院等来自全国各地的 50 余家文物考古单位，先后参加南水北调中线工程河南段的文物保护抢救工作。河南省文物局积极组织协调，在工作中强化大局意识、质量意识、安全意识和服务意识，组织专家现场指导，安排部署市县文物部门进行巡视，为考古发掘单位提供优良的工作环境，确保工程建设和文物保护工程顺利进行。

　　二是保护抢救了一大批珍贵文物。南水北调文物保护不仅工程浩大，而且总干渠绝大部分是开挖明渠，更容易造成文物的破坏和损害。我们组织考古队伍提前介入，对将要开工渠段的已知文物点进行抢救发掘，有效地保护了文物。其中不乏历史价值、科学价值、艺术价值颇高的珍贵文物。如徐家岭墓地清理的一座战国早期楚国贵族墓葬，出土的一件小口鼎上铸有多达49字的清晰铭文，铭文上有岁星纪年和墓主人身份等，对于研究墓葬年代及墓主人身份提供了重要资料；鹤壁关庄墓地发现的清代西安府守备之墓，出土了一批金质头饰，造型优美，制作精细，特别是一件印有喜鹊登梅图案的金冠，工艺精良，有极高的艺术价值；博爱聂村墓地出土的4件唐代三彩钵，做工精湛，造型精美，是唐三彩器物中不可多得的精品。

三是考古发现具有重要的科学研究价值。如鹤壁刘庄遗址在全国首次发现分布密集、排列规律的大面积先商文化墓地，填补了先商文化发掘和研究工作的一项空白，是该研究领域的重大学术突破；安阳固岸墓地在我国第一次发现了以二十四孝为题材的东魏时期围屏石榻，首次发现了明确纪年的东魏墓葬，出土了大批北齐时期陶俑、瓷器和多方北齐、东魏墓志等重要文物，是研究豫北地区北朝时期的丧葬习俗和陶塑艺术，白瓷、黑瓷的起源和制作工艺，以及北齐和东魏时期的书法艺术的宝贵资料；卫辉大司马墓地唐代乞扶令和夫妇合葬墓的发掘，为研究我国隋唐时期的官吏体制、书法艺术和社会的繁盛提供了新证据；温县徐堡发现了龙山、西周、春秋、战国、汉、宋、明和清时期连续叠压的古城址，是目前黄河流域所发现的龙山文化城址中保存较好、规模较大的一座城址，填补了豫西北龙山城址发现的空白；荥阳薛村遗址为二里头文化晚期到早商文化时期的大型遗址，该遗址的发掘保护工作，对于研究薛村遗址聚落的结构、内部功能区的划分及其特点，探讨夏、商文化的演变的态势和更替有重要的学术意义和科学研究价值；荥阳关帝庙遗址发现了保存完整的商代晚期小型聚落，聚落功能齐全，分居住区、制陶区、祭祀区、墓葬区四部分，在我国商代考古发掘中尚属首次；新郑唐户遗址发现了大面积裴李岗文化时期的居住基址，房址形制结构特点和排水系统的使用，反映了裴李岗文化时期较为先进的建筑理念。

四是考古发掘与课题研究有机结合。在发掘过程中，不仅注重各类文物的抢救保护，而且采用现代科技手段，最大可能地采集各类标本。特别是对于出土的人骨、兽骨进行了性别、年龄、病理以及DNA等方面的鉴定；按照国家地理信息标准，对每处文物点都测量绘制了要素齐全的总平面图，为今后文物普查和保护奠定了基础。如武汉大学历史系对辉县大官庄墓地的一座9个墓室的大型汉墓，进行了发掘现场三维重建和近景摄影测绘技术的全面测绘，通过数字测绘技术、计算机虚拟现实技术，建立了三维的考古对象模型；山东大学在博爱西金城遗址发掘中，设立了主要涉及古地貌、动物、植物、石器、陶器以及遗址资源域十余个子课题的环境考古课题，是开展多学科综合研究的一次重大尝试。

河南省南水北调工程文物保护工作度过了艰辛而光荣的历程。我们积极探索大型项目建设中文物保护抢救工作的新路子，更新管理理念，创新管理机制，培育专业队伍，提升研究层次，取得了非凡的荣誉。安阳固岸墓地、鹤壁刘庄遗址、荥阳娘娘寨遗址、荥阳关帝庙遗址、新郑唐户遗址、新郑胡庄墓地等6个项目先后被评为"全国十大考古新发现"。鹤壁刘庄遗址、荥阳娘娘寨遗址、荥阳关帝庙遗址、新郑唐户遗址、新郑胡庄墓地、淅川沟湾遗址等6个项目荣获"全国田野考古质量奖"。国家文物局授予河南省文物局南水北调文物保护办公室"全国文化遗产保护工作先进集体"荣誉称号。

河南省南水北调中线工程文物保护工作一直受到各级领导的关心和社会各界的支持。全国政协张思卿副主席曾率团视察河南省南水北调工程文物保护工作。国务院南水北调办公室和国家文物局各位领导多次亲临一线检查指导，帮助排忧解难。河南省委、省政府多次召开会议，研究解决文物抢救保护工程中的重大问题。南水北调中线干线工程建设管理局、南水北调中线水源有限责任公司、河南省南水北调中线干线工程领导小组办公室、河南省人民政府移民工作领导小组办公室对南水北调文物保护工作也给予了大力支持和帮助。国家诸多考古学家多次深入到文物保护抢救现场，对重大学术问题和考古发掘质量给予帮助指导。社会各界特别是新闻媒体给予极大关注和广泛宣传。

为了更好地利用考古资料开展学术研究，充分展示河南省南水北调中线工程文物保护项目考古发掘的巨大成果，河南省文物局积极组织考古发掘单位及时对考古发掘资料进行整理和研究，编辑出版考古发掘报告，以期进一步推动文物保护和考古学研究工作。

河南省文物局

2010 年 5 月

目　　录

插 图 目 录

彩 版 目 录

图 版 目 录

绪　言

一、地理位置、自然环境与历史沿革

　　百泉、郭柳与山彪三处古代墓葬群，均位于新乡市北部沿太行山余脉南麓东西一线的丘陵地带。由西向东南依次为百泉墓地、郭柳墓地、山彪墓地（图一）。百泉墓地位于辉县市百泉镇东 500 米的小官庄村北，郭柳墓地位于新乡市凤泉区潞王坟乡前郭柳村南，山彪墓地位于卫辉市唐庄镇山彪村西北。三处墓地沿太行山余脉南麓一线，东西相距最远距离仅有 14 公里。其地理位置、自然环境亦基本相同。

　　以辉县市为例：辉县市位于河南省北部，东经 113°23′～113°57′，北纬 35°17′～35°50′。地处豫晋两省之交，西与山西省陵川县交界，北同林州市及山西省壶关县相接，东靠卫辉市，南临获嘉县，东南与新乡市毗连，西南与修武县相邻。市境西、北部紧临太行山脉，总面积 2007 平方公里。辉县市地处第二级地貌台阶向第三级地貌台阶的过渡地带，地势由西北而东南呈阶梯形下降，属海河流域卫河水系。因处于太行山与华北平原结合，属暖温带大陆性季风型气候。即将动工的南水北调中线工程从西至东贯穿全境。

　　辉县市历史悠久。据载，远古时期为共工氏部落族群居地。夏属冀州之域，殷商系京畿之地，周称凡国、共国。周厉王十六年，共国君共伯和受诸侯拥戴，代行王政，号共和，是为元年（公元前 841 年），为中国历史上有确切纪年的开始。春秋属卫，战国归魏，秦属三川郡。西汉时期，县境东置共县，西属山阳县。东汉、晋、北魏、东魏因之。隋开皇六年（596 年），去山阳县，改置共城县。唐武德元年（618 年），置共州，辖共城、凡城二县；武德四年废州，并凡城县入共城县。宋因之。金大定二十九年（1189 年），避显宗允恭（共之谐音）之讳，改称为河平县；明昌三年（1192 年）又改称苏门县；贞佑三年（1215 年）升苏门县为辉州，因百泉威惠王祠有清辉殿（取谢灵运"山水含清辉"诗名命名），故以"辉"为名，称"辉州"，领苏门、山阳二县。元代因之，后废苏门县，改山阳为镇，仍称辉州。明洪武元年（1368 年）废州立县，改辉州为辉县，属河南省布政使司卫辉府。清代因之。1911 年，全国废府存县，属河南省第四区行政督察专员公署。新中国成立后，属平原省新乡专区。1952 年撤平原省，改属河南省新乡专区，1986 年新乡专区撤销，改属新乡市。1988 年 10 月辉县撤销，辉县市（县级）建立，河南省管辖，新乡市代管。

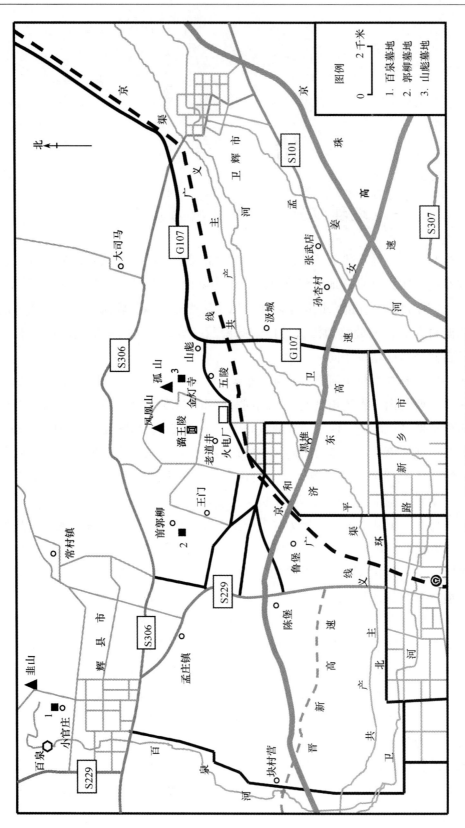

图一　百泉、郭柳、山彪墓地地理位置图

卫辉市原名汲县，自古为豫北重镇，至今已2000多年的历史。汲县因汲水而得名。春秋时称汲，战国时期称汲邑属魏。西汉高祖二年（公元前205年）建汲县，秦末至汉属河内郡。北周武帝宣政元年（578年）改汲县为伍城县，属卫州，县治迁陈城（即今城区）。隋开皇六年（586年）复改名汲县，大业三年（607年）属汲郡。唐高祖武德元年（618年）属义州。武德四年改卫州。五代属卫州，州治汲县。宋属卫州。金属卫州河平军。元设卫辉路，汲县属之。明、清属卫辉府，路、府治所均在汲县。民国初属河南省豫北道（后改为河北道），道治汲县。1927年废道，汲县直属河南省政府。1933年后，汲县先后属河南省第三、第十三行政督察区。1948年11月7日汲县解放，属太行第五专员公署。1949年8月属平原省新乡专区。1952年平原省撤销，归属河南省新乡专区。1983年改属新乡市。1988年10月撤销汲县，设立卫辉市（县级），仍属新乡市辖，为省计划单列市。

二、墓地历年来发掘概况

（一）百　泉　墓　地

百泉墓地历年来未经过正式的考古发掘，但百泉墓地周边地带却存有丰富的地下遗存，如孟庄、琉璃阁、褚邱、赵固、田庄、固围村、大官庄、路固等。其中琉璃阁距百泉墓地仅有2.5公里，1935～1952年的数年时间中这里经历了五次考古发掘[1]。地下遗存十分丰富，有商代遗址、墙垣、商代墓葬、战国墓葬、汉墓及其他年代墓葬等，其集中使用时间延续了1500年之久，是一片巨大的古代遗存聚集区域[2]。

1935年12月，原中央研究院考古发掘团由郭宝钧先生带队在辉县琉璃阁进行了首次发掘。发现了第一号战国大墓和8座汉代墓葬。

1936年春，河南省省立开封博物馆曾在第一号战国大墓的东北处，发现了甲、乙两座战国大墓，收获了铜、石、玉器千余件。

1937年春，原中央研究院考古发掘团再次由郭宝钧先生带队对琉璃阁进行考古发掘。由于此次的发掘时间比较充裕，工作范围普及到整个琉璃阁的各个区域，且收获巨大。先后发掘了商代墓葬3座，战国大墓5座，附属的大型车马坑4个，中小墓葬39座，汉代墓葬25座，出土了青铜礼器、兵器、车马饰件，金银玉器等2081件。其中的M80出土有列鼎5、编钟3；M55出土了有盖列鼎5、无盖列鼎7；M60出土了编镈4、甬式编钟、单组编钟9、有盖列鼎5、有盖列鼎9、无盖列鼎9、不列小鼎5；M75出土了编镈4、甬式编钟8、单组编钟9、石磬10、有盖列鼎5、空足有盖列鼎7；M76出土了有盖列鼎5等众多的青铜礼器。其此次收获之丰富，器物之精美，随葬器物之重、等级品位之高，为每次发掘所不及。在新乡的考古发掘史上也是罕见的。

1950年，中国科学院考古研究所又以夏鼐先生为团长、郭宝钧先生为副团长组成考古发掘团，在辉县境内组织了三次发掘，其中又有两次对琉璃阁区进行了发掘。其主要收获：第一季所发掘的墓葬有 58 座，第二季又发掘了 51 座，共计 109 座。如果按时代来划分，这 109 座古墓中，有商代墓葬 53 座，战国墓葬 28 座（其中包括 1 座较大型车马坑），汉墓 17 座，其他时代的墓葬 11 座。另外还在该区的黄家坟一带发掘了 4 个商代灰坑。

琉璃阁汉墓群同这次南水北调百泉的汉墓由于距离相近，时代特点上有一定的继承关系，在此略述。17 座汉代墓葬中，有 15 座为土洞墓，2 座为砖室墓。15 座土洞墓均为前有竖井式墓道，后有土洞墓室的墓葬形制。15 座土洞墓方向多数为南北向，其中 3 座为单人葬，余均为合葬墓。出土器物中有 3 座墓（M112、M135、M216）为陶鼎（双腹）、盒、壶，鸮（鸮形瓶），仓，灶，五铢钱等组合；出土甑釜和捉手盖仓的墓葬有 5 座（M109、M112、M156、M154、M216）；出五铢钱的有 8 座（M106、M109、M112、M135、M142、M149、M213、M216）；出货泉的有 2 座（M132、M153）。综合墓葬形制和随葬品组合情况分析，这批墓葬可分为早、中、晚三期：早期的墓葬有 5 座（M109、M112、M152、M154、M216），中期的有 8 座（M106、M134、M135、M142、M143、M149、M156、M213），晚期的有 2 座（M132、M153）。早期的年代约为西汉晚期，中期的年代约为东汉早中期，晚期的年代约为新莽时期以后。

2006 年南水北调文物保护工程中，在距百泉古墓群正东方向 2 公里处的大官庄村北发现一处古墓群。武汉大学在此进行了发掘。共发掘面积 3200 平方米，清理汉、唐、宋时期墓葬 39 座，另有汉代大型陶窑一座，巨型环壕一条，出土了陶、瓷、玉、石及金属等各类文物 600 余件。其中 M2 为多室土圹砖室墓，在新乡市还是首次被发现。该墓由一个长斜坡墓道和 9 个砖室组成，其中券顶砖室 5 个，穹隆顶砖室 4 个。墓道位于墓室东部，长 18 米，上口宽 70～150 厘米。紧接墓道的前室为单体券顶墓室（前室）→穹隆顶墓室（前堂）→穹隆顶墓室（后厅）→单体券顶墓室（后室），四者与墓道构成 M2 的中轴线。在前堂左右各有一单体穹隆顶和券顶墓室，在后厅左侧为一单体穹隆顶墓室，右侧为两个并排的券顶墓室。该墓虽遭两次盗掘，但墓葬整体结构保存完好。在墓室内共清理人骨架 11 具，各类文物 100 余件。另外，编号为 2006HDY1 的汉代陶窑，位于中区北部，时代属东汉中晚期。Y1 可分工作坑、水井、工作面和窑室四部分。这种工作坑、水井和窑室一体化的陶窑尚属少见。Y1 所在的位置与 M2 相距仅 10 米，在 Y1 的废弃层中出土了大量的砖、瓦和瓦当残片，这些砖瓦形制与 M2 的砖室材料完全一样，说明 Y1 就是 M2 建筑材料的生产基地。Y1 的发现为我们研究东汉时期墓地的规划、原材料生产和构建程序提供了重要信息[3]。

另外，中国社会科学院考古研究所也曾在据此西约 1.5 公里的马桥村发掘，出土东汉大型多室砖墓 1 座[4]。

（二）郭柳墓地

该墓地以前未进行过发掘，仅在 1986 年发掘过汉代陶窑 5 座。这 5 座陶窑均为半地穴式，窑的结构除三号窑平面为漏斗形外，其余都为火膛弧度较大的瓶胆状。出土物有陶盆、罐、壶、瓮、碗、盒盖、板瓦、筒瓦等。从出土器物分析，窑的年代大约为东汉时期。窑的用途根据1号窑的结构分析，应为烧造陶器为主。2号窑形制较小，应为家庭用窑，烧砖烧陶皆可，或者为临时性窑[5]。

距前郭柳村东南方向3公里处，2004年，此地发现了占地约5万平方米的古代墓葬群。2004年4~5月经原新乡市文物工作队组织发掘，清理了古墓葬256座。其中汉墓219座，唐墓24座，宋墓13座。出土了陶、瓷、青铜等各类文物520件，由此判断，这里应是一处以汉墓为主的较为集中的族群聚落墓葬群[6]。

距前郭柳村正东方向2公里处的王门村北地，是一处面积在2万平方米以上的古代墓群。新乡市文物考古研究所于2006年在南水北调文物保护工程中对南水北调干渠所要占压的部分进行了4000平方米的抢救性考古发掘。此次发掘共清理汉代墓葬59座，汉代陶窑1座，战国墓葬3座，其他历史时期的墓葬4座，出土重要文物700余件[7]。表明该地域也是一处西汉晚期至东汉时期的大型墓葬群。该墓群分布密集，排列有序，墓葬的年代、形制以及随葬品器物组合明确。

（三）山彪墓地

1935年夏季，由原中央研究院历史语言研究所和河南省政府组成的河南古迹研究会在郭宝钧先生率领下，对卫辉市的山彪村进行考古发掘。共发掘战国时期的大墓1座，小墓7座，车马坑1座。出土青铜器1447件，玉石器126件，陶器7件，骨角贝器3116件。出土青铜器的比例非常之大，其中的礼、乐、兵、生产工具以及车马饰等器一应俱全。其中列鼎的使用和战国时期著名的水陆攻战图铜鉴即是此次发掘的最大所获。郭宝钧先生在《山彪镇与琉璃阁》一书的结语中这样说道："这次发掘（按：指山彪镇发掘）成果，在考古学、历史学上的贡献，应首推水陆攻战图鉴的发现。它给我们提供了士兵将帅服装、武器、战况等的具体形象，至今尚为中国唯一的最早的一种战况写实图。而以战争图案施于人们爱好的弄器，又足以反映战国时代好战者的意识状态。其次是列鼎制的发现。列鼎器的制作，虽不始于此墓，而列鼎制的认识，却首由此墓遗物而得到启示。自此而后其他东周的13座墓22组144鼎的三、五、七、九成组，大小相次的关系，都因此得到正确的说明。"[8]1935年，考古学先辈们在山彪镇的考古发掘，是新乡境内第一次科学的考古发掘工作，开启了新乡考古研究的先河，其意义重大和影响深远。

距山彪古墓群西南500余米的凤泉区金灯寺村村北，在2006年南水北调文物保护工程中，郑州大学考古系在进行了考古发掘。南水北调干渠在此处占压古墓葬面积6.5万平方米，实际发掘面积3050平方米。此次发掘分为五个区，清理墓葬47座，灰坑7个，水井2座，共计56个遗迹。其中汉墓15座，北朝墓1座，宋墓23座，明清墓8座。此次，金灯寺墓地发现的各种形制的墓葬为研究该地区不同时期的埋葬习俗和埋葬制度提供了较为丰富的考古资料。尤其需要指出的是，该墓地东部的宋墓多数排列整齐，至少可以分为5排，其开口层位相同，方向基本一致，显然应是宋代的一个家族墓地，这对探讨当时的社会组织结构具有重要学术价值[9]。

三、此次发掘基本情况

（一）百 泉 墓 地

百泉墓地位于南水北调中线总干渠河道标段的 596.9 ~ 597.4 公里处，共长 500 米。该墓群分东西两个区域，东区约长 260 米，西区约长 240 米，中间有一条农耕土路相隔（图二；彩版一）。经辉县市文物局文物钻探队考古钻探，东区探出墓葬 22 座，西区探出墓葬 14 座、古窑 2 座、灰坑 1 座，总计 39 个遗迹单位（图三、图四）。

报经河南省文物局批准，并受河南省文物考古研究所委托，新乡市文物考古研究所于 2006 年 6 月 25 日开始对墓地进行发掘。发掘历时三个月，于 2006 年 9 月 25 日结束。

根据考古钻探结果确定了布方范围和面积，共布方 37 个、扩方 16 个。布方面积一般为 10 米 × 10 米，扩方根据需要一般为 5 米 × 5 米。此处地层一般分为耕土层、扰乱层（黄褐色土）、红黏土层、黄色沙土层、红色沙土层。其中红黏土层和黄色沙土层为次生土（冲击土），红色沙土层一般为生土。此次发掘探方一般遗迹现象均开口于红黏土层下。

共发掘墓葬 46 座、窑址 3 座、灰坑 1 座。其中东汉墓葬 11 座，魏晋—唐代墓葬 3 座，宋—清代墓葬 30 座，年代不明墓葬 2 座。唐代陶窑 3 座和灰坑 1 座。

本次发掘墓地编号为 2006HB，墓葬编号为 2006HBM，陶窑编号为 2006HBY，灰坑编号为 2006HBH。

（二）郭 柳 墓 地

郭柳墓地位于南水北调中线总干渠河道标段的 609 ~ 610.5 公里处，共长 1500 米。此次发掘区位于该河道标段西部，东西长约 400 米，南北宽约 100 米（图五）。经新乡市文物局文物钻探队钻探，共探出古代墓葬 45 座、灰坑 5 座，共计 50 个单位。西部墓葬分布零散，东部较为密集，大部分位于小树林内（图六；彩版一三）。报经河南省文物局批准，并受河南省文物考古研究所委托，新乡市文物考古研究所于 2006 年 10 月 18 日开始对墓地进行发掘，历经两个多月于 2006 年 12 月 25 日结束。

根据考古钻探共布方 37 个。布方面积一般为 10 米 × 10 米和 5 米 × 5 米。此处地层一般分为耕土层、扰乱层（黄褐色土）、红黏土层。此次发掘一般遗迹均开口于③层下。

本次发掘共发掘商代灰坑 6 座，汉、唐、宋、清墓葬 45 座。其中东汉砖室墓 1 座，唐代墓葬 12 座，均为土洞墓；一般为前有竖井式墓道，后有土洞墓室。宋代墓葬 31 座，一般形制较小，均为迁葬墓；形制一般为前有竖井式墓道，后有土洞墓室。清代土洞墓 1 座。

墓地编号为 2006XG，墓葬编号为 2006XGM，灰坑编号为 2006XGH，井编号为 2006XGJ。

（三）山 彪 墓 地

山彪墓地位于南水北调中线总干渠河道标段的616～618公里处，共长2000米。此次发掘区位于该河道标段西部，东西长约300米，南北宽约100米（图七；彩版二一）。经新乡市文物局文物钻探队钻探，共探出古代墓葬22座。西部墓葬分布零散，东部较为密集，大部分位于麦田内（图八；图版三六）。

报经河南省文物局批准，并受河南省文物考古研究所委托，新乡市文物考古研究所于2007年4月8日开始对墓地进行发掘。经两个多月的工作，于2007年6月15日结束。

根据考古钻探结果共布方32个。布方面积一般为10米×10米和5米×5米。地层共分四层：①层为灰褐色，即为耕土层；②层为黄褐色层；③层为灰褐色层（该层较薄，有的方无此层）；④层为黑褐色层。墓葬开口一般在③层下，无③层的在②层下。共发掘面积2057平方米，发现遗迹28处，其中墓葬25座，井2座，沟1条。墓葬中有东汉砖室墓12座，唐代小型土洞墓3座，宋代小型土洞墓8座，清代土坑竖穴墓2座。

墓地编号为2007WS，墓葬编号为2007WSM，井编号为2007WSJ，沟编号为2007WSG。

上述三处墓地的发掘工作由河南省文物考古研究所赵新平同志担任考古发掘领队。工地总负责傅山泉，工地领队刘习祥、李慧萍。先后参加工地发掘和资料整理工作的有张春媚、赵昌、何林、申文以及技工苗常青、周鹏、赵蕾、韩子宾、张子超等。吉林大学考古专业2005级学生孙丹和郑州大学考古专业2005级学生白书声、陈楠楠参加了百泉墓地的发掘工作。中国防卫大学文物鉴定专业2004级学生徐浩参与了百泉墓地和郭柳墓地的部分发掘工作。

注　释

[1]　　a. 中国科学院考古研究所：《山彪镇与琉璃阁》，科学出版社，1959年；

　　　　b. 中国科学院考古研究所：《辉县发掘报告》，科学出版社，1956年。

　　　　以下凡引用山彪和辉县琉璃阁的发掘资料均见此两本报告，无特殊用途的不再注明。

[2]　　同［1]。

[3]　　河南省文物局：《河南省南水北调中线工程文物保护项目年报·2006》，22页。

[4]　　同［1] b。

[5]　　新乡市文管会：《新乡北站区前郭柳村汉代窑址发掘》，《考古》1989年第5期。

[6]　　资料现存新乡市文物考古研究所。

[7]　　河南省文物局：《河南省南水北调中线工程文物保护项目年报·2006》，16页。

[8]　　同［1] a，52页。

[9]　　郑州大学历史学院考古系等：《新乡金灯寺宋墓发掘简报》，《中原文物》2009年第1期。

第一章　百泉墓地

第一节　遗迹基本资料

辉县百泉墓地共有编号墓葬 48 座，其中 1 座为空号、2 座为废弃墓道、1 座为废弃墙基，实有墓葬 44 座。另有陶窑 3 座，灰坑 1 座。分属于汉、唐、宋、金、明、清等时代。下面依遗迹序号将遗迹基本资料介绍如下（附表一、附表四）。

2006HBM1

土洞墓，墓道窄于墓室，合葬，方向 230 度（图九）。

墓道位于墓室西南部，开口于地表下 0.6 米。平面为长方形，直壁，底部斜坡。长 3.1、宽 0.65、深 0.4~2 米。墓道和墓室交接处用石头封门，门高 1.04 米。

墓室位于墓道东北部，为横墓室。墓室为土洞，洞口即为墓门，门宽 0.65、高 1.04 米。洞已塌，顶部圆拱，平底。平面为椭圆形，长径 2.25、短径 1.33、高 1.3 米。无棺痕，有骨架四具。正对墓道有骨架两具，外面一具完整，头向西北，仰身直肢，面向上。里面一具仅存下肢骨。在墓室东南部有骨架两具，最边一具头向与墓道方向一致，另一具仅见头骨。此两具骨架堆放零乱。

推测 M1 有可能为迁葬，无随葬品。

2006HBM2

1. 墓葬形制

土洞墓，合葬，方向 280 度。

由墓道、甬道、前室、后室、侧室五部分组成。

墓道位于墓室西端，开口于地表下 0.4 米。平面为长方形，竖穴土圹，直壁，底部斜坡。长 6、宽 0.86、深 0.4~3.6 米。墓道斜坡与平底交接处，距墓室 0.8 米处用砖封门，高 1.2 米。

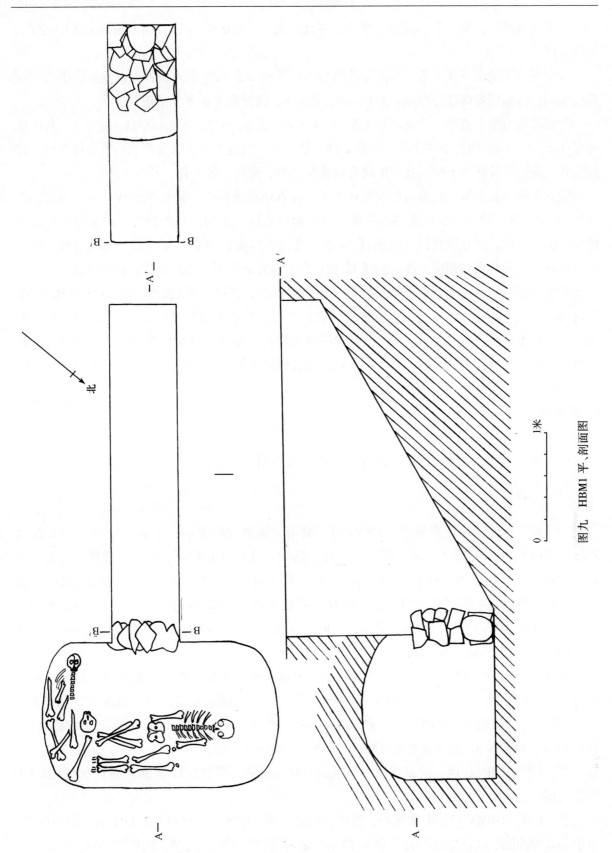

图九 HBM1 平、剖面图

甬道接墓道后，为土洞，直壁，平顶，平底。长1、宽0.9、高1.2米。甬道口即为墓门，用砖封堵。

墓室开口于地表下0.4米，平面呈椭圆形。向下至1.2米时变为长方形，直壁，平底，顶部已塌陷。由前后室两部分组成，总长3.6、宽1.8、现存高3.6米（彩版二，1）。

前室呈长方形，直壁，平底。长1.5、宽1.8米，墓室北壁东部有一小龛，宽0.8、高0.6、进深0.25米。前室内置小罐3件，大罐2件，灶、案、魁各1件。墓室西北角置大罐2件，猪圈、井、陶狗、耳杯各1件。墓室中间置放有奁、盘、骨筷子各1件，耳杯2件。

后室平面呈长方形，底部高出前室0.3米。有木棺痕迹两个，均白灰铺底，为长方形，各长2、宽0.6米。南边木棺痕迹内葬骨架一具，仰身直肢，头向西，面向上。在头骨西葬有铜镜、铁削各1件，在骨架周围置放铜钱14枚。北边木棺痕迹内葬骨架一具，仰身直肢，头向西，面向上。头骨西葬铜镜1件，铜钱12枚。在上肢骨北侧置有铜环2件，铜扣2件。

前室南壁有侧室一个，平面呈长方形。顶为圆拱形，直壁，平底，底部高于主室0.2、长2.2、宽约1.3、洞高1.5米。有木棺痕迹，为长方形，长2.1、宽0.7米。白灰铺底。内葬骨架一具，仰身直肢，头向北，面向上。在骨架周围置放有石珠、铜带钩各1件，铜环2件，在骨架右上肢骨置铁刀、铁矛各1把，在头骨北侧置铜镜1件，骨架周围置铜钱5枚（图一〇）。

2. 随葬品

有陶器、铜器、铁器、石器、骨器等，共32件（种）。

（1）陶器

大口罐　4件，均泥质灰陶。HBM2：1，翻沿，圆唇，圆鼓腹，平底。口径18.4、腹径32.8、底径14.4、高26.4厘米（图一二，1；图版七，1）。HBM2：6，直口，圆唇，鼓腹，平底。口径15.6、腹径26、底径14.4、高23.2厘米（图一二，2；图版五，1）。HBM2：8，直口，圆唇，鼓腹，平底。口径11.2、腹径16、底径8.8、高12.84厘米（图一二，7；图版一五，1）。HBM2：10，直口，圆唇，鼓腹，平底。口径14.8、腹径25.2、底径11.6、高22.4厘米（图一二，3；图版一五，2）。

耳杯　3件，均泥质灰陶。HBM2：28。平面呈椭圆形，直口，弧壁，假圈足。口部两侧有对称的耳。长径16、短径11.8、高4.4厘米（图一二，4；图版一〇，1）。HBM2：29与HBM2：28形制、大小均相同。HBM2：23，平面呈椭圆形，直口，弧壁，假圈足。口部两侧对称有耳。长径11.2、短径8.8、高3.2厘米（图一二，5；图版一一，1）。

盘　1件。HBM2：14，泥质灰陶。折沿，方唇，弧壁，平底。口径20、底径9.6、高3.6厘米（图一二，8；图版一四，1）。

奁　1件。HBM2：13，泥质灰陶。直口，直腹，平底微凹，三柱状足。口下有一周凹弦纹，腹中部有四周凹弦纹。口径17.6、底径17.6、高18厘米（图一二，6；图版九，4）。

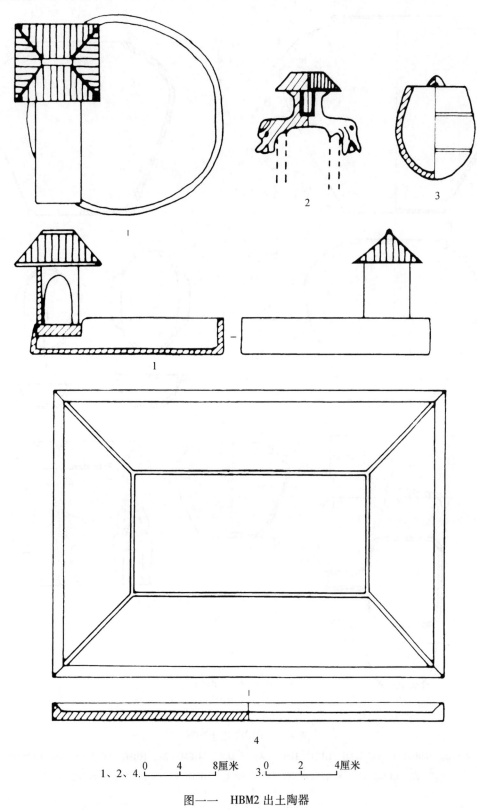

图一一　HBM2 出土陶器

1. 猪圈（HBM2:3）　　2. 井（HBM2:2:①）　　3. 水桶（HBM2:2:②）　　4. 案（HBM2:11）

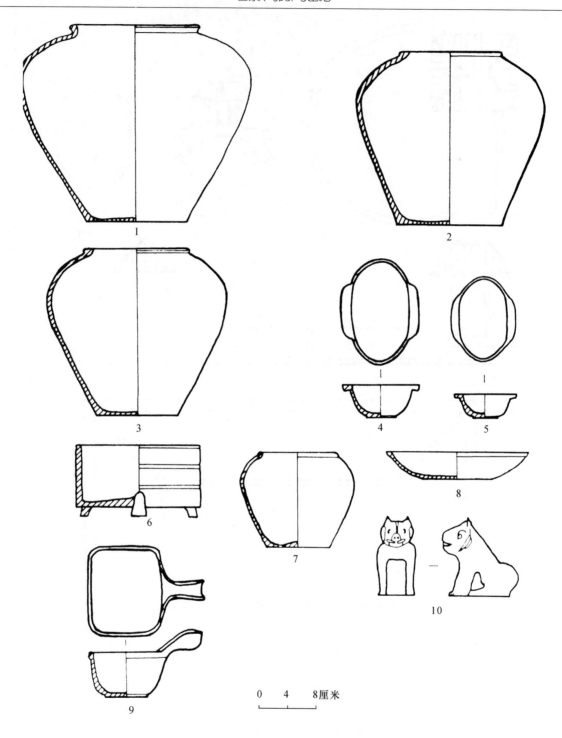

图一二　HBM2 出土陶器

1～3. 大口罐（HBM2：1、HBM2：6、HBM2：10）　　4、5. 耳杯（HBM2：28、HBM2：23）　　6. 奁（HBM2：13）

7. 罐（HBM2：8）　　8. 盘（HBM2：14）　　9. 魁（HBM2：12）　　10. 狗（HBM2：21）

魁 1件。HBM2：12，泥质灰陶。平面呈圆角长方形，直口，圆唇，弧壁，假圈足，口下有一周凸起。口沿一侧有短曲的柄并上翘，柄端下垂。通长16.4、宽12、通高8.8厘米（图一二，9；图版一四，4）。

案 1件。HBM2：11，泥质灰陶。长方形板状，周边凸起，中部有一长方形，四边凸起，四角与周边四角相连。长44.8、宽31.2、高1.8厘米（图一一，4；图版一二，1）。

井 1件，泥质灰陶，分为两部分。HBM2：2：①，仅存井架上部，顶为四阿式屋顶，中间有长方形门，下有两兽头。长12.4、现存高8厘米（图一一，2）。HBM2：2：②，水桶，敛口，鼓腹，圜底。口部两侧各有一半圆形提纽，纽中部有孔。中部有二周凹弦纹。口径3.6、腹径4.6、高5.6厘米（图一一，3）。

灶 1件。HBM2：5，泥质灰陶。灶体呈长方箱形，灶面上有一大两小三个连体釜，大釜上有甑，在釜的周围饰有鱼、耳杯、勺等与生活有关的主体图案。灶面近边缘分别有斜棱纹及菱形纹。一侧有半挡火墙，另一侧有烟口，挡火墙下侧为灶门，呈圆拱形。灶体长22.4、宽15.6、通高15厘米。甑为平折沿，尖唇，斜壁，平底，底部有一算孔。口径11.2、底径2.6、高8厘米（图一三，2；图版九，1）。

猪圈 1件。HBM2：3，泥质灰陶。一厕一圈，圈平面呈圆形，厕位于圈的一侧，前有长方形走道与圈墙相连。厕墙有圆拱形门，上有四阿式屋顶。圈直径21.6、高4、通高13.6厘米（图一一，1；图版一三，1）。

狗 1件。HBM2：21，泥质灰陶。蹲坐状，前腿直立，后腿蜷曲，面部正视前方。通长11.8、高10.4厘米（图一二，10；图版一六，1）。

（2）铜器

铜镜 3件。HBM2：31，为连弧纹镜。平面呈圆形。镜面平，镜背部中间有一圆球形纽，中间穿孔，纽周饰两周凸弦纹，之外饰一周连弧纹，连弧纹外饰一周宽凹弦纹，镜边较宽。直径9.2、厚0.4厘米，重94.8克（图一三，3；图一四，2；图版一六，4）。HBM2：32，与HBM2：31形制、大小均相同。HBM2：15，平面呈圆形，镜面平，镜背中心设圆球形纽，中间穿孔。纽周围似有一周二龙戏珠图案，模糊不清。其外饰二周凸弦纹，之外饰一周芒纹。镜边较宽，由一周凸弦纹将镜边纹饰分为内外两部分，内饰一周锯齿纹，外饰一周波浪纹。直径9.4、厚6厘米，重150.3克（图一三，4；图一四，1；图版一六，3）。

铜带钩 1件。HBM2：35，整体呈"S"形，扣呈圆钉状，钩呈鸭嘴形。长3.1、最宽处1.4厘米（图一三，1；图版一七，1）。

铜戒指 2件。HBM2：19，整体呈圆形环状，素面。外径2、环直径0.2厘米（图一三，11）。HBM2：16，整体圆形筒状，正面有三周凹弦纹。外径1.9、宽0.8、厚0.15厘米（图一三,10）。

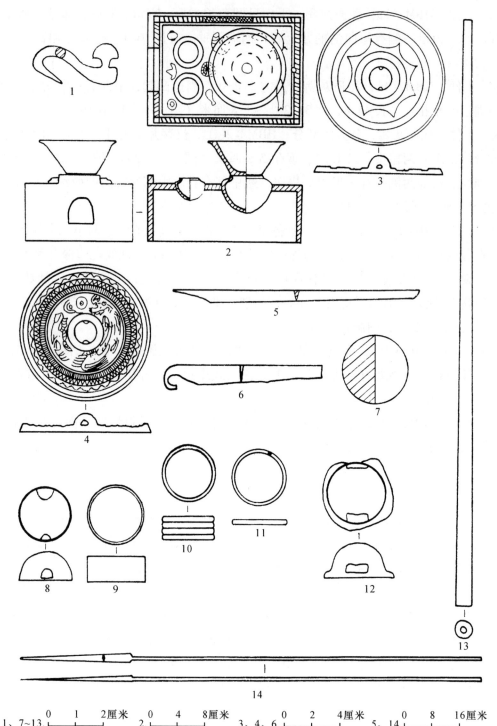

图一三　HBM2 出土器物

1. 铜带钩（HBM2：35）　　2. 陶灶（HBM2：5）　　3、4. 铜镜（HBM2：31、HBM2：15）　　5. 铁刀（HBM2：30）　　6. 铁削
（HBM2：33）　7. 石珠（HBM2：34）　8、12. 铜扣（HBM2：4：①、HBM2：4：②）　9. 铁戒指（HBM2：17）　10、11. 铜戒指
（HBM2：16、HBM2：19）　13. 骨簪（HBM2：22）　14. 铁矛（HBM2：20）

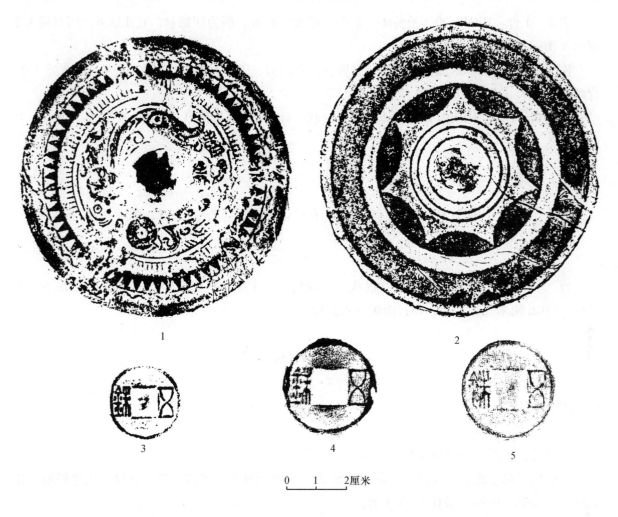

图一四　HBM2 出土器物

1、2. 铜镜（HBM2∶15、HBM2∶32）　3～5. 铜钱（HBM2∶24、HBM2∶25、HBM2∶26）

铜扣　2件。HBM2∶4∶①，整体呈半球形，侧面为半圆形，中部有一穿孔。直径1.9、厚1厘米（图一三，8）。HBM2∶4∶②，整体呈半球形，边沿部位较薄突出，中部隆起圆纽，中有方形穿孔。直径2.7、厚1.2厘米（图一三，12）。

铜钱　3枚。HBM2∶24，五铢，"五"字交笔弯曲，"朱"字上下均圆折。直径2.5、穿径1、肉厚0.1厘米，重3克（图一四，3）。HBM2∶25，五铢，字体稍瘦，"五"字交笔弯曲，"朱"字上下均圆折。直径2.5、穿径1、肉厚0.1厘米，重3.1克。HBM2∶26，五铢，"五"字交笔弯曲，"朱"字上下均圆折。直径2.5、穿径1、肉厚0.15厘米，重3.1克。

（3）铁器

铁刀　1件。HBM2∶30，直背，双面刃，刀柄呈斜尖状，应有木柄，现已不存。长23.6、背厚1.2厘米（图一三，5）。

铁矛　1件。HBM2:20，矛整体呈镞形，断面为菱形，柄为圆棍状。长133.6、柄直径1.2厘米（图一三，14）。

铁削　1件。HBM2:33，尖残，背忍皆直，双面刃，刀柄呈钩状。残长11.4、最宽处1.4、背厚0.3厘米（图一三，6）。

铁戒指　1件。HBM2:17，整体呈圆形筒状。外径2.1、壁厚0.1、宽0.9厘米，重3.9克（图一三，9）。

（4）石器

石珠　1件。HBM2:34，球形，灰白色。直径2.4厘米（图一三，7；图版一六，6）。

（5）骨器

簪　1件。HBM2:22，整体呈圆棍状，一端粗，一端细。截面呈圆形，中空。长20.5、外径0.3~0.6厘米（图一三，13；图版一六，5）。

2006HBM3

1. 墓葬形制

土洞墓，单葬，方向290度。

墓道位于墓室西端，开口于地表下0.55米。平面为梯形，竖穴土圹，直壁，底部斜坡。长6.38、宽0.76~0.94、深0.4~3.3米。

墓道后有砖砌甬道与墓室相连，券顶，单砖平砌。甬道门即为墓门，宽0.3、高1.4米。甬道为在土洞内垒砌，洞宽0.4、洞高2米，墓门用青砖顺置斜立交叉封门。墓室开口于地表下0.55米，开口形状为椭圆形，向下渐变为圆角长方形，墓壁为土筑，直壁，平底。长4.1、宽1.7、深3.3米。墓室分前后两部分，距墓门1.04米处有一层立砖将墓室一分为二，前室葬有随葬品，后室葬骨架一具，仰身直肢，头向东，面向上。骨架下有白灰痕迹，呈长方形，长2.1、宽0.54米。骨盆处葬陶罐1件，铜钱数枚，骨架北葬铁剑、铁削各1件，头骨旁有铜镜1件。墓室北部置有猪圈、勺、灶、井各1件，陶罐3件。墓室前部放置有魁、罐、案各1件，案上置有耳杯3件，陶狗1件（图一五；彩版二，2）。

2. 随葬品

有陶器、铜器、铁器共20件（种）。

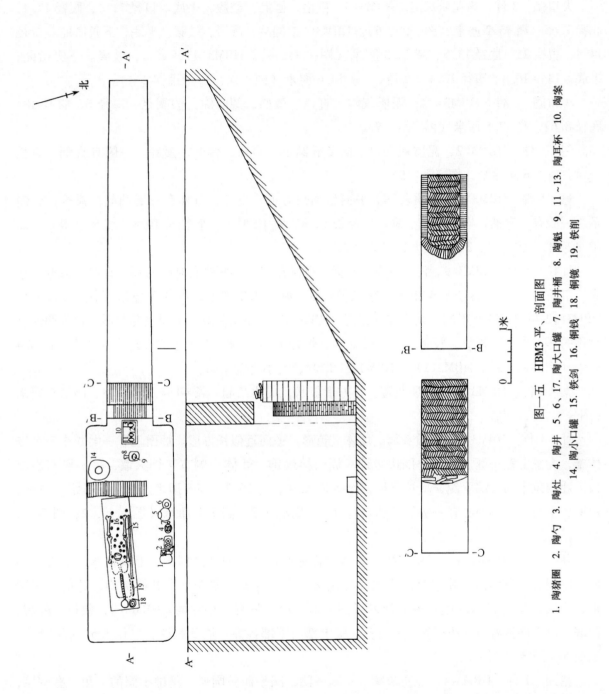

图一五　HBM3 平、剖面图

1. 陶猪圈　2. 陶勺　3. 陶灶　4. 陶井　5、6、17. 陶大口罐　7. 陶井桶　8. 陶魁　9、11～13. 陶耳杯　10. 陶案
14. 陶小口罐　15. 铁剑　16. 铜钱　18. 铜镜　19. 铁削

（1）陶器

大口罐　3件，均泥质灰陶。HBM3：5，翻沿，圆唇，鼓腹，平底。口径11.2、腹径17.4、底径7.65、高15.2厘米（图一六，6）。HBM3：6，翻沿，圆唇，鼓腹，平底，下腹微曲。口径14.4、腹径25、底径13.5、高23.3厘米（图一七，4）。HBM3：17，直口，鼓腹。下腹微曲，平底。口径10.4、腹径16.4、底径8、高14.6厘米（图一六，1；图版六，1）。

小口罐　1件。HBM3：14，泥质灰陶。直口，微曲，圆鼓腹，假圈足。口径6、腹径18、底径8.67、高17.5厘米（图一六，7）。

勺　1件。HBM3：2，泥质灰陶。平面呈椭圆形，直口，弧壁，圜底。一侧有直柄。通长12.4、通高6.4厘米（图一七，5）。

魁　1件。HBM3：8，泥质灰陶。平面呈圆角方形，直口，口外有一周凸起，弧壁，假圈足。一侧有一弯柄，柄端较宽下垂。口径长14.8、宽12厘米，底径长10.8、宽8厘米，通高10.8厘米（图一七，3；彩版九，1）。

耳杯　4件。HBM3：9，泥质灰陶。平面呈椭圆形，口部两侧有对称的耳。直口，弧壁，平底。口长径11.8、短径8.8厘米，底长径6.6、短径3.2厘米，高3.3厘米（图一六，4）。HBM3：12与HBM3：9形制、大小完全相同。HBM3：11，泥质灰陶。平面呈椭圆形，口部两侧有对称的耳。直口，弧壁，假圈足。口长径14、短径11.2厘米，底长径7、短径4厘米，高4.4厘米（图一六，5）。HBM3：13与HBM3：11形制、大小完全相同。

案　1件。HBM3：10，泥质灰陶。长方形板状，周边凸起。长44.4、宽28.8、高1.6厘米（图一六，3；图版一二，2）。

灶　1件。HBM3：3，泥质灰陶。灶体呈箱形，平面近似长方形。灶面上有一大两小三个连体釜，大釜上置一甑。灶面外围边缘饰一周斜棱纹饰。灶体一侧有半挡火墙，另一侧有出烟口。灶门位于挡火墙下侧，呈长方形，灶体长22.4、宽15.2、高8厘米。甑为平折沿，方唇，斜壁，平底，底部中心有一箅孔。甑口径9.6、底径3.2、高7.2厘米（图一七，2；图版九，2）。

井　1件。HBM3：4，泥质灰陶。整体为连体圆筒状，四阿式屋顶，上有瓦垄，下有一小屋，中间有一方形门。井架上部两侧各雕龙头一个，井架为竖条状，井栏突出，井筒呈亚腰形，平底。底径13.6、通高29.6厘米（图一八，1）。另有一小井桶，HBM3：7，敛口，鼓腹，圜底。口部两侧各有一小提纽，纽有孔。腹上部与下部各饰一周凸弦纹。口径3.6、腹径5.2、通高5.8厘米（图一八，3）。

猪圈　1件。HBM3：1，泥质灰陶。一厕一圈，圈平面呈圆形，厕位于圈的一角，有厕墙，圆拱形门，四阿式屋顶，厕前有长方形走道与圈墙相连，圈直径20.8、圈墙高4、通高14.4厘米（图一六，2；彩版七，1）。

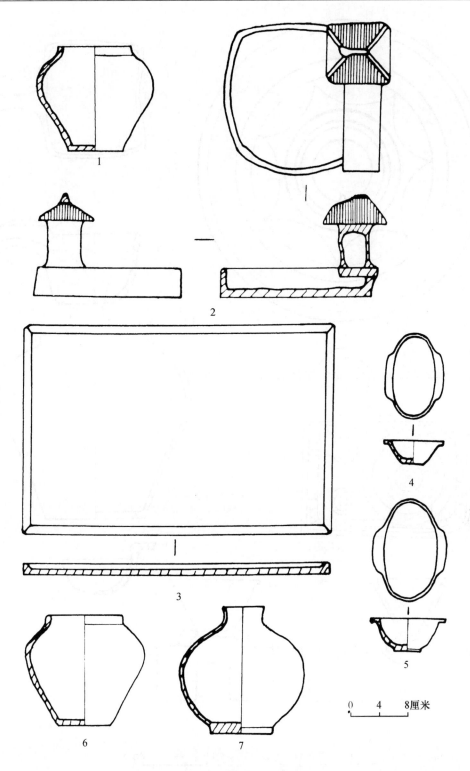

图一六　HBM3 出土陶器

1、6. 大口罐（HBM3：17、HBM3：5）　　2. 猪圈（HBM3：1）　　3. 案（HBM3：10）　　4、5. 耳杯（HBM3：9、HBM3：11）

7. 小口罐（HBM3：14）

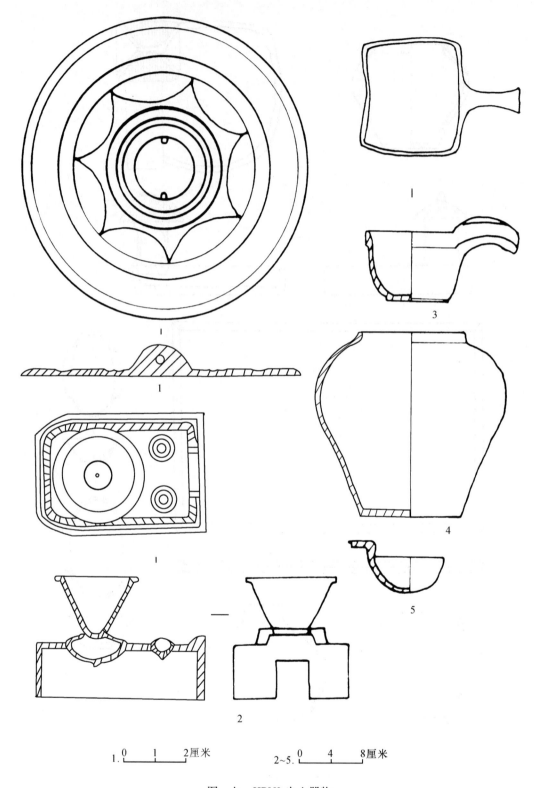

1. ⊢____⊣ 0 1 2厘米

2~5. ⊢____⊣ 0 4 8厘米

图一七　HBM3 出土器物

1. 铜镜（HBM3：18）　　2. 陶灶（HBM3：3）　　3. 陶魁（HBM3：8）　　4. 陶大口罐（HBM3：6）

5. 陶勺（HBM3：2）

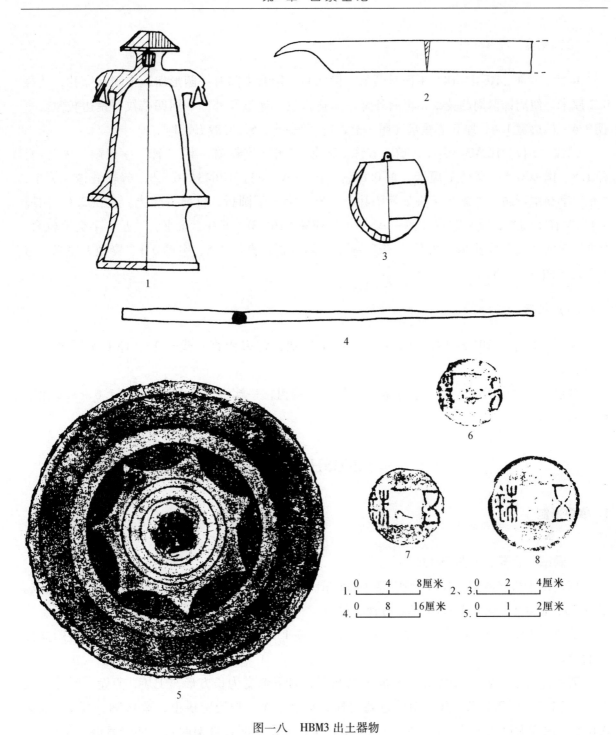

图一八 HBM3 出土器物

1. 陶井（HBM3：4） 2. 铁削（HBM3：19） 3. 陶井桶（HBM3：7） 4. 铁棍（HBM3：15） 5. 铜镜（HBM3：18）

6~8. 铜钱（HBM3：16：①、HBM3：16：②、HBM3：16：③）

（2）铜器

铜镜　1件。HBM3：18，平面呈圆形，镜面平，镜背中间有一圆形纽，中间有穿孔，孔径
0.2厘米。纽周饰两周凸弦纹，再向外饰一周连弧纹，连弧纹外饰一周凹弦纹，镜边较宽。直
径9.4、镜边宽1.4、厚0.2厘米（图一七，1；图一八，5；彩版五，1）。

铜钱　3枚。HBM3：16：①，剪轮五铢，篆书，"五"字仅剩一半，"铢"字仅剩"朱"。直
径1.8、肉厚0.1、穿径1厘米，重0.8克（图一八，6）。HBM3：16：②，剪轮五铢，篆书，
"五"字交笔弯曲，"金"字头呈箭头状，"朱"字上下圆折，仅剪去廓边。直径2.1、肉厚
0.1、穿径1厘米，重1.5克（图一八，7）。HBM3：16：③，五铢，篆书，"五"字交笔较直，
"铢"字的"金"字头呈三角形，"朱"字上下均方折。直径2.5、肉厚0.1、穿径1厘米，重
2.7克（图一八，8）。

（3）铁器

铁削　1件。HBM3：19，刀尖残，柄端呈钩状，背刃皆直。残长17、厚0.4厘米（图
一八，2）。

铁棍　1件。HBM3：15，整体呈圆棍状，一端粗，一端细。长108、直径1.6~3.2厘米
（图一八，4）。

2006HBM4

1. 墓葬形制

土洞墓，合葬，方向290度。

墓道位于墓室西端，开口于地表下0.55米。平面为长方形，竖穴土圹，直壁，底部斜坡。
长4.56、宽0.8、深0.2~2.7米。有青砖封门。

甬道为土洞，顶为圆拱形，长0.6、宽0.8、高1.6米。甬道门即为墓门，用砖顺置斜立交
叉封堵。

墓室开口于地表下0.55米，平面为椭圆形，向下渐变为长方形，土圹，直壁，平底。长
3.5、宽1.5、深2.7米。墓室南壁近墓门处有小龛一个，顶为圆拱形，宽0.94、高1、进深
0.6米。内置大口罐8件，灶、井、铁钩各1件。墓室东部有骨架两具，仰身直肢，头向东，
面向上，有木棺痕迹，已糟朽，严重不清。在南骨架南侧置放有耳杯4件，铜镜1件，奁、魁、
盘、案各1件。在骨架北上肢骨处葬铜镜一面。在北骨架骨盆周围置铜钱数枚。在墓室西北角
置放有猪圈、陶鸡各1件（图一九；图版一，1）。

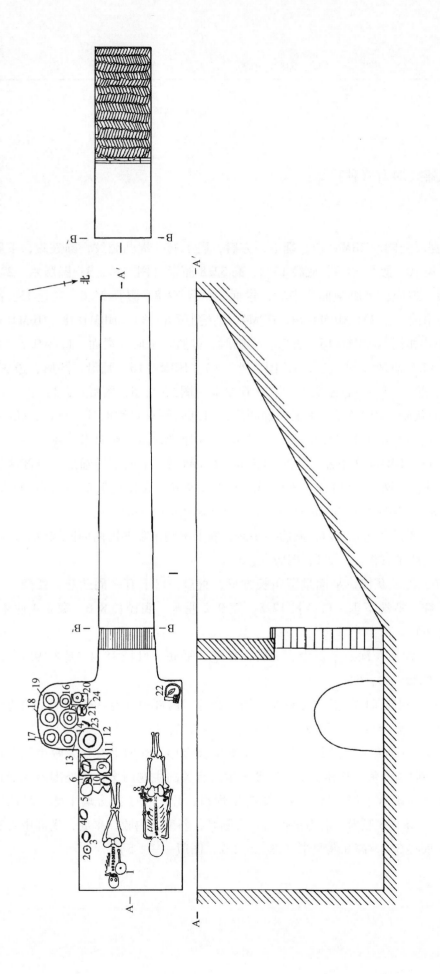

图一九　HBM4 平、剖面图

1、2. 铜镜　3、4、7、10. 陶耳杯　5. 陶卮　6. 陶魁　8. 铜钱　9. 陶盘　11. 陶案　12～19. 陶大口罐　20. 陶灶　21. 陶井
22. 陶猪圈　23. 铁器　24. 陶井桶

2. 随葬品

有陶器、铜器、铁器共 24 件（种）。

（1）陶器

大口罐　8 件，均泥质灰陶。HBM4：12，翻沿，方唇，唇上有一周凸弦纹，圆鼓腹，下腹微曲，平底，素面。口径 20、腹径 38.4、底径 15.2、高 32.8 厘米（图二一，3；图版六，2）。HBM4：13，直口，尖唇，鼓腹，下腹微曲，平底，素面。口径 12.8、腹径 25.6、底径 13、高 21.9 厘米（图二○，3；图版五，2）。HBM4：14、HBM4：17（图版五，3）、HBM4：18、HBM4：19 与 HBM4：13 形制、大小均相同。HBM4：15，直口，尖圆唇，鼓腹，平底，素面。口径 9.7、腹径 11.3、底径 9.6、高 14.8 厘米（图二○，4；图版八，1）。HBM4：16，翻沿，圆唇，鼓腹，平底，素面。口径 9.6、腹径 16.8、底径 8.7、高 15.6 厘米（图二○，5；图版六，3）。

耳杯　4 件，均泥质灰陶。HBM4：3，平面呈椭圆形，口部两侧有对称的耳。直口，弧壁，假圈足。口长径 11.2、短径 8.8 厘米，底长径 6.4、短径 3.4 厘米，高 3.6 厘米（图二一，7；图版一○，2）。HBM4：7 与 HBM4：3 形制、大小均相同。HBM4：4，平面呈椭圆形，口部两侧有对称的耳。直口，弧壁，假圈足。口长径 13.6、短径 11.2 厘米，底长径 7.6、短径 4 厘米，高 4.4 厘米（图二一，8）。HBM4：10 与 HBM4：4 形制、大小均相同（图版一○，3）。

奁　1 件。HBM4：5，泥质灰陶。直口，斜腹，平底，腹上部与下部各饰两周凹弦纹。口径 17.5、底径 16.4、高 8.3 厘米（图二一，1；图版九，5）。

魁　1 件。HBM4：6，泥质灰陶。平面呈圆角长方形，直口，口下有一周凸起，弧壁，平底。一侧有柄，柄把上翘，柄端下垂。口径长 12.8、宽 9.2 厘米，底径长 8.6、宽 6.4 厘米，通高 10 厘米（图二○，6）。

盘　1 件。HBM4：9，泥质灰陶。平折沿，尖唇，弧壁，平底。口径 18.4、底径 9.7、高 4.4 厘米（图二一，6；图版一○，6）。

案　1 件。HBM4：11，泥质灰陶。长方形板状，周边凸起。内部中间有一长方形，四边凸起，四角与周边四角相连。长 44.4、宽 30.8、高 2 厘米（图二二，1；图版一二，3）。

灶　1 件。HBM4：20，泥质灰陶。灶体呈箱形，平面呈长方形，灶面上有一大两小三个连体釜，大釜上置一甑，釜周围饰鱼、耳杯、魁、勺等与生活有关的主题图案，其外围沿灶面边缘饰一周斜棱纹饰。灶体一端有半挡火墙，另一端有出烟口，灶门位于挡火墙下侧，呈圆拱形。灶体长 22.8、宽 16、高 9.6 厘米。甑为平折沿，尖圆唇，斜壁，内收，平底，底部中心有一算孔。甑口径 15.2、底径 3.2、高 8.8 厘米（图二二，2；图版一三，5）。

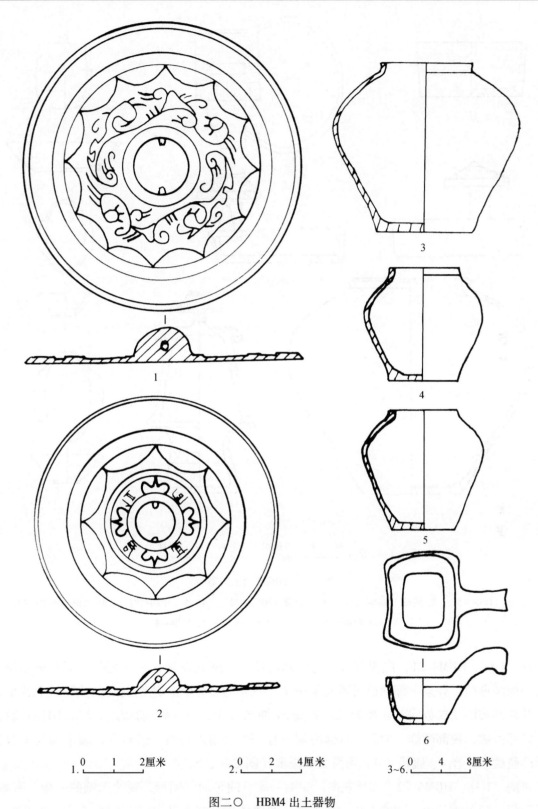

图二〇 HBM4 出土器物

1、2. 铜镜（HBM4:1、HBM4:2） 3~5. 陶大口罐（HBM4:13、HBM4:15、HBM4:16） 6. 陶魁（HBM4:⑥）

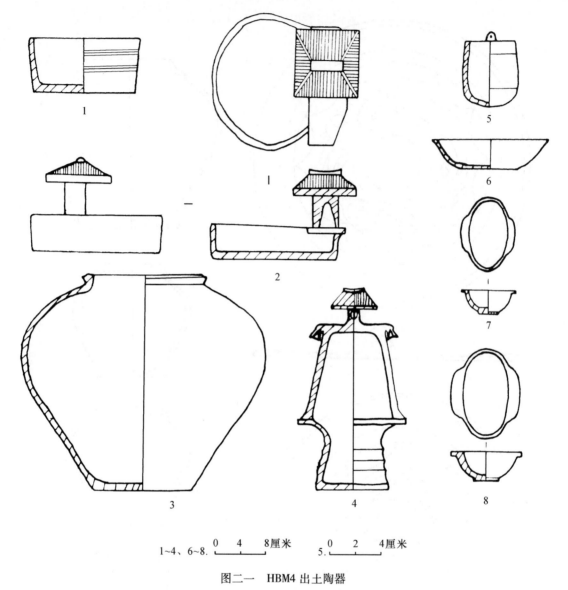

图二一　HBM4 出土陶器

1. 奁（HBM4:5）　2. 猪圈（HBM4:22）　3. 大口罐（HBM4:12）　4. 井（HBM4:21）　5. 井桶（HBM4:24）

6. 盘（HBM4:9）　7、8. 耳杯（HBM4:3、HBM4:4）

井　1件。HBM4:21，泥质灰陶，连体圆筒状，四阿式屋顶，上有瓦垄，下有一小屋，中间开一椭圆形门。井架上部两侧各雕龙头一个，井架为竖条状，井栏突出。井筒呈亚腰形，平底，井筒部饰凹弦纹数周。底径11.2、通高31厘米（图二一，4；彩版六，3）。HBM4:24，井桶，口部微敛，腹部微鼓，圜底，口部两侧各有一个三角形提纽，纽有孔，腹上部与下部各饰一周凸弦纹。口径4、腹径4.4、通高5.8厘米（图二一，5）。

猪圈　1件。HBM4:22，泥质灰陶。一厕一圈，圈平面呈圆形，厕位于圈的一角，有厕墙，圆拱形门，四阿式屋顶，厕前有长方形走道与圈墙相连，圈直径20.8、圈高5.6、通高13.6厘米（图二一，2；彩版七，2）。

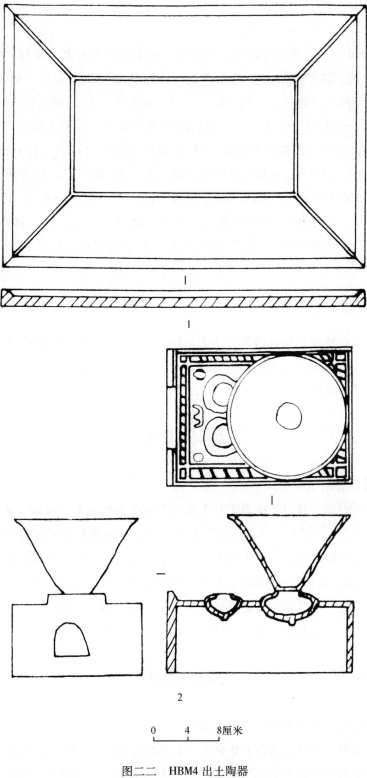

1

2

0　　4　　8厘米

图二二　HBM4 出土陶器
1. 案（HBM4:11）　2. 灶（HBM4:20）

（2）铜器

铜镜　2件。HBM4:1，平面呈圆形，镜面平，镜背中间有一圆球形纽，中间穿孔，纽周对称饰两组凤鸟纹，凤鸟纹周围凸起一周连弧纹，再向外饰一周凹弦纹，镜边较宽。直径9.4、镜边宽1、孔径0.2厘米（图二○，1；图二三，3；彩版四，1）。HBM4:2，平面呈圆形，镜面微凸，镜背中间有一圆形纽，中间穿孔，纽周围饰四个柿蒂纹，柿蒂纹之间刻有"君宜官位"四字，外围饰一周凸弦纹，凸弦纹外凸起一周连弧纹，连弧纹外饰一周凹弦纹，镜边较宽。直径16.4、镜边宽2.2、厚0.4、孔径0.4厘米（图二○，2；图二三，5；彩版五，2）。

铜钱　2枚。HBM4:8：①，"五铢"二字稍瘦长，"五"字交笔稍直，"铢"字的"朱"上下均方折。直径2.5、肉厚0.1、穿径1厘米，重2.7克（图二三，4）。HBM4:8：②，"五铢"二字稍矮胖，"五"字交笔弯曲，"铢"字的"朱"上下均圆折。直径2.5、肉厚0.1、穿径1厘米，重2.7克。

（3）铁器

铁钩　1件。由小铁棍和铁钩两部分组成。HBM4:23：②，铁钩用铁棍弯制而成钩状，上端向外弯制成环状，下端呈尖状。直径0.7厘米（图二三，2；图版一七，2）。HBM4:23：①，铁棍为残段。残长8.2、直径0.2厘米（图二三，1）。

2006HBM5

土洞墓，合葬，方向230度。

墓道位于墓室西南端，开口于地表下0.3米。平面略为长方形，竖穴土圹，直壁，前半部平底，后半部斜坡。长5.4、宽1.1~1.2、深2.3~3.4米。在墓道东北部有石头数块，疑为封门石。

墓室为土洞，洞口即为墓门，顶为圆拱形。墓室平面呈长方形，纵剖面前高后低，底稍斜坡，长2.7、宽1.2、洞前端高1.3、后端高0.5米。内葬骨架三具，有两具骨架在洞室口前部，头向东北，面向上，骨架已乱。在洞室最里部有一具骨架，头向西南，面向上，仰身屈肢，保存状况差。在前部骨架周围有三块石头，应为封门石滚落至此。无随葬品（图二四；图版四，2）。

2006HBM6

土洞墓，墓道窄于墓室，单葬，方向220度。

墓道位于墓室南部，开口于地表下0.6米。平面为长方形，直壁，底部斜坡。长3、宽1、深0.6~1.4米。墓道和墓室交接处下部用石头封门，上部用乱砖（半截砖）平砌封门，洞高1米。

墓室为土洞，洞口即为墓门，洞已塌，顶部略平，平底。平面为长方形，长2.4、宽1.4、高1米。内有乱骨痕迹，墓室中出有棺钉，无棺痕，无随葬品（图二五）。

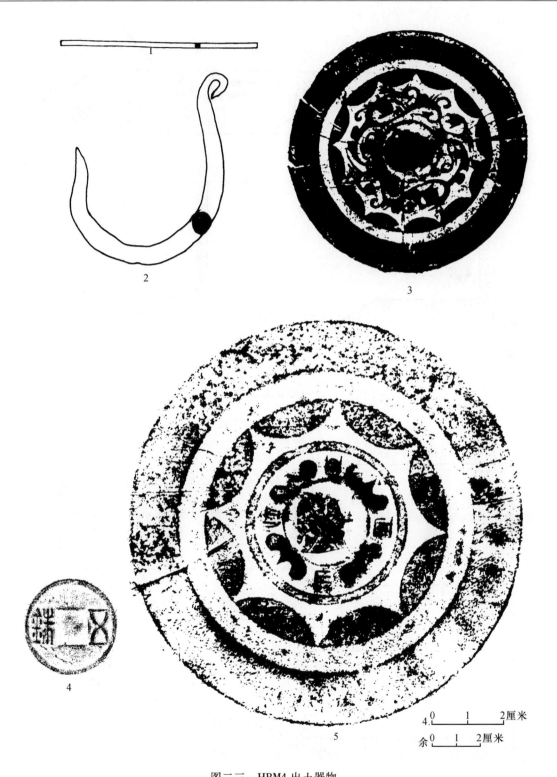

图二三 HBM4 出土器物

1. 铁棍 (HBM4:23:①)　2. 铁钩 (HBM4:23:②)　3、5. 铜镜 (HBM4:1、HBM4:2)　4. 铜钱 (HBM4:8)

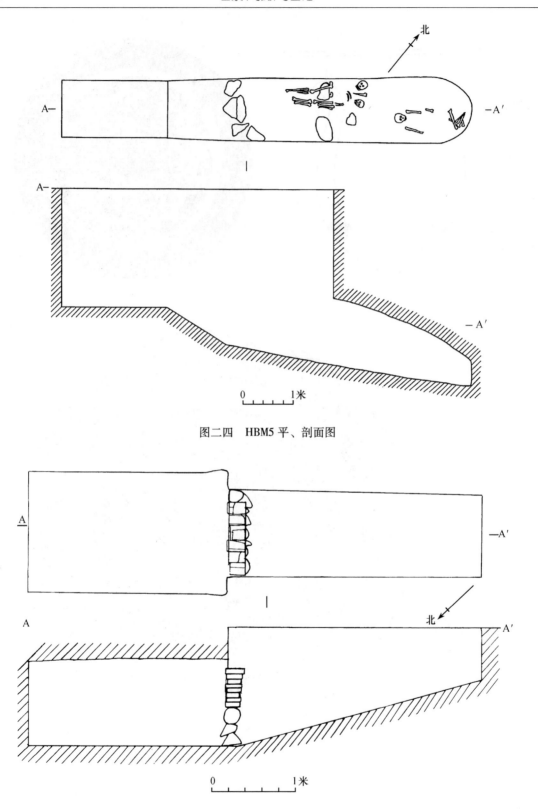

图二四　HBM5 平、剖面图

图二五　HBM6 平、剖面图

2006HBM7

1. 墓葬形制

土洞墓，单葬，方向290度。

墓道位于墓室西端，开口于地表下0.6米。平面为长方形，竖穴土圹，直壁，底部为斜坡。长3.8、宽0.9、深1.65～3.6米。墓道后有土筑甬道，顶呈圆拱形，宽0.35、高1.95米。甬道门即为墓门，分两道封门，第一道用青砖横置平铺封堵，第二道封门用砖顺置斜立交叉封堵，现存封门砖最高1.35米（未封至墓门顶）。

墓室开口于地表下0.6米，开口时平面呈椭圆形，至深1.8米时向东掏洞，洞高1.8、洞长1米，洞以下为直壁平底。底平面为圆角长方形，长4.2、宽1.5米。在墓室东部北侧有骨架一具，无棺痕，仰身直肢，头向西，面向上。在骨架南侧置放有大口罐2件，猪圈、灶、井、鸡各1件；骨架北侧放有铜钱数枚；在墓室近门处置放有耳杯4件，大口罐1件，碗1件；头骨前有青砖一块，上置铜镜1件（图二六）。

2. 随葬品

有陶器、铜器等，共14件（种）。

（1）陶器

大口罐　3件，均泥质灰陶。HBM7：2，直口，方唇，鼓腹，最大径在上部，下腹微曲，平底。在腹上部饰一周凹弦纹。口径16.5、腹径27.2、底径13.2、高25.2厘米（图二七，3；图版五，4）。HBM7：3与HBM7：2形制、大小均相同（图版五，5）。HBM7：9，直口，双唇，圆鼓腹，平底。在肩部饰数周凸弦纹，在腹中部饰一周宽凸弦纹。口径16.8、腹径36.8、底径18.4、高29.2厘米（图二七，8；图版六，4）。

耳杯　4件。均泥质灰陶。HBM7：10，平面呈椭圆形，口部两侧有对称的耳。直口，弧壁，假圈足。口长径12.8、短径9.6厘米，底长径8、短径4厘米，高3.6厘米（图二七，5；图版一一，2）。HBM7：11与HBM7：10形制、大小均相同（图版一一，3）。HBM7：12，平面呈椭圆形。口部两侧有对称的耳。直口，弧壁，平底。口长径10.7、短径8厘米，底长径5.4、短径2.4厘米，高2.9厘米（图二七，4；图版一〇，4）。HBM7：14与HBM7：12形制、大小均相同。

碗　1件。HBM7：13，泥质灰陶。翻沿圆唇，鼓腹，假圈足，底部微凹。口径20.5、底径10.4、高8.8厘米（图二七，6）。

灶　1件。HBM7：4，泥质灰陶。灶体呈箱形，平面呈长方形。灶面上有一大两小三个连体釜，大釜上有一甑，在釜的周围饰鱼、耳杯、勺等于生活有关的主题图案，灶面边缘分别饰斜

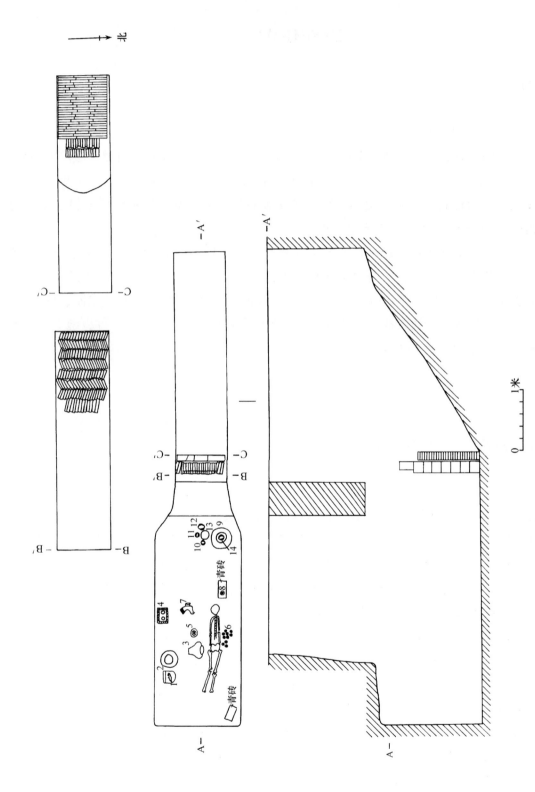

图二六 HMB7 平、剖面图

1. 陶猪圈 2、3、9. 陶大口罐 4. 陶灶 5. 陶井 6. 铜钱 7. 陶鸡 8. 铜镜 10～12、14. 陶耳杯 13. 陶碗

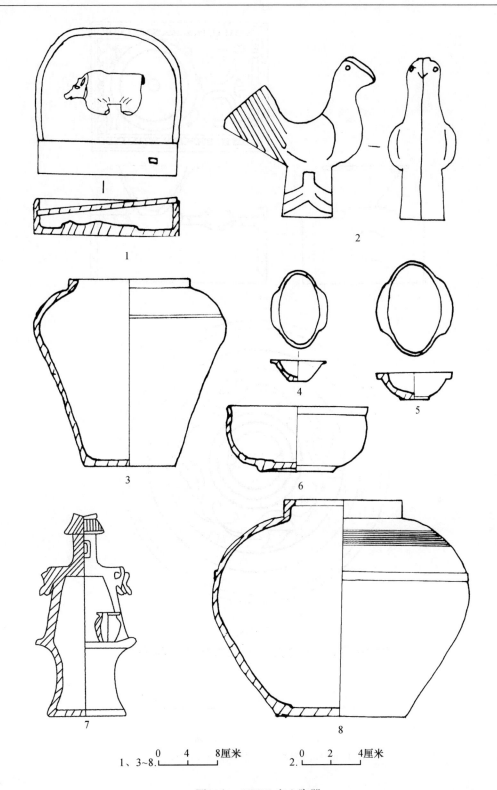

图二七　HBM7 出土陶器

1. 猪圈（HBM7∶1）　　2. 鸡（HBM7∶7）　　3、8. 大口罐（HBM7∶2、HBM7∶9）　　4、5. 耳杯（HBM7∶12、HBM7∶10）

6. 碗（HBM7∶13）　　7. 井（HBM7∶5）

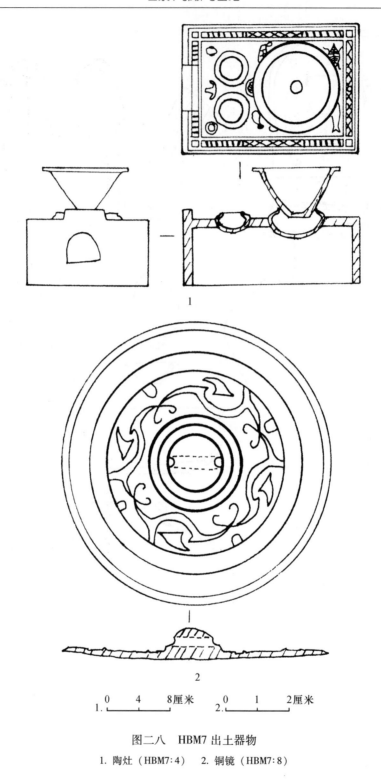

图二八 HBM7 出土器物

1. 陶灶（HBM7∶4） 2. 铜镜（HBM7∶8）

棱纹及菱形纹。一侧有半挡火墙，一侧有出烟口，灶门位于挡火墙下侧，呈圆拱形。灶体长22.4、宽15.6、高9.2厘米。甑折平沿，方唇，斜壁，平底，底部有一箅孔。口直径11.2、底径2.6、高8厘米（图二八，1；彩版七，5）。

井　1件。HBM7：5，泥质灰陶。连体圆筒状，四阿式屋顶，上有瓦垄，下有一小屋，中间开一扇门。井架上部两侧各雕龙头一个，井架为竖条状，井栏突出，井栏一侧近井架处置一小连体水桶。井筒呈亚腰形，平底。水桶为平折沿，方唇，鼓腹，底与井栏相连。井筒底径11.2、通高27.2厘米（图二七，7）。

猪圈　1件。HBM7：1，泥质灰陶。一厕一圈，圈平面呈半圆形。圈内置一猪，呈卧状。厕位于圈的一侧，平面呈长方形，长方形走道与圈墙相连。厕房已不存。仅有长方形厕孔一个，圈长20.4、圈宽20、圈墙高4.8、通高5.2厘米（图二七，1；彩版七，3）。

鸡　1件。HBM7：7，泥质灰陶。模制，圆雕形，形体较小。为雄鸡，高冠长尾，站立状。底座为长方形，长3.6、宽3.2、通高21.6厘米（图二七，2；彩版八，1）。

（2）铜器

铜镜　1件。HBM7：8，平面呈圆形。镜面微凸，镜背中间有一圆球形纽，中间穿孔，孔径0.3厘米。纽周饰一周凸弦纹，其外围饰一周缠枝纹，缠枝纹外饰一周凹弦纹，镜边较宽。直径8.6、镜边宽1、厚0.2厘米（图二八，2；图二九，1；彩版五，3）。

铜钱　59枚。HBM7：6，五铢，篆书，"五"字交笔弯曲，"金"字头呈三角形，"朱"字上下均圆折。直径2.5、肉厚0.1、穿径1厘米，重2.7克（图二九，2）。

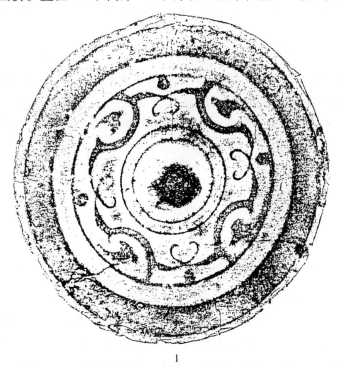

2

1

0　　　　1　　　2厘米

图二九　HBM7出土器物

1. 铜镜（HBM7：8）　　2. 铜钱（HBM7：6）

2006HBM8

1. 墓葬形制

多室砖墓，骨架凌乱，葬式不清，方向230度。

由墓道、甬道、前室、侧室、后室组成。

墓道位于墓室西端，开口于地表下0.9米。平面为长方形，在墓道前端略长2.4米处为上下等宽，以后至甬道前为上窄下宽，直壁，底部斜坡。墓道总长10.3、墓道前端宽1、后端上部宽0.6、下部宽1、深0~4.9米。在墓道后有一甬道，为土洞，直壁，平底，底部近墓室处有一突起似门槛。长0.6、宽1、高2.1米。甬道口即为墓门，用青砖横直平砖封堵，宽1、现存高1.6米。

前室呈长方形，长2.8、宽1.8米。顶部大部分已塌，其左半部保留有土洞一部分，洞高1.6米。斜壁，平底。前室左端有一宽0.2米的熟土台，上置放有大口罐4件。在墓室左半部置放有大口罐、猪圈、灶、井、铁钩各1件，中部出金属链1件（铅、锡合金）。右半部置放有奁和猪圈各一件。

侧室在前室右边，为土洞。平面为长方形，顶部圆拱形，斜壁，平底。宽与前室同，进深1.1、高1.7米。底部高于前室0.18米，边沿处用一排立砖与前室隔开。在东南角有大口罐和束颈罐各1件。

后室在前室后部，平面为长方形，入口处有一排立砖与前室隔开。长2.8、宽1.6米，底部高于前室0.18米，顶部已塌，洞高不详。室内分左右两部分，左半部铺有长2.1、宽0.7、厚0.08米的白灰床，无棺痕、无骨架。右半部置放有釉陶壶和釉陶大口罐各2件（图三〇；图版二，1）。

2. 随葬品

有陶器、釉陶器、铜器、铁器等，共20件（种）。

（1）陶器

大口罐　6件，均泥质灰陶。HBM8：2，翻沿，圆唇，鼓腹，平底。腹中部饰凹弦纹两周。口径8.8、腹径13.6、底径6.5、高13.6厘米（图三一，2；图版八，4）。HBM8：5、HBM8：6（图版六，5）与HBM8：2形制、大小均相同。HBM8：3，翻沿，圆唇，鼓腹，平底。腹中部饰凹弦纹两周。口径8.8、腹径12.8、底径7.2、高12.8厘米（图三一，1；图版八，3）。HBM8：4，与HBM8：3形制、大小均相同。HBM8：12，翻沿，圆唇，鼓腹，下腹微曲，平底微凹。下腹部饰四周篦点纹。口径24.4、腹径38.4、底径19.2、高35.2厘米（图三一，7；图版一五，6）。

束颈罐　1件。HBM8：11，泥质灰陶。翻沿，方唇，圆鼓腹，平底。口径6.4、腹径9.8、底径6、高10.4厘米（图三一，3；图版一四，3）。

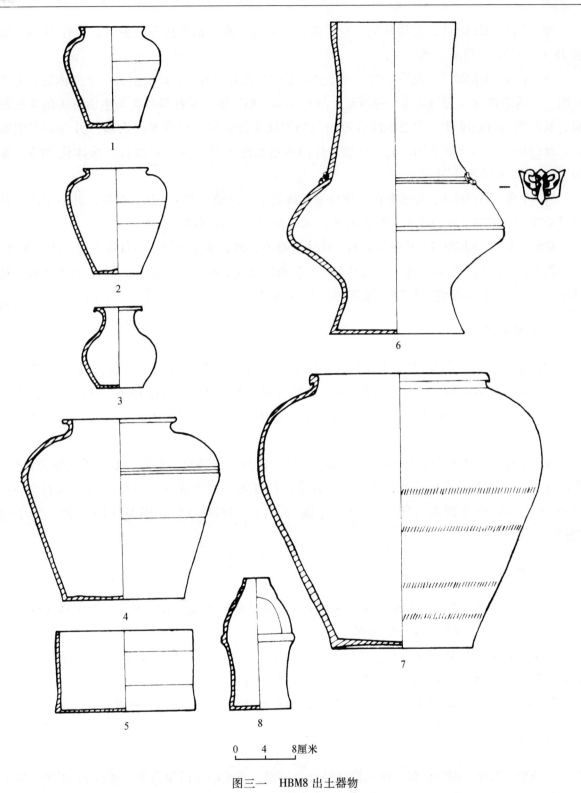

图三一 HBM8 出土器物

1、2、7. 陶大口罐（HBM8∶3、HBM8∶2、HBM8∶12） 3. 陶束颈罐（HBM8∶11） 4. 釉陶大口罐（HBM8∶15） 5. 陶奁
（HBM8∶9） 6. 釉陶壶（HBM8∶13） 8. 陶井（HBM8∶8）

奁　1件。HBM8：9，泥质灰陶。直壁微曲，平底。腹中部饰两周凹弦纹。口径18.4、底径18.6、高10.4厘米（图三一，5）。

灶　1件。HBM8：7，泥质灰陶。灶体呈箱形，平面为长方形，灶面上有一个连体釜，上置一甑。釜周围饰有（为与灶体一并模制上的）小桌、魁、案、耳杯等各类与生活有关的主题图案，其外围边沿边缘饰一周菱形纹或对角三角形纹饰。灶体一端有半挡火墙，另一端有出烟口。灶门位于半挡火墙下侧，呈圆拱形，灶门两侧墙壁上有"×"形纹饰。灶体长20.8、宽16、通高13.8厘米（图三二，3）。

井　1件。HBM8：8，泥质灰陶。整体呈连体筒状，井架上部为小口，弧壁，井栏突出，井筒呈亚腰型，平底。底径8.4、通高16.8厘米（图三一，8；彩版八，4）。

猪圈　2件。HBM8：1，均泥质灰陶。整体呈箱形，四面围墙环绕，一角墙上置一厕，无顶，厕一侧开圆形拱门。长18、宽17、通高11.2、猪圈围墙高6.4厘米（图三二，2）。HBM8：10，整体呈箱形，四面围墙环绕。长28、宽20、高10.8厘米（图三二，1；图版一三，3）。

（2）釉陶器

大口罐　2件。HBM8：15，泥质红陶。折沿，方唇，鼓肩，斜腹向下内收，平底。器表通饰绿色铅釉，器内无釉。肩部饰两周凹弦纹，腹部饰一周凹弦纹。口径15.6、肩径26.4、底径16.4、高23.2厘米（图三一，4；彩版九，3）。HBM8：16与HBM8：15形制、大小均相同（图版五，6）。

壶　2件。HBM8：13，泥质红陶。喇叭形口，长颈，扁圆腹，平底。器表通饰绿色铅釉，器内无釉。颈下饰两周凹弦纹，并对置两铺手，腹部饰一周凹弦纹。口径16.8、腹径29.6、底径18.4、高39.5厘米（图三一，6；彩版六，1）。HBM8：14与HBM8：13形制、大小均相同。

（3）铁器

铁"Ω"形器　2件。HBM8：18，一式两件。用铁板弯制成"Ω"形，似为工具构件。铁板宽3.8、厚0.3、通长8.8厘米（图三三，1；图版一七，3）。

铁叉　1件。HBM8：19，由三部分组成，一端为铁杆，另一端为叉形器，中间由一"S"形铁链相连。杆通长约7.5厘米（图三三，4；图版一七，4）。

铁钩　1件。HBM8：20，整体呈"J"形，由铁棍弯制而成。通长7厘米（图三三，2）。

（4）其他

金属链　1件。HBM8：17，由三段链环套接而成，质地似为铅锡合金。通长11厘米，最大环径2厘米（图三三，3；彩版九，4）。

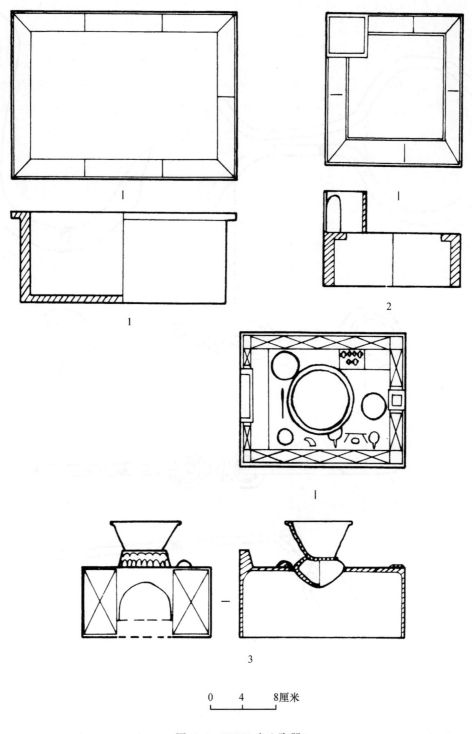

图三二　HBM8 出土陶器

1、2. 猪圈（HBM8:10、HBM8:1）　3. 灶（HBM8:7）

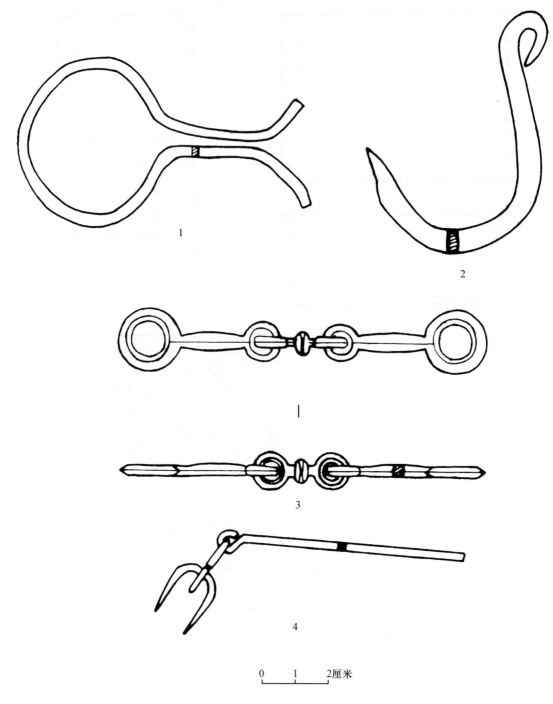

图三三　HBM8 出土器物

1. 铁"Ω"形器（HBM8∶18）　　2. 铁钩（HBM8∶20）　　3. 金属链（HBM8∶17）　　4. 铁叉（HBM8∶19）

2006HBM10

1. 墓葬形制

多室砖墓，骨架凌乱，葬式不清，方向90度。

由墓道、甬道、墓门、前室、侧室和后室组成。

墓道位于墓室东边，开口于地表下0.5米。平面呈长方形，直壁，底部斜坡，由开口处直接开始向下倾斜，长6.6、宽1、深0～3米。

墓道后有一甬道，为砖砌，壁和顶部已破坏，长1.2、宽1.3米。甬道口即为墓门，用顺砖斜立交叉封堵，现存高0.5米。

前室平面呈长方形，顶和壁均已破坏，直壁，平底，无铺地砖。长2、宽1.5米；西侧室平面为长方形，顶和壁砖均已破坏，直壁，平底，现存部分铺地砖，长2、宽1.4米。东部置有大口罐、奁各1件。东侧室平面为长方形，顶和壁砖均已破坏，直壁，平底，现存部分铺地砖，长2、宽1米。墓室中部有耳杯1件，北部有陶鸡1件，东南角有陶灶、大口罐、陶狗各1件。

后室平面为长方形，现存为土圹，顶和壁砖均已破坏，直壁，平底。长2.3、宽1.8米。后室底部较前室略高约0.2米。无骨架，无随葬品（图三四；图版二，2）。

2. 随葬品

陶器7件。

大口罐 2件。均泥质灰陶。HBM10:1，直口，方唇，鼓腹，平底。口径13.8、腹径23.5、底径14、高18厘米（图三五，1）。HBM10:7，卷沿，尖唇，溜肩，曲腹，平底。腹中部饰五周凹弦纹，下部饰两周凹弦纹，口径23.5、肩径32、底径18、高30厘米（图三五，3；图版六，6）。

耳杯 1件。HBM10:3，泥质灰陶。直口，斜壁，平底。口沿两侧各有一半月形耳。口长径13.6、短径10厘米，底长径6、短径4厘米，高3.6厘米（图三五，2）。

奁 1件。HBM10:4，泥质灰陶。直腹，微曲，平底。底附三足，足饰兽面纹。腹上部与下部各饰两周凹弦纹。口径20、底径18.4、通高12.4厘米（图三五，5；彩版九，2）。

灶 1件。HBM10:5，泥质灰陶。整体呈箱形，平面略呈长方形。灶面上有一大两小三个圆形连体釜。釜外沿灶面边缘饰一周斜棱纹饰。一端有半挡火墙，挡火墙下有一半圆形灶门。灶体长21、宽15、通高9.2厘米（图三五，4；图版一三，4）。

狗 1件。HBM10:2，泥质灰陶。蹲坐式，前腿直立，后腿蜷曲，面部正视前方。中空。长11.5、宽5、高11厘米（图三五，7）。

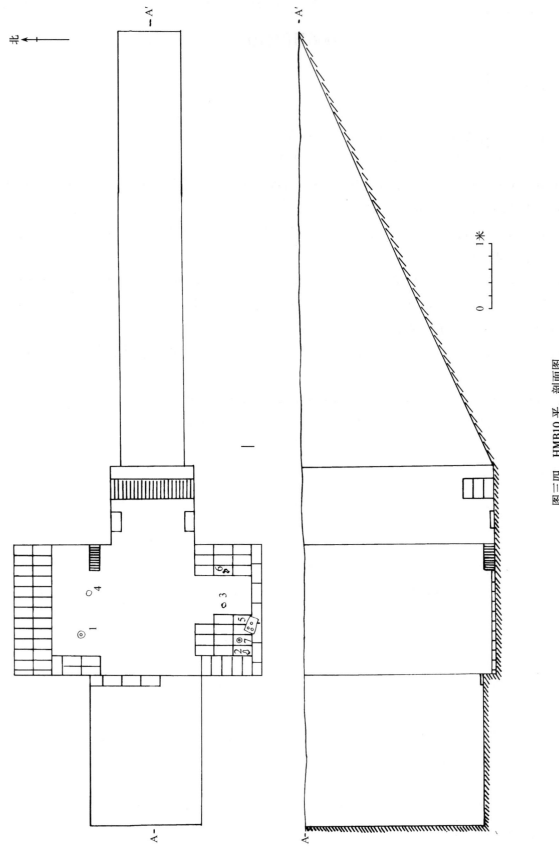

图三四　HMB10 平、剖面图

1、7. 陶大口罐　2. 陶狗　3. 陶耳杯　4. 陶盉　5. 陶灶　6. 陶鸡

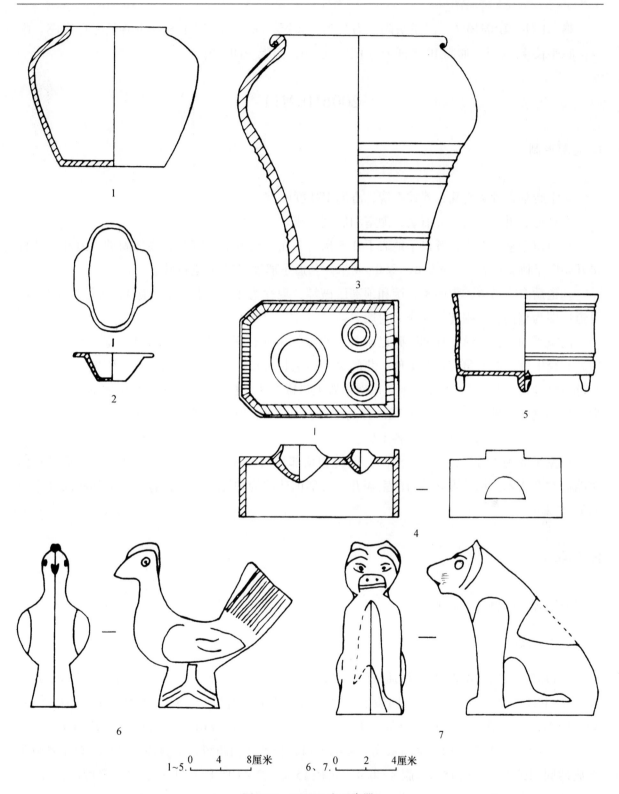

图三五 HBM10 出土陶器

1、3. 大口罐（HBM10：1、HBM10：7） 2. 耳杯（HBM10：3） 4. 灶（HBM10：5） 5. 奁（HBM10：4） 6. 鸡（HBM10：6）

7. 狗（HBM10：2）

鸡　1件。HBM10:6，泥质灰陶。为公鸡，高冠，昂首，尾巴上翘，下有长方形底座。中空，底座长4、宽3、通高10.5厘米（图三五，6；图版一四，6）。

2006HBM11

1. 墓葬形制

多室砖墓，骨架凌乱，葬式不清，方向100度。

由墓道、甬道、墓门、前室、侧室和后室组成。

墓道位于墓室东边，开口于地表下0.5米。平面呈长方形，直壁，底部斜坡，由开口处直接开始向下倾斜，长7、宽0.8、深0~4米。墓道东部被M12墓道打破。

墓道后有一甬道，为砖砌，壁和顶部已破坏，现存为土圹。长0.5、宽1、现存高1.8米。甬道口即为墓门，用顺砖斜立交叉封堵。

前室平面呈长方形，顶和壁砖已破坏，直壁，平底，无铺地砖。长2.1、宽1.8米。近墓门处有奁1件，西南角有猪圈1件。北侧室平面呈长方形，顶和壁砖已破坏，直壁，平底，现存部分铺地砖。长2.1、宽1.1米。东南角置大口罐1件，西部置陶壶1件。南侧室平面呈长方形，顶和壁砖已破坏，直壁，平底，有铺地砖。长2.1、宽1.1米。室内零散置放有大口罐4件，灶、井、甑、鸡、狗、铁钩各1件。

后室平面为长方形，现存为土圹，壁砖和顶部均被破坏。长2.4、宽2米。后室底部较前室略高约0.2米。用顺置立砖与前室隔开，底部铺地砖为顺置平铺，无骨架，无随葬品（图三六）。

2. 随葬品

有陶器、铁器等，共14件。

（1）陶器

大口罐　5件。HBM11:5，泥质灰陶。敛口，方唇，鼓腹，平底。口径10.4、腹径16、底径7.2、高14.8厘米（图三七，2；图版七，2）。HBM11:6（图版七，3）、HBM11:8（图版一五，3）、HBM11:13（图版七，4）、HBM11:14（图版一五，4）与HBM11:5形制、大小均相同。

壶　1件。HBM11:12，泥质灰陶。喇叭形口，长颈，扁圆腹，下腹曲，平底。口下和颈下各施两周凹弦纹。口径18.4、腹径26.4、底径15.2、高44厘米（图三七，1；彩版六，2）。

甑　1件。HBM11:10，泥质灰陶。翻沿，方唇，曲壁，平底。底部有六个箅孔，中心一个，周边分布五个，大小均同。口径13、底径4、高7.2厘米（图三七，10）。

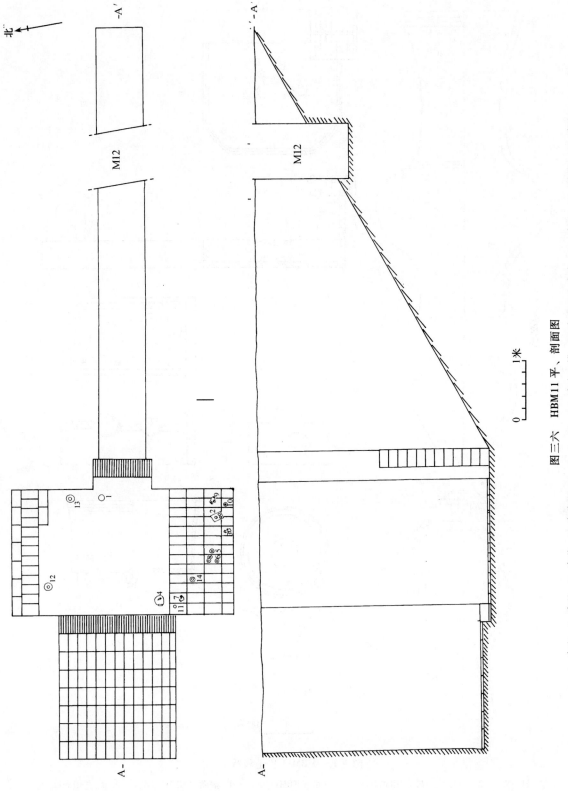

图三六　HBM11 平、剖面图

1. 陶奁　2. 陶灶　3. 陶井　4. 陶猪圈　5、6、8、13、14. 陶大口罐　7. 陶鸡　9. 陶狗　10. 陶瓿　11. 铁钩　12. 陶壶

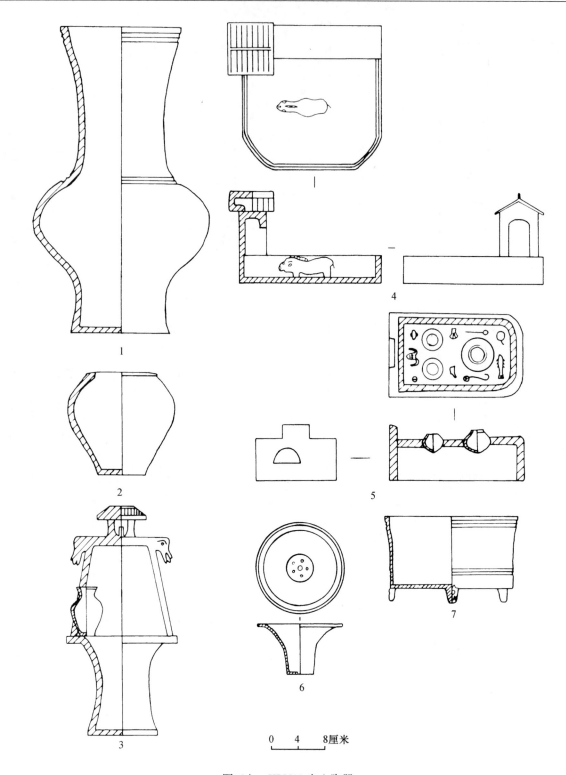

0   4   8厘米

图三七　HBM11 出土陶器

1. 壶（HBM11:12）　　2. 大口罐（HBM11:5）　　3. 井（HBM11:3）　　4. 猪圈（HBM11:4）　　5. 灶（HBM11:2）

6. 甑（HBM11:10）　　7. 奁（HBM11:1）

奁　1件。HBM11:1，泥质灰陶。直腹，微曲，平底，下腹三足，足饰兽面纹。腹上部与下部各饰两周凹弦纹。口径20、底径18.4、通高12.4厘米（图三八，7；图版九，6）。

灶　1件。HBM11:2，泥质灰陶。整体呈箱形，平面略呈长方形。灶面上有一大两小三个连体釜。釜周围饰鱼、耳杯、魁、勺等各种与生活有关的主题图案，其外围沿灶面边缘饰一周斜棱纹饰。一端有半挡火墙，挡火墙下有一半圆形灶门，灶体长20、宽12、通高8厘米（图三八，5;彩版七，6）。

井　1件。HBM11:3，泥质灰陶。由井筒、井栏、井架三部分组成。井筒平面呈圆形，整体呈亚腰型，平底。井栏突出，上置汲水罐，井架斜置，架梁两端有垂龙头饰件。井屋为四阿顶，下有长方形门。底径10.4、井筒高32.8厘米（图三七，3；彩版六，4）。

猪圈　1件。HBM11:4，泥质灰陶。平面略为正方形，四面围墙环绕，一角置猪窝，上置一厕，有两面坡式屋顶，屋下有一平台与围墙相连。猪圈中央置一陶猪模型，呈站姿状，鬃毛较长。长21、宽21、通高13.5厘米（图三七，4；彩版七，3）。

鸡　1件。HBM11:7，泥质灰陶。昂首，尾巴上翘，呈站姿状。下有长方形底座，中空。底座长4、宽3、通高10厘米（图三八，2；彩版八，2）。

狗　1件。HBM11:9，泥质灰陶。蹲坐式，前腿直立，后腿蜷曲，面部正视前方。中空。长12、宽6、高10厘米（图三八，3；图版一六，2）。

（2）铁器

铁钩　1件。HBM11:11，用条状铁弯制而成，钩尖残，一端弯成环状套一铁环。现存长10厘米（图三八，1）。

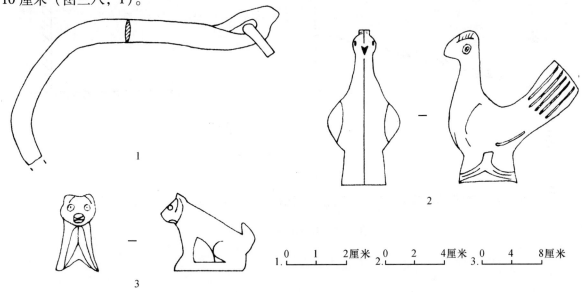

图三八　HBM11 出土器物

1. 铁钩（HBM11:11）　2. 陶鸡（HBM11:7）　3. 陶狗（HBM11:9）

2006HBM12

土洞墓，骨架凌乱，葬式不清，方向180度。

墓道位于墓室南端，开口于地表下0.5米。平面呈长方形，直壁，南部为平底，北部有三级阶梯。长2.5、宽0.9、深1.6~2.6米。无封门痕迹。

墓室为土洞，洞口即为墓门，顶为圆拱形，墓室顶部自南向北渐低。墓室平面呈梯形，直壁，平底。长2.2、南端宽0.8、北端宽0.6、南端高1.5、北端高0.9米。无骨架，无随葬品（图三九）。

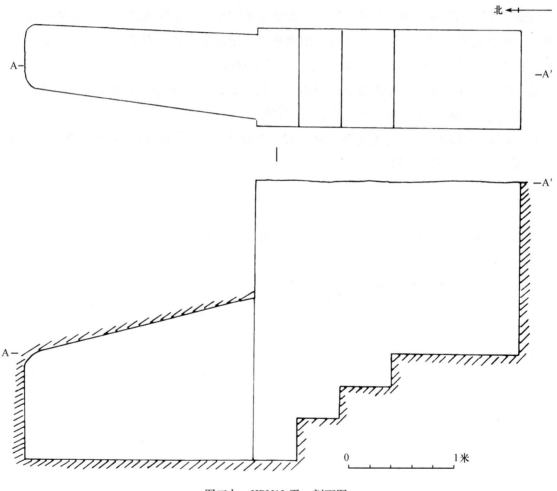

图三九　HBM12平、剖面图

2006HBM13

1. 墓葬形制

土洞墓，墓道窄于墓室，三人葬，方向 180 度。

墓道位于墓室南部，开口于地表下 0.9 米。平面为长方形，底部南半部为阶梯状，北半部斜坡。长 4.5、宽 1.1、深 0 ~ 4.7 米，共九个台阶，每级台阶高度均为 0.4、宽为 0.25 ~ 0.32 米，墓道和墓室交接处无封门痕迹。

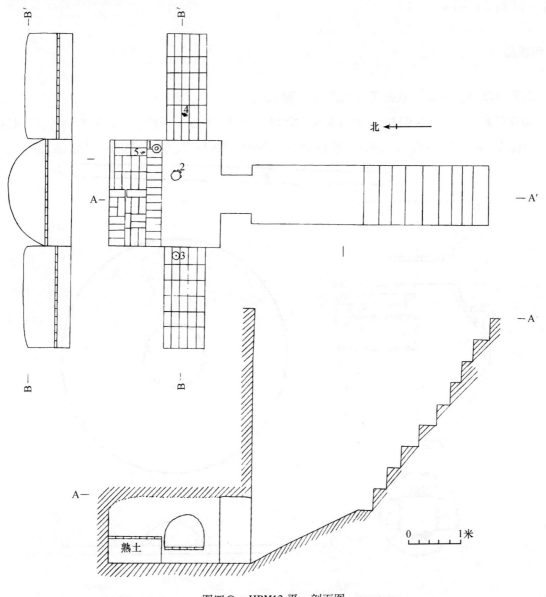

图四〇　HBM13 平、剖面图
1. 陶碗　2. 陶双系罐　3. 铁镜　4. 铜钱　5. 铜簪

墓道和墓室交接处有甬道相连，长 0.6、宽 0.7、高 1.2 米。

墓室分前室和两个侧室组成，前室为土洞，平面略为正方形，顶部微拱略平。墓室顶部自南向北渐低，直壁，平底。长 2.1、宽 2 米，南端高 1.2、北端高 1 米。墓室分南北两部分，北部高出南部 0.5、宽 1 米，顶面平铺一层砖（砖长 0.3、宽 0.14、厚 0.04 米），此高出部分应为棺床，上面有骨架一具，已朽。在东南角置放陶碗和铜簪各一件。南半部底为土筑，宽 1.1 米，在东北角出陶罐一件。墓室东西各有一侧室，均为土洞，顶为圆拱形，底部用顺砖平铺。西侧室长 1.86、宽 0.78、高 0.6 米。中有骨架一具，已朽，尺寸不详。在近门处置有铁镜一件。东侧室长 1.95、宽 0.76、高 0.6 米。有一具骨架痕迹，腐朽严重，葬式不明。在近门处出有铜钱 6 枚（图四〇；图版三，1）。

2. 随葬品

随葬有陶器、铜器、铁器等，共 5 件（种）。

陶双系罐　1 件。HBM13:2，泥质灰陶。敛口，圆唇，鼓腹，平底。口沿下两侧各有一竖桥形耳，上腹部有两周凹弦纹，口径 9.6、腹径 16.4、底径 8、高 17.2 厘米（图四一，2；彩版一〇，3）。

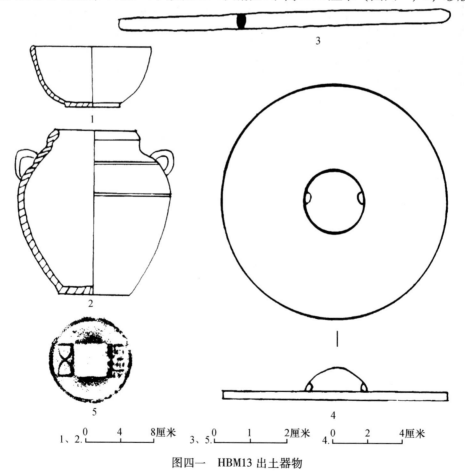

图四一　HBM13 出土器物

1. 陶碗（HBM13:1）　2. 陶双系罐（HBM13:2）　3. 铜簪（HBM13:5）　4. 铁镜（HBM13:3）　5. 铜钱（HBM13:4）

陶碗 1件。HBM13:1，泥质灰陶。直口，圆唇，弧腹，平底。口径15、底径4.6、高7厘米（图四一，1；彩版一〇，1）。

铜簪 1件。HBM13:5，用铜棍磨制而成，尖已残，直径0.35、残长18.2厘米（图四一，3）。

铜钱 6枚。均为五铢钱，HBM13:4，篆书，五铢二字字体稍瘦，交笔弯曲，朱字上下均圆折。直径2.3、穿径0.9、肉厚0.1厘米，重量2.79克（图四一，5）。

铁镜 1件。HBM13:3，用生铁浇铸而成，现存圆形，镜背及镜面均已槽杇不清。直径12.4、厚5厘米，重量301.02克（图四一，4；图版一八，3）。

2006HBM14

1. 墓葬形制

土洞墓，墓道窄于墓室，单葬，方向180度。

墓道位于墓室南部，开口于地表下1米。平面略呈梯形，竖穴土圹，直壁，底部斜坡。长2.1、宽0.96~1、深1.2~2.5米。墓道和墓室交接处无封门痕迹。

墓室土洞，洞口即为墓门，呈圆拱形，墓门宽0.9、墓门高1.9米。墓室为墓室，顶部圆拱形，洞高最高处2.2米，平底，平面为椭圆形，长径2.06、短径1.6、高2.2米。无棺痕，有骨架一具，已杇，头向、葬式不明。在墓室中部和西部置放陶碗、瓷碗和小红陶壶和各一件（图四二）。

2. 随葬品

有陶器、瓷器等，共3件。

陶碗 1件。HBM14:1，直口，尖圆唇，鼓腹，假圈足底，口径13.5、底径6.5、高6.5厘米（图四三，1；图版一八，3）。

瓷杯 1件。HBM14:2，直口，尖唇，鼓腹，假圈足底。胎质坚硬，为土黄色，器表施半釉，器内施满釉，为青釉。口径8、底径3.5、高6厘米（图四三，2）。

小陶壶 1件。HBM14:3，泥质红陶。翻沿，圆唇，细颈，圆鼓腹，平底。器表饰有浅绿色釉，大多已脱落。口径2.2、腹径3、底径2.2、高4厘米（图四三，3；图版一八，1）。

2006HBM15

土洞墓，墓道窄于墓室，单葬，方向200度。

墓道位于墓室南部，开口于地表下0.6米。平面为长方形，竖穴土圹，直壁，底部斜坡。长3.6、宽0.8、深0.5~2.2米。墓道和墓室交接处用石头封门，洞高1.4米。

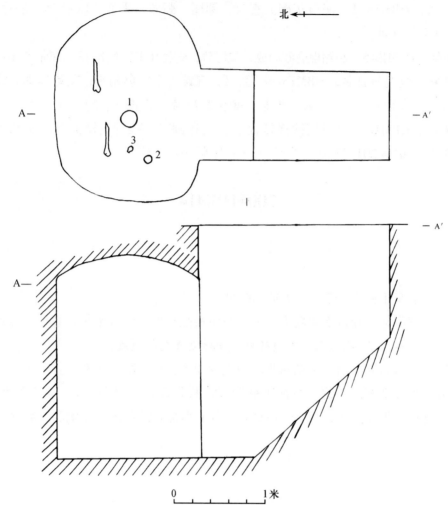

北 ←—

图四二 HBM14 平、剖面图
1. 陶碗 2. 瓷杯 3. 小陶壶

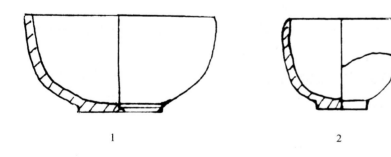
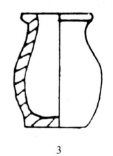

图四三 HBM14 出土器物
1. 陶碗（HBM14∶1） 2. 瓷杯（HBM14∶2） 3. 小陶壶（HBM14∶3）

墓室为土洞，洞口即为墓门，顶部圆拱略平。平顶、平底。平面略成梯形，长2.6、宽0.76~1.4、高1.4米，有木棺痕迹，为梯形，长1.74、宽0.34~0.7米。内葬有骨架一具，已零乱，约为头向南。无随葬品（图四四；图版四，1）。

2006HBM16

竖穴土坑墓，合葬，方向230度。

墓葬开口于地表下0.4米，为就地挖坑而建。平面呈不规则三角形，东北部窄，西南部宽，直壁，平底。长2、宽0.9~1.7、深0.4米。墓室中部有一高0.15、长1.55米的砖墙将墓室一分为二，此砖共分三层，全部为碎砖摆成。南部葬骨架两具，其中一具为仰身直肢，头向西，面向上，另外一具骨架较乱，显为摆放，应为迁葬。北半部空置。无随葬品（图四五）。

2006HBM17

1. 墓葬形制

砖室墓，骨架凌乱，葬式不清，方向290度。

墓道位于墓室西端，开口于地表下0.8米。平面为梯形，底部斜坡状，两壁及底部均为土筑。长4、宽0.94~1.06、深0.6~3.2米。用青砖封门，为顺置斜立放交叉封堵，封门砖内侧靠南侧有一圆洞，直径为0.16米，似为通气孔。接墓道东有砖砌甬道（甬道口即为墓门），券顶。甬道长0.97、宽0.8、高1.2米。

墓室用青砖垒砌，平面为正方形，穹隆顶，最顶部已塌。四壁均为单砖顺置平砌垒筑。长3.1、宽3.1、现存高3.2米。底部现存为土底，未见木棺痕迹，骨架已扰乱，头向、葬式不明。随葬品散置于墓室各处，计有陶罐5件，陶盘2件，陶耳杯6件，陶鸡3件，陶狗2件，陶磨、陶猪圈、陶井、陶水桶、陶博山炉、方案、圆案各1件，铜盆1件，铁刀2件，铜镜2件，铜钱3枚（图四六）。

2. 随葬品

有陶器、铜器、铁器等，共33件（种）。

（1）陶器

大口罐　5件，均泥质灰陶。HBM17:1，直口，圆唇，鼓腹，下腹微曲，平底。口径9.6、腹径16、底径6.4、高14厘米（图四七，1；图版八，4）。HBM17:2，直口，圆唇，鼓腹，下腹微曲，平底。口径8.8、腹径16、底径8、高16.4厘米（图四七，2；图版一五，5）。HBM17:3，

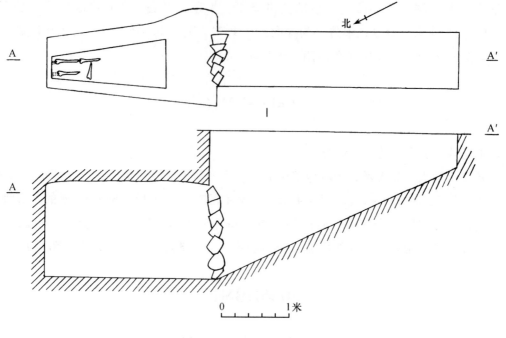

图四四　HBM15 平、剖面图

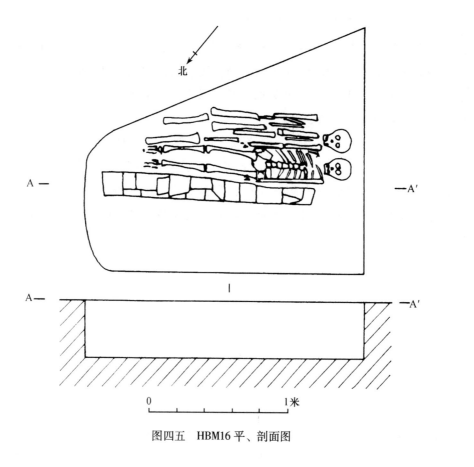

图四五　HBM16 平、剖面图

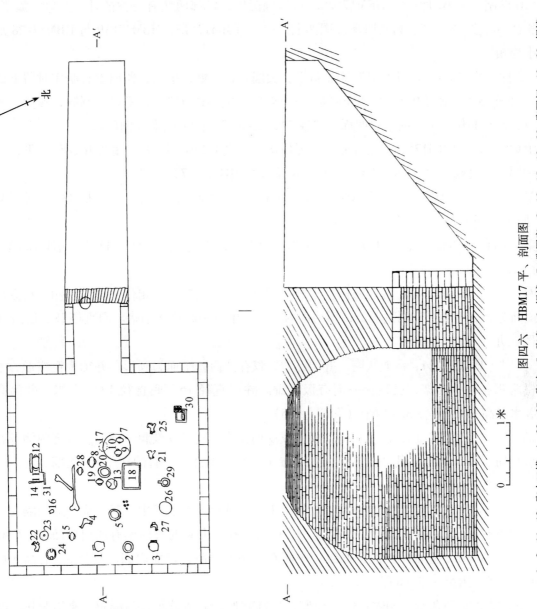

图四六 HBM17 平、剖面图

1~3、11、12. 陶大口罐 4、22、27. 陶鸡 5. 陶盘 6. 铜钱 7. 陶圆案 8~10、15、19、28. 陶耳杯 13、23. 铜镜
14. 铁刀 16. 陶水桶 17. 铜盆 18. 陶方案 20. 陶盘 21、25. 陶狗 24. 陶井 26. 陶博山炉 29. 陶磨
30. 陶猪圈 31. 铁刀

直口，圆唇，鼓腹，下腹微曲，平底。口径 8、腹径 16、底径 8.4、高 12 厘米（图四七，3；图版七，5）。HBM17∶11，直口，圆唇，鼓腹，下腹微曲，平底。口径 9、腹径 16、底径 9.3、高 16.4 厘米（图四七，4；图版七，6）。HBM17∶12 与 HBM17∶11 形制、大小均相同。

耳杯　6 件，均泥质灰陶。HBM17∶10，口呈椭圆形，口部两侧有对称的耳。直口，弧壁，平底。长径 11、短径 9、高 3.2 厘米（图四七，14；图版一〇，5）。HBM17∶8、HBM17∶9 与 HBM17∶10 形制、大小均相同。HBM17∶28，口呈椭圆形，口部两侧有对称的耳。直口，弧壁，平底，长径 14、短径 11.6、高 4 厘米（图四七，13）。HBM17∶15、HBM17∶19 与 HBM17∶28 形制、大小均相同。

盘　2 件，均泥质灰陶。HBM17∶20，折沿，尖圆唇，弧壁，平底，器内壁有制作时留下的凸弦纹。口径 18.5、底径 9.5、高 3.5 厘米（图四八，2）。HBM17∶5，平口，圆唇，弧壁，平底，器内底部有制作时留下的弦纹两周。口径 24、底径 13、高 4 厘米（图四八，1）。

博山炉　1 件。HBM17∶26，仅存底座，泥质灰陶。底部为暗圈足形，底座里面呈弧形，中间突起一周。柄已残，中空。底径 4、残高 5.8 厘米（图四七，7）。

方案　1 件。HBM17∶18，泥质灰陶。长方形板状，边较厚，周边上折。长 43.5、宽 33、边厚 12 厘米（图四九，1；图版一二，4）。

圆案　1 件。HBM17∶7，泥质灰陶。呈圆形，边较厚，周边上折。直径 42.5、边厚 12 厘米（图四九，2）。

猪圈　1 件。HBM17∶30，泥质灰陶。一厕一圈，圈平面呈圆形，厕位于圈的一侧，长方形走道与厕所相连，厕墙上有圆拱形门，顶为四阿式。圈中有一圆雕状小猪。圈直径 28、通高 16 厘米（图四九，3）。

井　1 件。HBM17∶24，泥质灰陶。井架已残，仅存井筒。平面为圆形，井桶为亚腰形，平底。井栏两侧各有一支架，已残，一侧有汲水罐。井栏直径 16、底直径 12.5 厘米，井筒高 16.5、汲水罐高 4.8、直径 3.8 厘米（图四七，5）。

水桶　1 件。HBM17∶16，泥质灰陶。模制成皮桶样式，直口，鼓腹，圜底。口部两侧各有一半圆形提纽。口下突起一周，腹部有八组纹饰（仿八张皮订在一起的样子），底部突起。口径 5、通高 7 厘米（图四七，8）。

陶磨　1 件。HBM17∶29，泥质灰陶。模制，平面呈圆形，上扇正中突起一周，周内隔为两半，两半内各有一孔。一侧有磨把，呈半圆形，中有一孔。上扇的背面刻有四组凹凸纹，中有一磨眼。下扇为圆形，正面刻四组凹凸纹，中间有一圆形磨脐，背面内凹。直径 5、总高 4 厘米（图四八，5；图版一三，6）。

鸡　3 件，均泥质灰陶。HBM17∶4，模制，呈圆雕形，形体较小，为雄鸡，高冠长尾，站立状，通高 10.7 厘米（图四七，9）。HBM17∶22，模制，呈圆雕形，形体较小，为雄鸡，高冠长尾，站立状，通高 10.8 厘米（图四八，6；图版一四，5）。HBM17∶27，模制，呈圆雕形，形体较小，为雄鸡，高冠长尾，站立状，通高 12.6 厘米（图四七，10）。

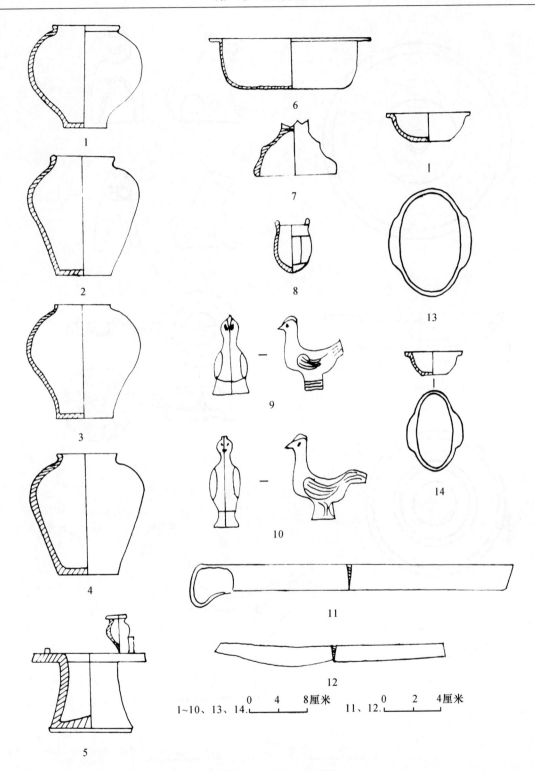

图四七　HBM17 出土器物

1～4. 陶大口罐（HBM17：1、HBM17：2、HBM17：3、HBM17：11）　5. 陶井（HBM17：24）　6. 陶盆（HBM17：17）　7. 陶博山炉
（HBM17：26）　8. 陶水桶（HBM17：16）　9、10. 陶鸡（HBM17：4、HBM17：27）　11、12. 铁刀（HBM17：14、HBM17：31）
13、14. 陶耳杯（HBM17：28、HBM17：10）

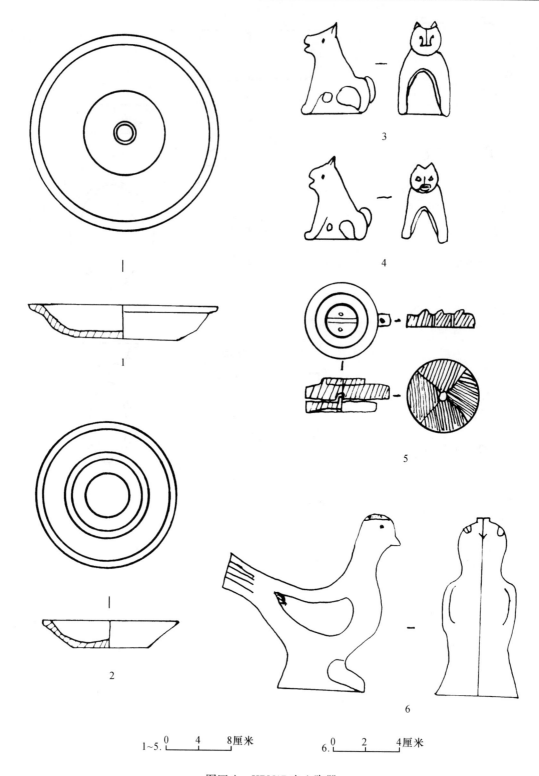

图四八　HBM17 出土陶器

1、2. 盘（HBM17：5、HBM17：20）　　3、4. 狗（HBM17：25、HBM17：21）　　5. 磨（HBM17：29）　　6. 鸡（HBM17：22）

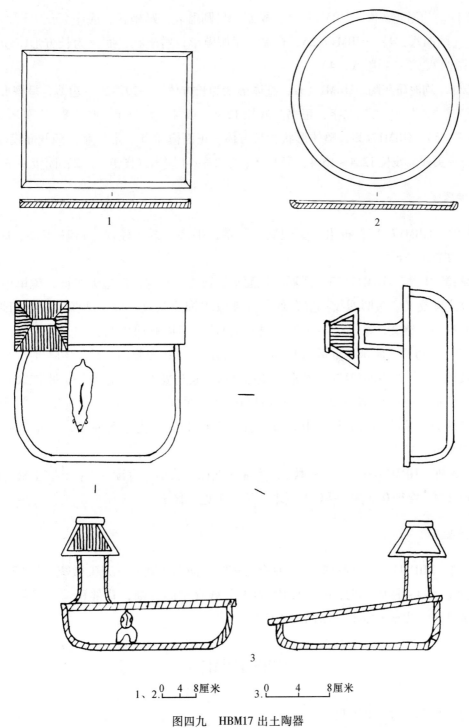

1、2.⎣0 4 8厘米 3.⎣0 4 8厘米

图四九 HBM17 出土陶器

1. 方案（HBM17：18） 2. 圆案（HBM17：7） 3. 猪圈（HBM17：30）

狗　2件。均泥质灰陶。HBM17：21，模制，呈圆雕表，蹲坐状，底座为长方形，卷尾，通高10厘米（图四八，4）。HBM17：25，模制，呈圆雕形，蹲坐状，底座为长方形，卷尾，通高11厘米（图四八，3；彩版八，4）。

砖　2件。均泥质灰陶。HBM17：32，整体形状为长方体，一边厚，一边薄，呈楔形。正面自上而下模印有"六"、"二"二字，正书。残长12.4～16.4、宽13.6、厚2.8～4厘米（图五一，1；图版一三，5）。HBM17：33，整体形状为长方体，正面模印有"木"字，两侧面模印有"木"字，正书，一头残。残长12.4～16.4、宽13.6、厚2.8～4厘米（图五一，2；图版一三，6）。

（2）铜器

盆　1件。HBM17：17，折沿，尖圆唇，弧壁，平底，器壁较薄。口径23.5、底径19.5、高7厘米（图四八，6）。

连弧纹镜　1件。HBM17：13，圆形，镜面平，镜边宽较薄。镜边无纹饰，镜里饰连弧纹一周，连弧纹之间交叉点缀圆圈纹和竖条纹。连弧纹内饰凸弦纹一周，凸弦纹内饰四组蝙蝠纹，蝙蝠纹之间有四个铭文，篆书，字面为"君长高官"。纽周有两周凸弦纹，球形纽，中间有穿孔。直径12.5、边厚3厘米，重量221.08克（图五〇，1；彩版四，2）。

云龙纹镜　1件。HBM17：23，圆形，镜面微鼓，镜边宽厚，镜边有一周水波纹和芒纹。镜里可分两组纹饰，外一组饰一周芒纹和两周凸弦纹，里面一组有两个云龙纹，之间环绕云形纹。纽周有两周凸弦纹，球形纽，中间有穿孔。直径11.4、边厚5厘米，重量234.1克（图五〇，2；彩版五，4）。

铜钱　3枚。HBM17：6（一式三枚），为常平五铢。篆书，直读。"平"字上横与面穿下郭合一。直径2.9、穿径0.9、肉厚0.1厘米，重3.7克（图五一，3）。

（3）铁器

刀　2件。HBM17：14，保存较好，原有已朽蚀，柄端为圆环，刀尖微翘，长22.8、最宽3厘米（图四七，11；图版一七，6）。HBM17：31，残存中间一断，背部稍弯，刃部为弧形。残长16.5、宽1.6、背厚3厘米（图四七，12）。

2006HBM18

土洞墓，单葬，方向235度。

墓道位于墓室南端，开口于地表下0.6米。平面为长方形，竖穴土圹，直壁，底部斜坡。长4.4、宽1.2、深1.65～2.1米。

墓室已塌，现存为竖穴土圹，直壁，平底。平面呈椭圆形，长径2.8、短径1.7、深2.1米。无棺痕，仅在西部发现有少量碎骨。无随葬品（图五二）。

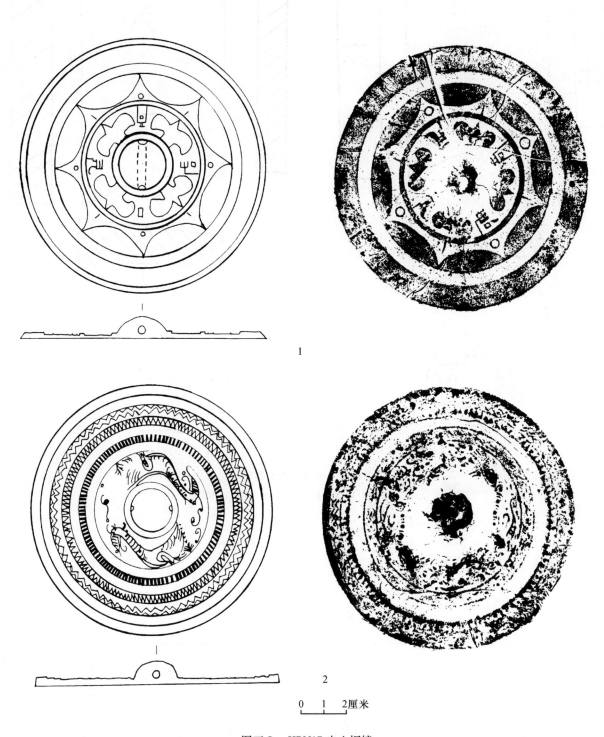

图五〇　HBM17 出土铜镜

1. 连弧纹镜（HBM17:13）　　2. 云龙纹镜（HBM17:23）

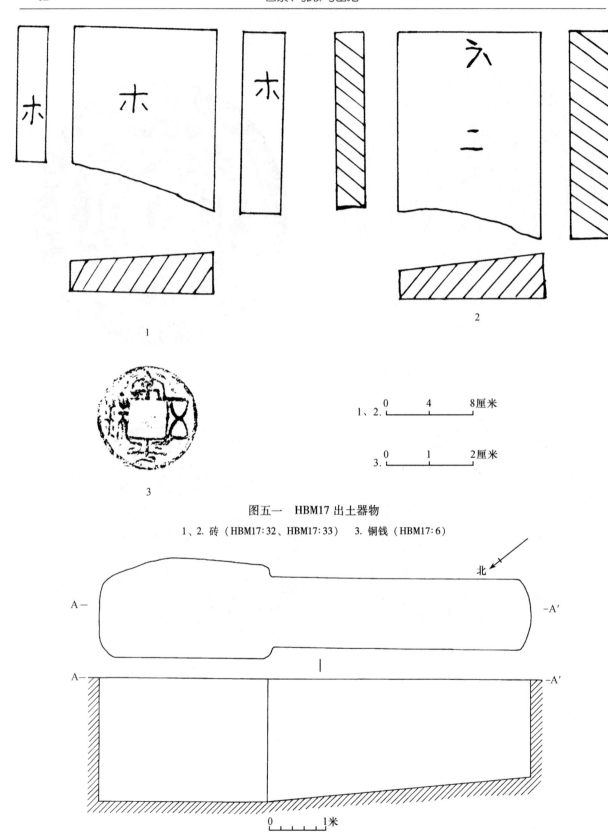

图五一　HBM17 出土器物

1、2. 砖（HBM17：32、HBM17：33）　　3. 铜钱（HBM17：6）

图五二　HBM18 平、剖面图

2006HBM19

1. 墓葬形制

土洞墓，单葬，方向 300 度。

墓道位于墓室西端，开口于地表下 0.8 米。墓道前半部分平面为梯形，接近墓门时较宽，竖穴土圹，直壁，底部斜坡。长 3.8、宽 0.88～1.2、深 1.56～3.3 米。

墓室为土洞，洞口即为墓门，顶部略平。进入土洞 0.8 米后，两侧有封门槽，封门砖在槽内垒砌，用顺砖立置交叉封堵。封门处洞宽 2、高 1.7 米。平面略呈长方形，墓室顶部自西向东渐低，封门前底部斜坡，封门后直壁，平底。长 4.3、宽 1.6 米，东端高 1.74 米、西端高 1.46 米。墓室北壁中间有一小龛，顶为圆拱形，宽 0.78、进深 0.3、高 0.8 米。内置猪圈、鸡、灶、井各 1 件，耳杯 5 件。在墓室后部北侧有木棺痕迹，棺下有白灰铺底，边缘已不清，约为长方形。内葬骨架一具，已乱，头向西，面向上。在墓室中部置放有大口罐 2 件，束颈罐 1 件，近墓门处有碗 1 件，铁削 1 件，棺钉 3 枚，在骨架北侧有铁刀 1 件，铜钱 6 枚（图五三；图版一，2）。

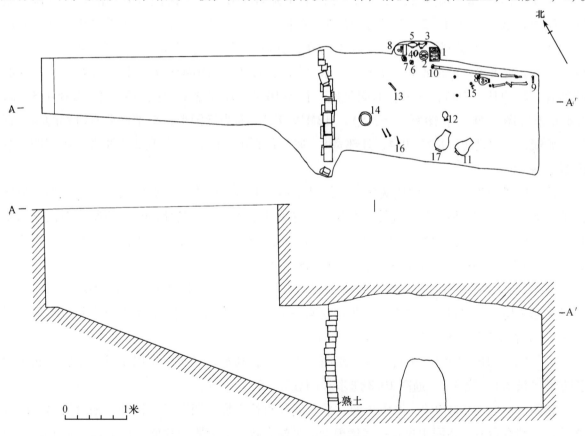

图五三　HBM19 平、剖面图

1. 陶灶　2. 陶井　3. 陶鸡　4～7. 陶耳杯　8. 陶猪圈　9. 铁削　10. 铁刀　11、17. 陶大口罐　12. 陶束颈罐　13. 铁削

14. 陶碗　15. 铜钱　16. 棺钉

2. 随葬品

有陶器、铁器、铜器等，共 23 件（种）。

（1）陶器

大口罐　2 件。均泥质灰陶。HBM19：11，直口，鼓肩，曲腹，平底，肩部有凹弦纹一周。口径 16.8、肩径 26.4、底径 13.6、高 25.6 厘米（图五四，1；图版八，5）。HBM19：17，直口，鼓肩，曲腹，平底，肩部有凹弦纹一周。口径 16.4、肩径 26.8、底径 12.8、高 26.8 厘米（图五五，1；图版八，6）。

束颈罐　1 件。HBM19：12，泥质灰陶。翻沿，圆唇，唇较厚，束颈较短，鼓腹，平底。口径 9.6、底径 8.8、高 13.6 厘米（图五四，2）。

碗　1 件。HBM19：14，泥质灰陶。敞口，弧壁，平底，圈足。口径 19.2、底径 6.4、高 26 厘米（图五四，3；图版一四，2）。

耳杯　4 件。均泥质灰陶。HBM19：5，平面为椭圆形，口部两侧有对称的耳，直口，弧壁，假圈足底。长径 13.2、耳部宽 10.6、底长径 8、短径 4、高 3.2 厘米（图五四，4）。HBM19：4，平面为椭圆形，口部有对称的耳，直口，弧壁，假圈足底。长径 14.4、耳部宽 11.2、底长径 8.8、短径 4.8、高 3.8 厘米（图五四，6）。HBM19：6，平面为椭圆形。口部两侧有对称的耳，直口，弧壁，假圈足底。长径 10.4、耳部宽 8、底长径 5.2、短径 4.8、高 2.4 厘米（图五四，5；图版一一，5）。HBM19：7，平面为椭圆形，口部两侧有对称的耳，直口，弧壁，假圈足底。长径 10.4、耳部宽 8、底长径 5.4、短径 2.4、高 2.4 厘米（图五四，8；图版一一，6）。

灶　1 件。HBM19：1，泥质灰陶。灶体呈箱形，平面呈长方形。灶面上有一大两小三个连体釜，釜周围饰有耳杯、鱼、龟等各类与生活有关的主题图案。其灶面外围边缘饰斜棱纹和菱形纹。灶体一端有半挡火墙，另一端有出烟口，灶门位于半挡火墙下侧，呈圆拱形。灶体长 22.4、宽 15.6、通高 8.4 厘米（图五四，9；图版九，3）。

井　1 件。HBM19：2，泥质灰陶。由井筒、井栏和井架三部分组成。井筒为亚腰形，平底。井栏突起一周，井架斜立，上端两侧各饰龙头一个，井屋为四阿式顶，下部开有长方形门。底径 9.2、通高 27.2 厘米（图五五，3）。

鸡　1 件。HBM19：3，泥质灰陶。模制，为公鸡，高冠，昂首，尾巴上翘，中空，底座为长方形。长 3.6、宽 3.2、通高 10.8 厘米（图五五，2）。

猪圈　1 件。HBM19：8，泥质灰陶。平面呈圆角长方形。四周环一围墙，平台突出于围墙之外，一端有台阶。猪圈中央置一陶猪模型，呈站姿状，头旁置一食槽。长 19.2、宽 18.8、通高 4 厘米（图五四，7；图版一三，2）。

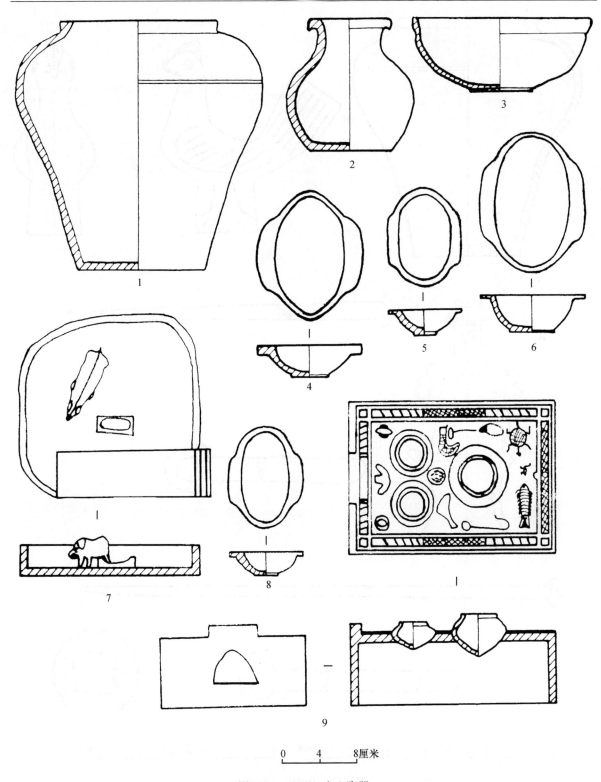

图五四　HBM19 出土陶器

1. 大口罐（HBM19∶11）　　2. 束颈罐（HBM19∶12）　　3. 碗（HBM19∶14）　　4～6、8. 耳杯（HBM19∶5、HBM19∶6、
HBM19∶4、HBM19∶7）　　7. 猪圈（HBM19∶8）　　9. 灶（HBM19∶1）

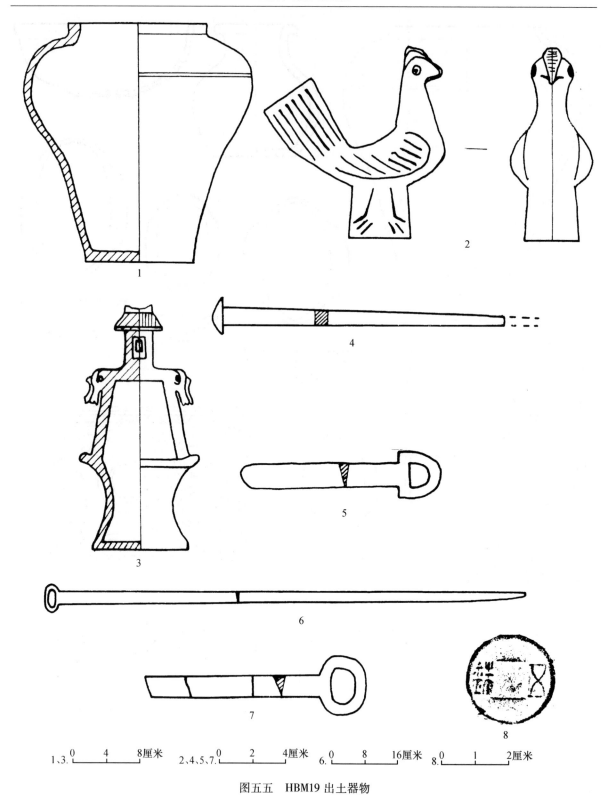

1、3.　0　　4　　8厘米　　2、4、5、7.　0　　2　　4厘米　　6.　0　　8　　16厘米　　8.　0　　1　　2厘米

图五五　HBM19 出土器物

1. 陶大口罐（HBM19：17）　　2. 陶鸡（HBM19：3）　　3. 陶井（HBM19：2）　　4. 棺钉（HBM19：16）　　5、7. 铁削（HBM19：9、
HBM19：13）　　6. 铁刀（HBM19：10）　　8. 铜钱（HBM19：15）

（2）铁器

铁刀 1件。HBM19:10，刀尖残，柄部呈环形。残长 114、最宽 6.4、最厚 0.8 厘米（图五五，6）。

铁削 2件。HBM19:9，刀尖残，柄部呈半环形。残长 11.5、最宽 2.6、最厚 0.3 厘米（图五五，5；图版一二，3）。HBM19:13，刀尖残，柄部呈环形。残长 13、最宽 3.2、最厚 0.3 厘米（图五五，7）。

棺钉 3件。HBM19:16，断面呈方形，圆形钉帽，尖已残朽。残长 17.2、帽径 1.8~2.2 厘米（图五五，4）。

（3）铜器

铜钱 6枚。HBM19:15，均为五铢，五字交笔弯曲，朱字上下圆折。直径 2.6、穿径 1、肉厚 0.1 厘米，重 2.6 克（图五五，8）。

2006HBM20

1. 墓葬形制

竖穴土坑墓，单葬，方向 180 度。

墓葬开口于地表下 1 米，北部被破坏。平面呈梯形，直壁，平底。残长 1、宽 0.5~0.72、深 0.5 米。内葬骨架一具，但只有上半身而无下半身，头向南，面向上。头骨旁置放瓷执壶和瓷碗各一件（图五六；图版三，2）。

2. 随葬品

有瓷器 2件。

碗 1件。HBM20:1，敞口，圆唇，弧壁，假圈足。胎色灰白泛红色，器表施半釉，器内施全釉，釉为乳白色。口径 13.2、底径 8、高 4.4 厘米（图五七，1；彩版一〇，2）。

执壶 1件。HBM20:2，口残，直颈，圆鼓腹，假圈足。在颈与腹一侧有执柄，对应一侧有短鎏，执柄与鎏中间各有竖桥形耳一个，器表半釉，器内无釉，釉呈黄褐色，腹径 14.8、底径 9.6、残高 19.2 厘米（图五七，2；彩版一〇，4）。

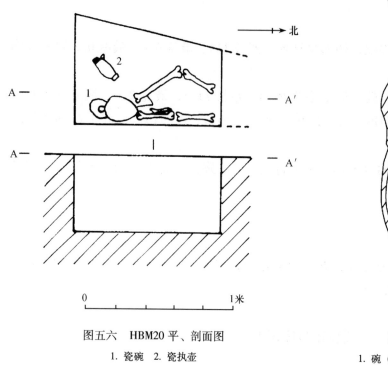

图五六　HBM20 平、剖面图
1. 瓷碗　2. 瓷执壶

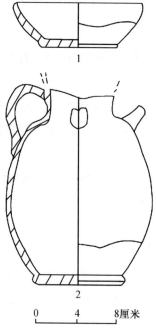

图五七　HBM20 出土瓷器
1. 碗（HBM20：1）　2. 执壶（HBM20：2）

2006HBM21

1. 墓葬形制

土洞墓，合葬，方向 200 度。

墓道位于墓室南端，开口于地表下 0.6 米。平面为不规则长方形。竖穴土圹，直壁，平底。长 2.7、宽 0.7～1.18、深 2.8 米。封门是用四块石板拼凑而成。

墓室为土洞，洞口即为墓门，平顶，宽 1.1、高 1.22 米。墓室宽于墓门，直壁，平顶，平底。平面呈不规则长方形，长 2.2、宽 1.4～1.7、高 1.22 米。西部有一层白灰，长 1.5、宽 0.3～0.6米，但上面无骨架，只放有瓷罐 1 件，陶瓦 4 件，铜钱 1 枚。东部葬骨架一具，仰身直肢，头向北，骨架旁葬有铜钱 3 枚（图五八）。

2. 随葬品

有陶器、瓷器、铜器等，共 9 件。

（1）陶器

瓦　4 件。均泥质灰陶，4 件形制大小均相同。HBM21：3，平面呈梯形，素面，为板瓦。长 21.2、宽 14.4～16、厚 1.2 厘米（图五九，2）。

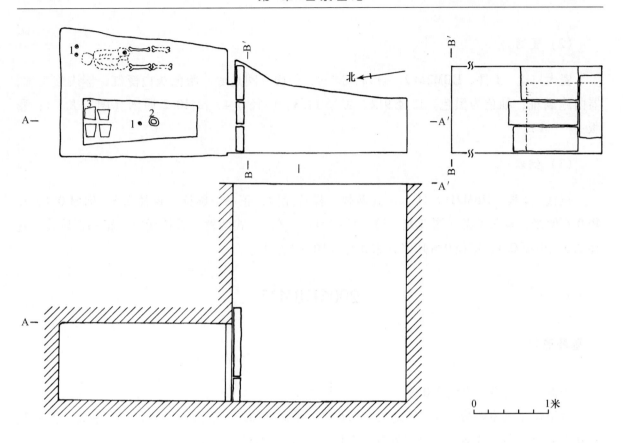

图五八 HBM21 平、剖面图
1. 铜钱 2. 瓷大口罐 3. 陶瓦

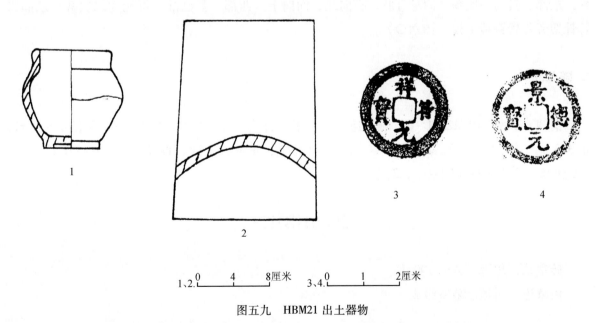

图五九 HBM21 出土器物
1. 瓷大口罐（HBM21:2） 2. 陶瓦（HBM21:3） 3、4. 铜钱（HBM21:1:①、HBM21:1:②）

（2）瓷器

瓷大口罐　1件。HBM21：2，直口，圆唇，鼓腹，圈足底。胎色灰白泛红，器表施半釉，器内施满釉，釉色为黑色。口径9.2、腹径11.3、底径6.4、高10.2厘米（图五九，1；彩版一一，1）。

（3）铜器

铜钱　4枚。HBM21：1：①，一式两枚，祥符元宝，正书，旋读。直径2.5、肉厚0.1、穿径0.6厘米，重3.3克（图五九，3）。HBM21：1：②，一式两枚，景德元宝，正书，旋读。直径2.5、肉厚0.1、穿径0.6厘米，重3克（图五九，4）。

2006HBM22

1. 墓葬形制

土洞墓，合葬，方向210度。

墓道位于墓室南端，开口于地表下0.6米。平面为梯形，竖穴土圹，直壁，平底。长2.3、宽0.7～0.9、深2.4米。在墓门处有一石块，应为封门之物。

墓室为土洞，洞口即为墓门，顶呈圆拱形，宽0.9、高1.4米。墓室平面略为长方形，顶部自南向北渐低，直壁，平底。长2.2、宽2.4米，高南端1.4、北端高1.2米。内葬骨架三具，东部二具为一次葬，仰身直肢，头向北，面向上。西部一具已乱，可能为二次葬。东部二具骨架旁各置铜钱1枚（图六〇）。

2. 随葬品

铜钱　2枚。HBM22：1：①，顺治通宝，正书，直读。直径2.5、肉厚0.1、穿径0.6厘米，重3.3克（图六一，1）。HBM22：1：②，万历通宝，正书，直读。直径2.5、肉厚0.1、穿径0.6厘米，重4.3克（图六一，2）。

2006HBM23

砖室墓，单葬，方向190度。

由墓道、甬道、墓室组成。

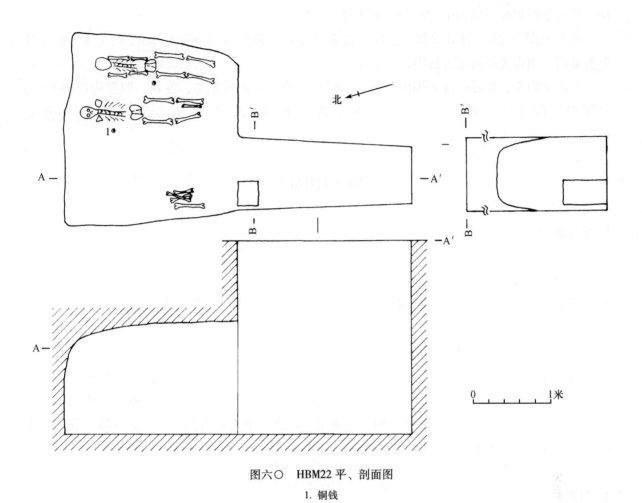

图六〇　HBM22平、剖面图
1. 铜钱

图六一　HBM22出土铜钱
1. HBM22：②：1　2. HBM22：1：①

墓道位于墓室南端，开口于地表下 0.5 米。平面为长方形，竖穴土圹，直壁，底部斜坡，接近墓门处为平底。长 5.6、宽 0.6、深 0.2~3.2 米。

甬道平面长方形，用砖垒砌，券顶，底部用竖向砖铺底。长 0.8、宽 0.6、高 1 米。甬道口即为墓门，用青砖顺向立砖封堵。

墓室平面为长方形，为先掏出土洞，然后在土洞内垒砌砖墓室，券顶，四壁为单砖平砌，底部用斜向交叉砖铺底。长 3、宽 1.88、高 1.96 米。无棺痕，有散乱碎骨。无随葬品（图六二）。

2006HBM24

1. 墓葬形制

土洞墓，合葬，方向 180 度。

墓道位于墓室南端，开口于地表下 0.4 米。平面为梯形。竖穴土圹，直壁，平底。长 2.1、宽 0.8~0.9、深 2.6 米。墓道后有甬道，长 0.3、宽 0.7、高 1.1 米，封门用三块石头封堵。

墓室为土洞，甬道口即为墓门，平顶。墓室为直壁，平顶，平底。平面略呈长方形，长 2.3、宽 0.9~1、高 1.1 米。内葬骨架两具，西部有一层白灰，长 2、宽 0.36~0.52 米，上有骨架一具，朽蚀严重，似为二次葬。西部骨架为二次葬，上置放有陶瓦 4 件，瓷罐 1 件，铜钱 2 枚。东部骨架为仰身直肢，头向北，面向上（图六三）。

2. 随葬品

有陶器、瓷器、铜器共 7 件（种）。

陶瓦　4 件。HBM24：2，均泥质灰陶，形制大小均相同。平面呈梯形，素面，为板瓦。长 20、宽 13.6~16.8、厚 8 厘米（图六四，2；图版二〇，3）。

瓷四系罐　1 件。HBM24：1，直口，圆唇，鼓腹，圈足底。口下两侧各有一对纽，胎色灰白泛红。器表半釉，器内满釉，釉为黑色。口径 11.2、腹径 16.9、底径 7.6、高 13.2 厘米（图六四，1；彩版一一，2）。

铜钱　2 枚。HBM24：3：①，祥符元宝，正书，旋读。直径 2.5、肉厚 0.1、穿径 0.6 厘米，重 3.3 克（图六四，3）。HBM24：3：②，开元通宝，正书，直读。直径 2.5、肉厚 0.1、穿径 0.7 厘米，重 3.1 克（图六四，4）。

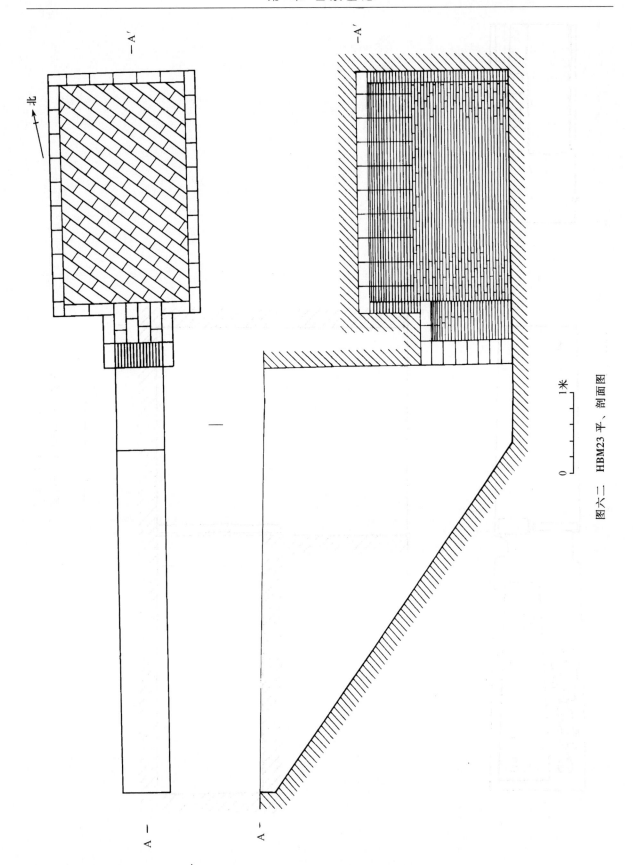

图六三　HBM23 平、剖面图

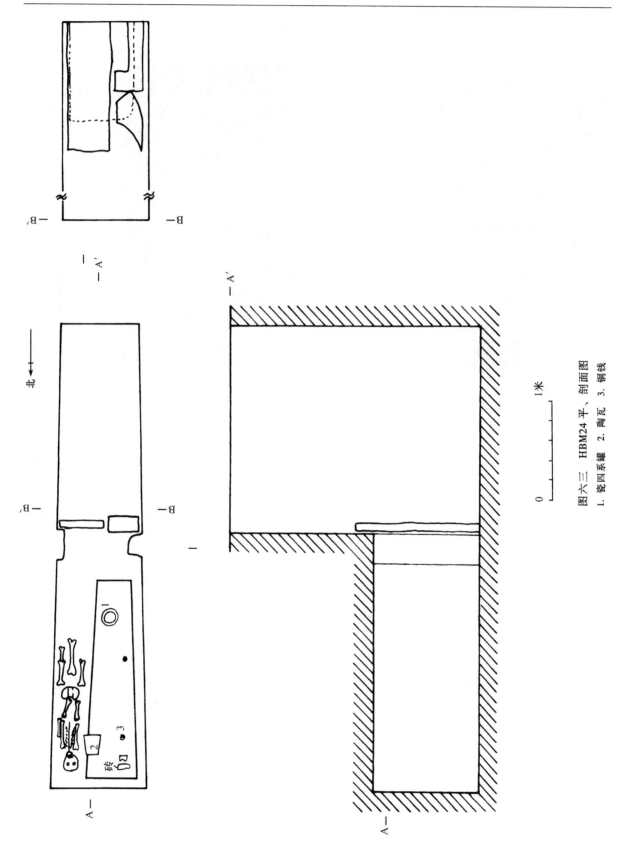

图六三　HBM24 平、剖面图
1. 瓷四系罐　2. 陶瓦　3. 铜钱

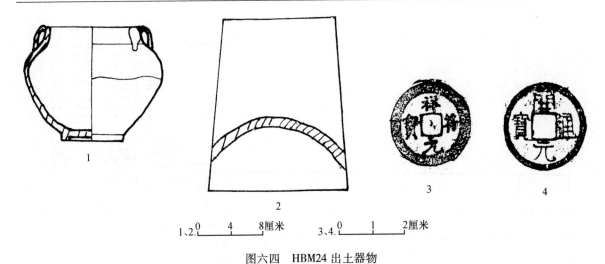

图六四 HBM24 出土器物

1. 瓷四系罐（HBM24:1） 2. 陶瓦（HBM24:2） 3、4. 铜钱（HBM24:3:①、HBM24:3:②）

2006 HBM25

1. 墓葬形制

土洞墓，骨架凌乱，葬式不清，方向190度。

由墓道、甬道、墓室、侧室组成。

墓道位于墓室南端，开口于地表下0.4米。平面为梯形。竖穴土圹，直壁，底部南端有一级台阶，以北斜坡。长4.9、宽0.6~0.7、深1.9~3.2米。

甬道呈长方形，上半部已被破坏，仅存6层，壁用单砖平砌，平底，有铺地砖。长0.72、宽0.72、现存高0.25米。墓门用单砖平砌封堵，现存仅有9层。

墓室为土洞，东北角已被破坏。平面呈长方形，顶部已被破坏，直壁，平底。长2、宽2.2米，高度不明。墓室底部有一层铺地砖，西部葬骨架一具，仰身直肢，头向北，面向上。西北角置放有陶罐1件，铜钱2枚。西壁上有两个小龛，南小龛高1.1、宽0.7、进深1.8米；北小龛高1、宽0.6、进深1.8米。两龛内底部各有一层铺地砖，内空无一物（图六五；彩版三，1）。

2. 随葬品

有陶器、铜器共3件。

陶大口罐 1件。HBM25:1，泥质灰陶。直口，方唇，鼓腹，平底。沿下饰一周凸弦纹。口径10.4、腹径20.2、底径10.4、高15.6厘米（图六六，1；图版一九，3）。

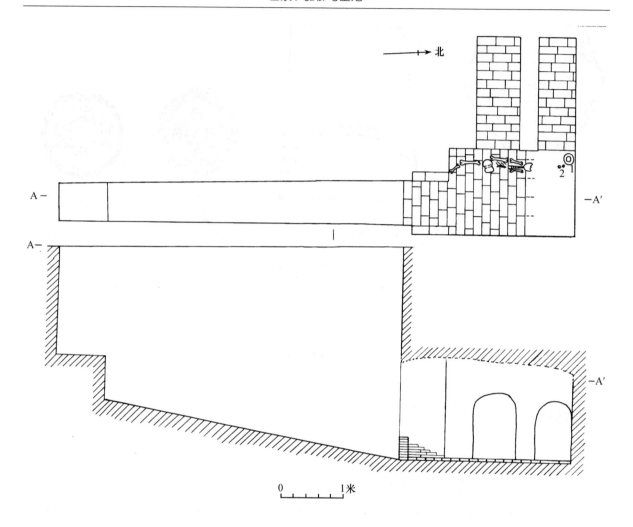

图六五　HBM25 平、剖面图

1. 陶大口罐　2. 铜钱

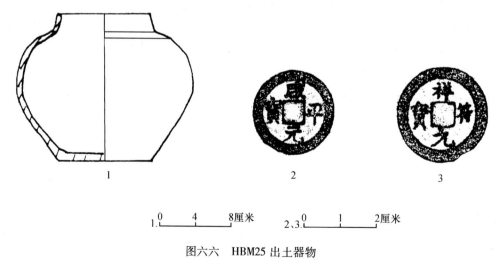

图六六　HBM25 出土器物

1. 陶大口罐（HBM25:1）　　2、3. 铜钱（HBM25:2:①、HBM25:2:②）

铜钱 2枚。HBM25:2:①，咸平元宝，正书，旋读。直径2.5、肉厚0.1、穿径0.6厘米，重3.1克（图六六，2）。HBM25:2:②，祥符元宝，正书，旋读。直径2.5、肉厚0.1、穿径0.6厘米，重3.3克（图六六，3）。

2006HBM26

1. 墓葬形制

窄竖穴土坑墓，单葬，方向20度。

墓葬开口于地表下0.4米，为就地挖坑而建。平面呈长方形，直壁，平底。长2.3、宽0.8、深1.6米。有木棺痕迹，呈长方形，长1.8、宽0.64米，高度不明。内葬骨架一具，仰身直肢，头向北，面向上，女。在骨架右肋部南北方向并列置放瓷罐和陶瓦各1件，在骨架左手骨旁放有铜钱1枚（图六七）。

2. 随葬品

有陶器、瓷器、铜器等，共3件。

陶瓦 1件。HBM26:2，泥质灰陶。平面呈梯形，为板瓦。长20.8、宽14~16、厚1.4厘米（图六八，2；图版二二，5）。

瓷双系罐 1件。HBM26:1，直口，方唇，鼓腹，平底。口部双系对称，均残。灰白胎，器表腹上部施釉，器内施满釉。釉色为酱褐色。口径8.4、腹径11.6、底径6.4、高11.2厘米（图六八，1）。

铜钱 1枚。HBM26:3，出土时已碎，钱文不明。

2006HBM27

1. 墓葬形制

土洞墓，骨架凌乱，葬式不清，方向210度。

墓道位于墓室南端，开口于地表下0.5米。平面为梯形，竖穴土圹，直壁，平底。长2.4、宽0.9~1.3、深3.3米。封门系用六块石板拼凑而成，宽1.26、高1.4米。

墓室为土洞，洞口即为墓门，呈长方形，宽1.3、高1.2米，墓室顶为穹隆顶，壁稍弧形，平底。平面呈长方形，长2.98、宽2.3、最高处1.5米。东部有一层白灰，呈梯形，长1.6、宽0.4~0.64米，北部正中置放青砖一块。中部有木棺痕迹，呈梯形，长1.7、宽0.4~0.6米，内葬骨架一具，仰身直肢，头向北，骨架上有一层草木灰痕迹。墓室西北角有陶瓦1件。西南角有瓷罐1件。东南角有瓷罐1件（图六九）。

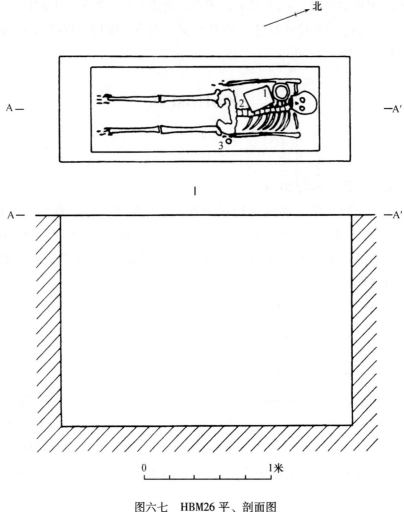

图六七　HBM26 平、剖面图

1. 瓷双系罐　2. 陶瓦　3. 铜钱

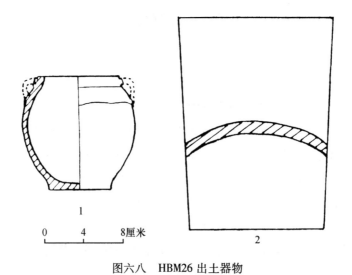

图六八　HBM26 出土器物

1. 瓷双系罐（HBM26:1）　　2. 陶瓦（HBM26:2）

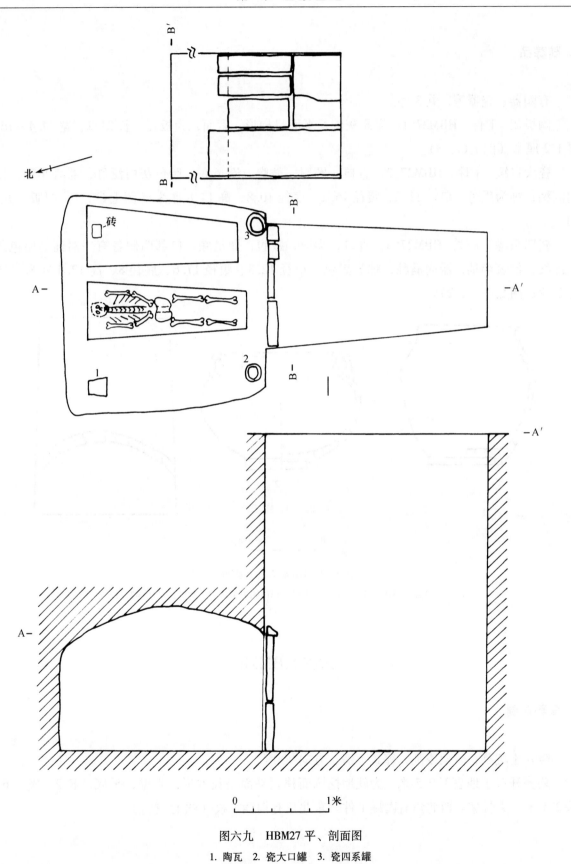

图六九　HBM27 平、剖面图

1. 陶瓦　2. 瓷大口罐　3. 瓷四系罐

2. 随葬品

有陶器、瓷器等，共3件。

陶板瓦　1件。HBM27：1，泥质灰陶。平面呈梯形，素面，为板瓦。长21.2、宽14.4~16、厚1.2厘米（图七〇，3）。

瓷大口罐　1件。HBM27：2，直口，圆唇，鼓腹，圈足底。胎色灰白泛红，器表半釉，器内满釉，釉为黑色。口径11.2、腹径15.2、底径10.8、高14.8厘米（图七〇，1；图版一九，1）。

瓷四系罐　1件。HBM27：3，直口，尖唇，鼓腹，圈足底。口部两侧各有一对纽。胎色灰白泛红，器表半釉，器内满釉，釉为黑色。口径12.8、腹径17.6、底径8、高12.4厘米（图七〇,2；图版一九，2）。

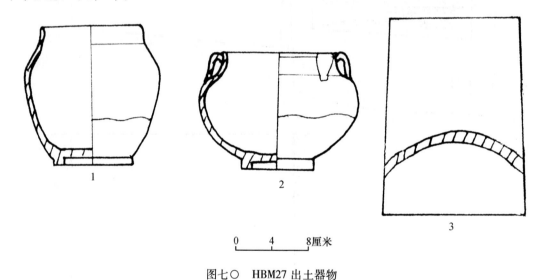

0　　4　　8厘米

图七〇　HBM27 出土器物

1. 瓷大口罐（HBM27：2）　2. 瓷四系罐（HBM27：3）　3. 陶板瓦（HBM27：1）

2006HBM28

1. 墓葬形制

竖穴土坑墓，骨架凌乱，葬式不清，方向90度。

墓葬开口于地表下0.5米，为就地挖坑而建。平面呈长方形，直壁，平底。长2、宽1.6、深2.1米。无骨架。西北角有陶罐1件。东北角有铜钱1枚（图七一）。

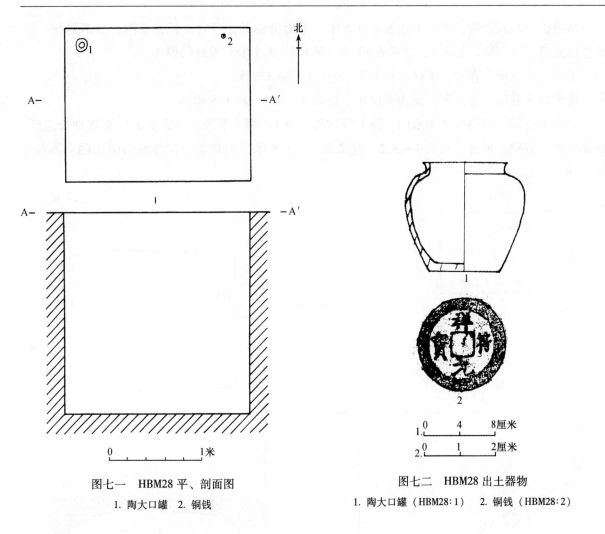

图七一 HBM28 平、剖面图
1. 陶大口罐 2. 铜钱

图七二 HBM28 出土器物
1. 陶大口罐（HBM28：1） 2. 铜钱（HBM28：2）

2. 随葬品

有陶器、铜器等，共2件。

陶大口罐 1件。HBM28：1，泥质灰陶。折沿，尖唇，鼓腹，平底，素面。口径9.6、腹径13.6、底径8、高11.6厘米（图七二，1；图版一九，4）。

铜钱 1枚。HBM28：2，祥符元宝，正书，旋读。直径2.5、肉厚0.1、穿径0.6厘米，重3.3克（图七二，2）。

2006HBM29

1. 墓葬形制

土洞墓，骨架凌乱，葬式不清，方向200度。

由墓道、天井、甬道、墓室四部分组成。

　　墓道位于墓室南端，开口于地表下 0.5 米。平面为梯形，竖穴土圹，直壁，底部斜坡，接近墓门处有三级台阶。长 3.1、宽 0.6～1.2、深 1.2～3.5 米。无封门痕迹。

　　天井呈长方形，直壁，平底。长 1.7、宽 1.4、深 3.5 米。

　　甬道接天井后，为土洞，顶为圆拱形。长 0.5、宽 1、高 1.5 米。

　　墓室为土洞，甬道口即为墓门，顶为圆拱形，宽 1、高 1.5 米。墓室平面呈不规则长方形，顶部圆拱，直壁，平底。长 2.4～3.2、宽 2.5、高 1.8 米。无骨架。在墓室西南角随葬陶瓶 1 件（图七三）。

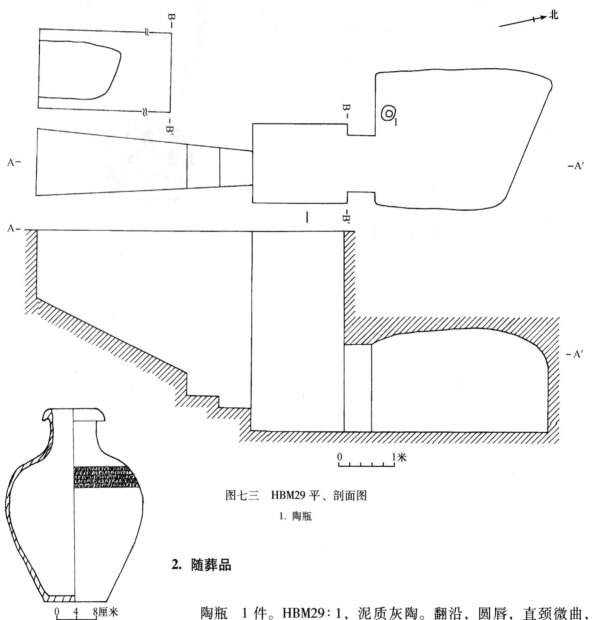

图七三　HBM29 平、剖面图

1. 陶瓶

图七四　HBM29 出土陶瓶

（HBM29：1）

2. 随葬品

　　陶瓶　1 件。HBM29：1，泥质灰陶。翻沿，圆唇，直颈微曲，鼓腹，平底。在腹上部饰五周圆涡纹。口径 12.8、腹径 28、底径 12.8、高 37.3 厘米（图七四）。

2006HBM30

1. 墓葬形制

土洞墓，单葬，方向190度。

墓道位于墓室南端，开口于地表下0.5米。平面为梯形，南窄北宽，竖穴土圹，直壁，平底。长2.5、宽0.8~1.14、深2米。墓道和墓室交接处用条石横置封门，上部已倒，共三块，残高0.6米。

墓室为土洞，洞口即为墓门，顶部略拱。墓室平面为梯形，南部窄北部宽，直壁，平底。长1.9、宽1~1.2、洞高1.36米。有木棺痕迹，为梯形。长1.8、宽0.4~0.5米，白灰铺底。内葬骨架一具，仰身直肢，头向北，面向上。骨架中部放置瓷罐、陶板瓦各1件，铜钱2枚（图七五）。

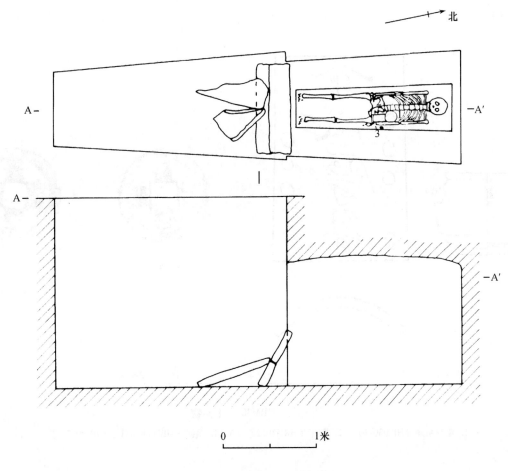

图七五　HBM30平、剖面图

1. 瓷双系罐　2. 陶瓦　3. 铜钱

2. 随葬品

有陶器、瓷器、铜器等，共4件。

陶瓦　1件。HBM30:2，泥质灰陶。平面呈梯形，为板瓦。正面有朱砂字迹，中部有竖排三个字，字面为"命□□"，两边有红圆圈8个，背为布纹。长22、宽14.4～15.2、厚1厘米（图七六，2）。

瓷双系罐　1件。HBM30:1，直口，圆唇，鼓腹，圈足底。口部双系对称，均残。灰白胎，器表施半釉，器内施满釉，釉色为酱褐色。口径9.2、腹径11.2、底径6.4、高8.8厘米（图七六,1；彩版一一，3）。

铜钱　2枚。HBM30:3，为方便面记录和描述，又在HBM30:3编小号①、②。HBM30:3:①，皇祐通宝，隶书，直读。直径2.5、穿径0.7、肉厚0.1厘米，重3.3克（图七六，3）。HBM30:3:②，景祐元宝，隶书，旋读。直径2.5、穿径0.7、肉厚0.1厘米，重4克（图七六，4）。

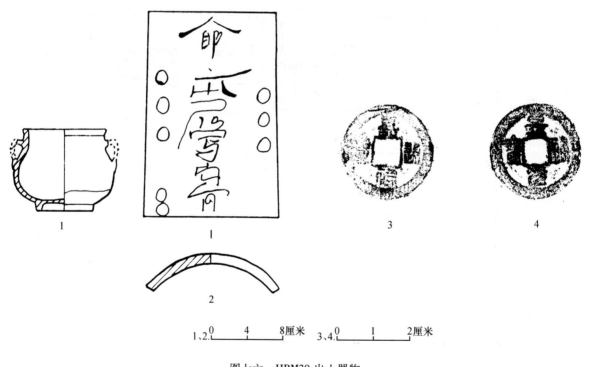

图七六　HBM30 出土器物

1. 瓷双系罐（HBM30:1）　2. 陶瓦（HBM30:2）　3、4. 铜钱（HBM30:3:①、HBM30:3:②）

2006HBM31

1. 墓葬形制

窄竖穴土坑墓，单葬，方向190度。

墓葬开口于地表下0.5米，为就地挖坑而建，平面呈梯形，直壁，平底。长2.2、宽0.6～1、深1.36米。有明显的木棺痕迹，呈梯形，长1.9、宽0.5～0.6米。内葬骨架一具，仰身直肢，头向南，面向东。左手骨有铜钱数枚，头部有骨簪1件。在骨架中部有瓷罐、铁器各1件（图七七）。

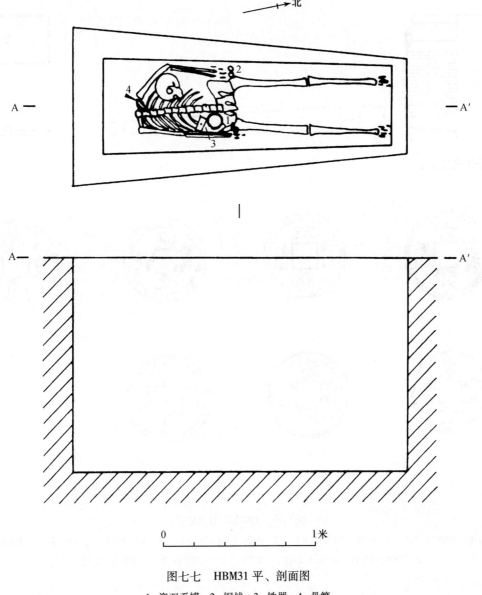

图七七　HBM31 平、剖面图

1. 瓷双系罐　2. 铜钱　3. 铁器　4. 骨簪

2. 随葬品

有瓷器、铜器、铁器、骨器等，共11件。

瓷双系罐　1件。HBM31:1，小翻沿，圆唇，鼓腹，浅圈足。器身肩部两侧有对称双耳，腹部有20周凹弦纹。灰白胎，器表施半釉，器内满釉，釉为酱褐色。口径10.4、腹径12.8、底径7.6、高16.8厘米（图七八，1；彩版一一，4）。

铁器　1件。HBM31:3，锈蚀严重。平面呈长方形，在中部有一圆纽。长9.6、宽5.2、通高1.6厘米（图七八，3）。

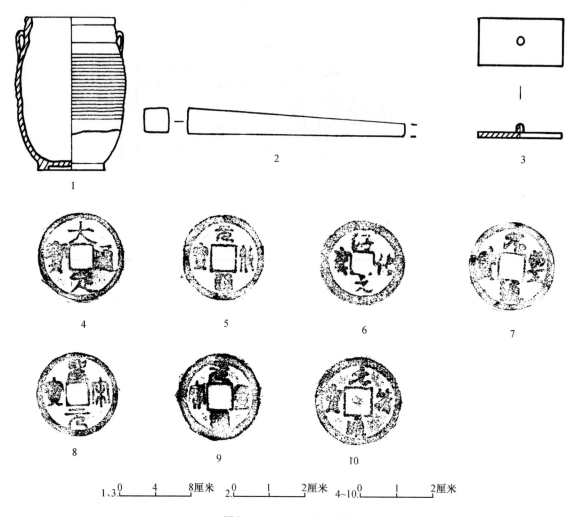

图七八　HBM31 出土器物

1. 瓷双系罐（HBM31:1）　2. 骨簪（HBM31:4）　3. 铁器（HBM31:3）　4～10. 铜钱（HBM31:2:①、HBM31:2:②、HBM31:2:③、HBM31:2:④、HBM31:2:⑤、HBM31:2:⑥、HBM31:2:⑧）

骨簪 1件。HBM31:4，尖残，用一段骨头磨制而成。截面呈圆角正方形。长6.2、直径0.3~0.7厘米（图七八，2；图版二〇，4）。

铜钱 8枚。HBM31:2，为方便记录和描述，又在HBM31:2后编小号①~⑧。HBM31:2:①，大定通宝，正书，直读。直径2.4、穿径0.7、肉厚0.1厘米，重2.8克（图七八，4）。HBM31:2:②，元符通宝，篆书，旋读。直径2.3、穿径0.7、肉厚0.1厘米，重2.9克（图七八，5）。HBM31:2:③，淳化元宝，行书，旋读。直径2.4、穿径0.6、肉厚0.1厘米，重3.8克（图七八，6）。HBM31:2:④，元丰通宝，行书，旋读。直径2.4、穿径0.7、肉厚0.1厘米，重2.8克（图七八，7）。HBM31:2:⑤，圣宋元宝，篆书，旋读。直径2.3、穿径0.6、肉厚0.1厘米，重3.1克（图七八，8）。HBM31:2:⑥，元丰通宝，篆书，旋读。直径2.3、穿径0.7、肉厚0.1厘米，重2.7克（图七八，9）。HBM31:2:⑦，元丰通宝，篆书，旋读。直径2.3、穿径0.7、肉厚0.1厘米，重2.6克。HBM31:2:⑧，元符通宝，行书，旋读。直径2.4、穿径0.7、肉厚0.1厘米，重3克（图七八，10）。

2006HBM33

1. 墓葬形制

土洞墓，墓道窄于墓室，合葬，方向160度。

墓道位于墓室南部，开口于地表下0.9米。平面为梯形，竖穴土圹，直壁，平底。长2.1、宽0.4~0.9、深2.9米。墓门用两块石板封堵，封门石长1.2、宽0.4、高1.2米。墓门后有甬道与墓室相连，甬道长0.2、宽0.7、高0.9米。

墓室为土洞，洞口即为墓门，顶部完好，圆拱略平，墓门宽0.66、高0.9米。墓室顶部自南向北渐低，平底。平面为梯形，长2.1、宽1.3~1.5、高0.8~0.9米。有木棺痕迹，为梯形，西侧木棺长1.9、宽0.4~0.6米，东侧木棺长1.9、宽0.4~0.6米。两棺内各葬骨架一具，仰身直肢，头向北，面上向。两具骨架头骨旁各出土瓷四系罐1件，东骨架盆骨旁出土铜钱数2枚（图七九）。

2. 随葬品

有瓷器、铜器等，共4件。

瓷四系罐 2件。HBM33:2，直口，鼓腹，浅圈足底。口部四系两两对称已残。胎为灰白色，器表施釉不到底，器内满釉，釉为茶叶末色。口径8.2、腹径12.2、底径6.9、高9.6厘米（图八〇，1；彩版一二，1）。HBM33:3，直口，鼓腹，平底。四系两两对称已残。胎为灰白色，器表施半釉，器内满釉，釉为酱褐色。口径12、底9、高15厘米（图八〇，2；彩版一二，2）。

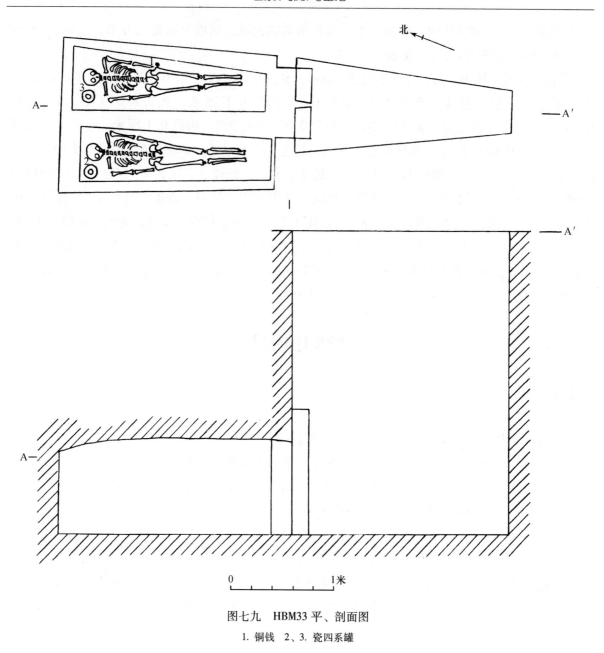

图七九　HBM33 平、剖面图

1. 铜钱　2、3. 瓷四系罐

铜钱　2 枚。为万历通宝，HBM33：1，隶书，直读。直径 2.4、穿径 0.6、肉厚 0.1 厘米，重 4.3 克（图八〇，3）。

2006HBM34

1. 墓葬形制

土洞墓，墓道窄于墓室，合葬，方向 180 度。

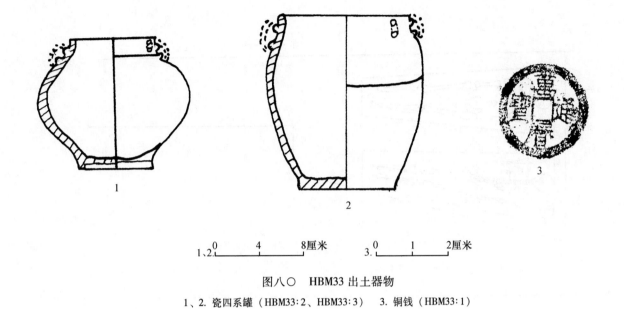

1、2 ├0──4──8厘米┤　3 ├0──1──2厘米┤

图八〇　HBM33 出土器物
1、2. 瓷四系罐（HBM33：2、HBM33：3）　3. 铜钱（HBM33：1）

墓道位于墓室的北部，开口于地表下 0.7 米。平面为长方形，竖穴土圹，直壁，平底。长 1.8、宽 0.6、深 0.8 米，无封门痕迹。

墓室为土洞，洞口即为墓门，顶部已塌，平底。平面为不规则长方形，墓室前窄后宽，长 2.4、宽 1～1.64、现存高 0.8 米。有两个木棺痕迹，为梯形，西侧木棺长 1.7、宽 0.3～0.6 米；东侧木棺长 1.7、宽 0.3～0.6 米。每个木棺内各葬骨架 1 具，仰身直肢，头向北，面向上。两具骨架头骨边旁各出土瓷双系罐 1 件，在两具骨架的腿骨旁各出铜钱数枚（图八一）。

2. 随葬品

有瓷器、铜器等，共 10 件。

瓷双系罐　2 件。HBM34：1，直口，鼓腹，圈足底。口下两侧各有一耳，已残，胎为灰白色，器表施半釉，器内满釉，釉为酱褐色。口径 8.5、腹径 11.8、底径 6.5、高 11.5 厘米（图八二，1；图版二一，1）。HBM34：2，直口，鼓腹，圈足底。口下两侧各有一耳，已残，胎为灰白色，器表施半釉，器内满釉，釉为酱褐色。口径 8.5、腹径 11.2、底径 6.5、高 11.2 厘米（图八二，2）。

铜钱　8 枚。为乾隆通宝，HBM34：3，正书，直读。直径 2.4、穿径 0.6、肉厚 0.1 厘米，重量 3.3 克（图八二，3）。

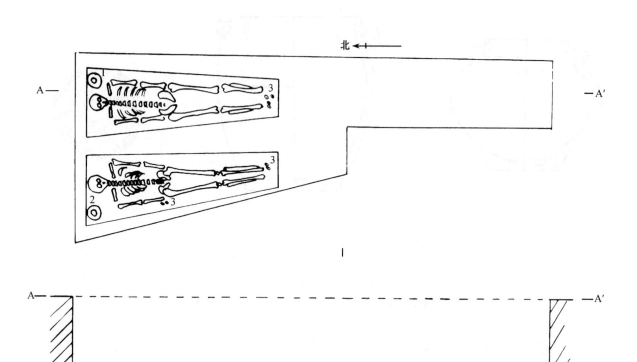

图八一　HBM34 平、剖面图

1、2. 瓷双系罐　3. 铜钱

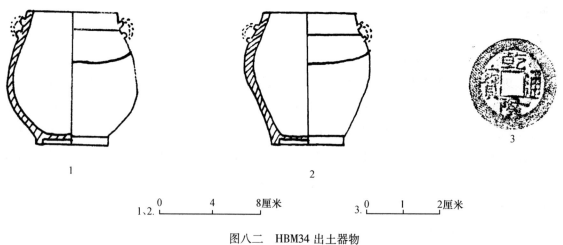

图八二　HBM34 出土器物

1、2. 瓷双系罐（HBM34∶1、HBM34∶2）　3. 铜钱（HBM34∶3）

2006HBM35

窄竖穴土坑墓，单葬，方向180度。

墓葬开口于地表下0.7米，为就地挖坑而建。平面呈梯形，长1.9、宽0.44~0.9、深0.9米。墓壁规整，平底，无木棺痕迹。内葬骨架一具，仰身直肢，头向南，面向上，无随葬品（图八三）。

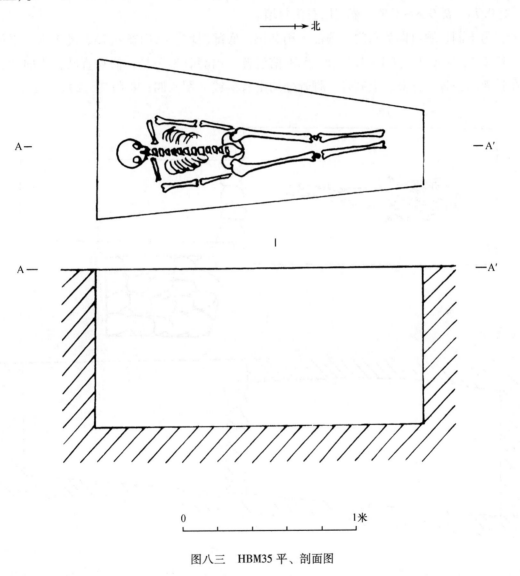

图八三 HBM35 平、剖面图

2006HBM36

1. 墓葬形制

土洞墓，墓道窄于墓室，单葬，方向180度。

墓道位于墓室南部，开口于地表下0.7米。平面为长方形，竖穴土圹，直壁，底部稍斜坡。长2、宽0.75、深0.8~1米。墓门用石头封堵。

墓室为土洞，洞口即为墓门，顶部平稍圆拱，底部斜坡。墓门宽0.75、高1米。平面为长方形，长2.3、宽1.2、高1~1.1米。无木棺痕迹，内葬骨架一具，仰身直肢，头向北，面向上。在骨架的头骨、骨盆、上肢骨、脚骨处均出有铜钱（图八四；彩版三，2）。

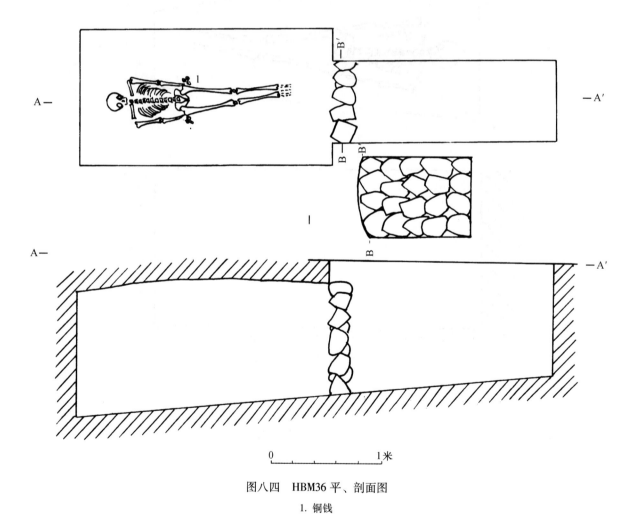

图八四　HBM36平、剖面图

1. 铜钱

2. 随葬品

铜钱　6 枚。元丰通宝，3 枚。HBM36∶1∶①，草书，旋读，直径 2.8、穿径 0.7、肉厚 0.1 厘米，重量 7.3 克（图八五，1）。元符通宝，3 枚。HBM36∶1∶②，篆书，旋读，直径 2.4、穿径 0.7、肉厚 0.1 厘米，重量 3.7 克（图八五，2）。

图八五　HBM36 出土器物
1、2. 铜钱（HBM36∶1∶①、HBM36∶1∶②）

2006HBM37

1. 墓葬形制

土洞墓，合葬，方向 190 度。

墓道位于墓室南端，开口于地表下 0.7 米。平面为长方形，竖穴土圹，直壁，平底。长 1.7、宽 1.1、深 2.1 米。墓道后有甬道，为土洞。长 0.2、宽 1.1、高 0.9 米。甬道口即为墓门，用宽 0.3 米的青灰泥封堵。

墓室为土洞，顶部圆拱略平。平面略成正方形，平顶，平底。长 2.4、宽 2.2、高 1 米。有两副木棺痕迹，均呈梯形，南窄北宽，长度大小相等，长 2.1、宽 0.4~0.6 米。内各葬骨架一具，均为仰身直肢，头向北，面向上。在墓室的填土中发现有铁器 2 件，其用途不详。在每具骨架的周围都发现铜钱数枚（图八六）。

2. 随葬品

有铁器、铜器共 12 件。

铁器　2 件。HBM37∶1，由两种构件套接而成，一种为铁环，另一种由铁板锻打成"Ω"状，上为环状，向下左右分开。铁环直径 10、环径 1.6 厘米（图八七，2；图版二〇，1）。

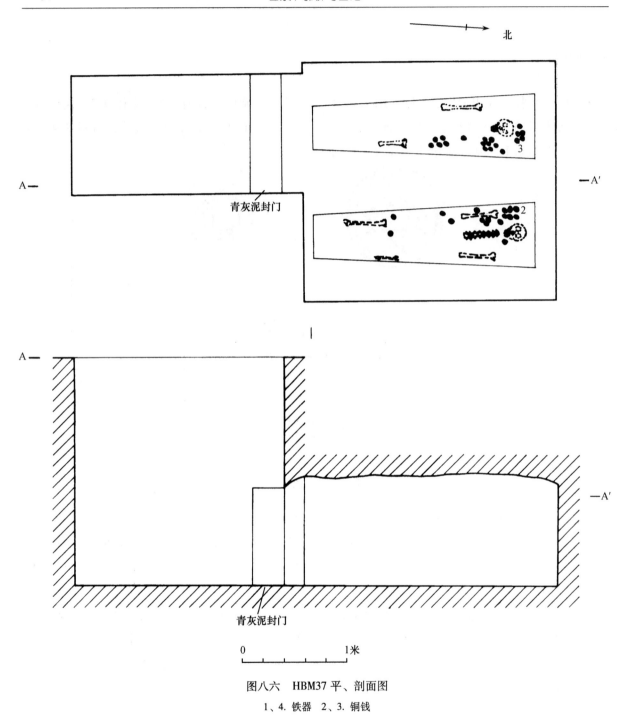

图八六　HBM37 平、剖面图

1、4. 铁器　2、3. 铜钱

HBM37:4，由两种构件套接而成，一种为铁环，另一种由铁板锻打成"U"形。铁环直径14、环径2厘米（图八七，1；图版二〇，2）。

　　铜钱　10枚。HBM37:2，为方便记录和描述，在 HBM37:2 后又编小号①～⑥。HBM37:2:①，为天圣元宝，正书，旋读。直径2.4、穿径0.7、肉厚0.1厘米，重3.1克（图八七，3）。HBM37:2:②，为元祐通宝，篆书，旋读。直径2.5、穿径0.7、肉厚0.1厘米，重3.2克（图

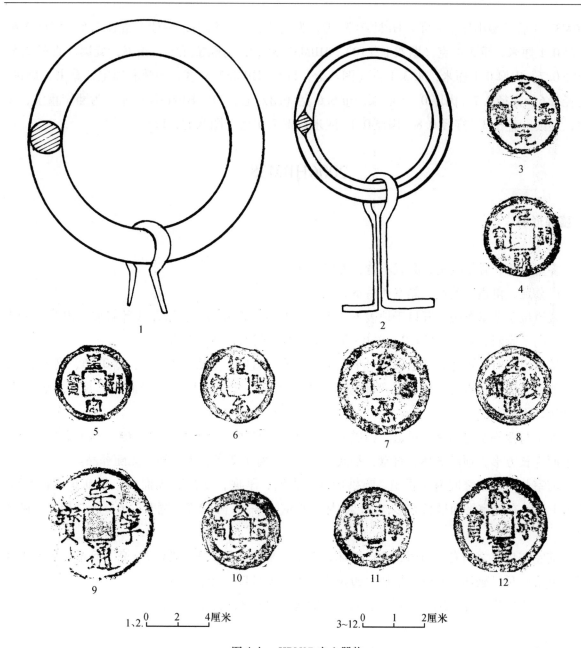

图八七 HBM37 出土器物

1、2. 铁器（HBM37：4、HBM37：1） 3～12. 铜钱（HBM37：2：①、HBM37：2：②、HBM37：2：③、HBM37：2：④、HBM37：3：③、
HBM37：2：⑤、HBM37：2：⑥、HBM37：3：①、HBM37：3：②、HBM37：3：④）

八七，4）。HBM37：2：③，为皇宋通宝，隶书，直读。直径2.4、穿径0.6、肉厚0.1厘米，重
4.1克（图八七，5）。HBM37：2：④，为绍圣元宝，行书，旋读。直径2.4、穿径0.6、肉厚
0.17厘米，重3.2克（图八七，6）。HBM37：2：⑤，为元丰通宝，行书，旋读。直径2.4、穿
径0.7、肉厚0.1厘米，重3克（图八七，8）。HBM37：2：⑥，为崇宁通宝，正书，旋读。直径
3.5、穿径0.9、肉厚0.2厘米，重7.4克（图八七，9）。HBM37：3，为方便记录和描述，在

HBM37：3 后又编小号①～④。HBM37：3：①，为至道元宝，行书，旋读。直径 2.5、穿径 0.6、肉厚 0.1 厘米，重 3.4 克（图八七，10）。HBM37：3：②，为熙宁元宝，正书，旋读。直径 2.5、穿径 0.7、肉厚 0.1 厘米，重 3.1 克（图八七，11）。HBM37：3：③，为政和通宝，篆书，旋读。直径 2.6、穿径 0.7、肉厚 0.15 厘米，重 6.6 克（图八七，7）。HBM37：3：④，为熙宁重宝，正书，旋读。直径 3、穿径 0.8、肉厚 0.15 厘米，重 7.6 克（图八七，12）。

2006HBM38

1. 墓葬形制

多室砖墓，骨架凌乱，葬式不清，方向 180 度。

由墓道、甬道、前室、侧室和后室组成。

墓道位于墓室东边，开口于地表下 0.5 米。平面呈长方形，直壁，底部斜坡，由开口处直接开始向下倾斜，长 7、宽 1.2、深 0～3.7 米。有封门槽，宽 1.6 米。

接墓道后有一甬道，顶已破坏，平面呈长方形，直壁，平底。长 0.9、宽 0.96、高 1.5 米。

前室平面呈长方形，顶部已严重破，直壁，平底，壁、底均以砖砌而成。长 3、宽 3 米。无骨架，无随葬品。

前室与西侧室之间有一甬道，圆拱形顶，直壁，平底。长 0.74、宽 0.64、高 1.2 米。西侧室平面为长方形，顶已破坏，直壁，平底，长 1.5、宽 1.2 米，无骨架，无随葬品。

前室与东侧室之间有一甬道，圆拱形顶，直壁，平底，壁用砖砌而成。长 0.6、宽 0.78、高 1.1 米。东侧室平面呈长方形，顶已破坏，直壁，平底，长 2.7、宽 1.7 米，无骨架，无随葬品。

前室与后室之间有一甬道，顶已破坏，直壁，平底。长 1.3、宽 0.7、高 1.5 米。后室平面呈正方形，顶已破坏，直壁，平底。边长 2.9 米。无骨架，无随葬品。

在填土中出有瓮、罐底、耳杯、甑、盆的陶片（图八八、图八九）。

2. 随葬品

有陶器 7 件。

瓮　3 件。均泥质灰陶。HBM38：1，仅存口部，卷沿圆唇，鼓腹。口径 20、残高 8 厘米（图九〇，1）。HBM38：2，仅存口部，卷沿圆唇，鼓腹。口径 20、残高 3.2 厘米（图九〇，2）。HBM38：3，仅存颈部，颈较直，鼓腹。颈径 12.8、残高 10.8 厘米（图九〇，3）。

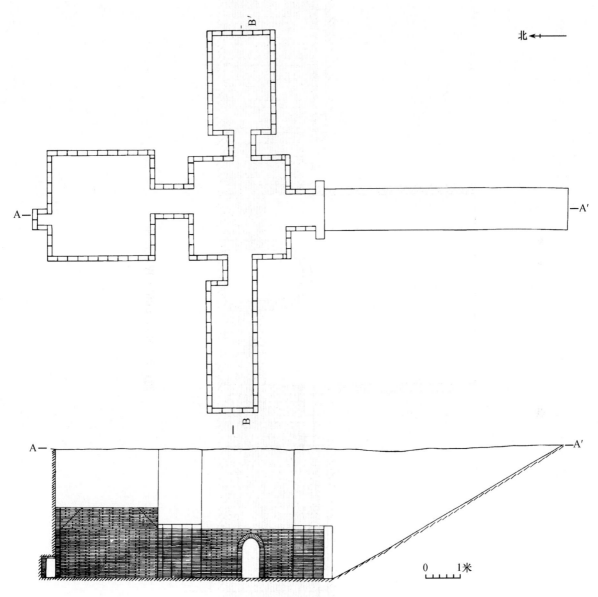

图八八 HBM38 平面图、AA′剖视图

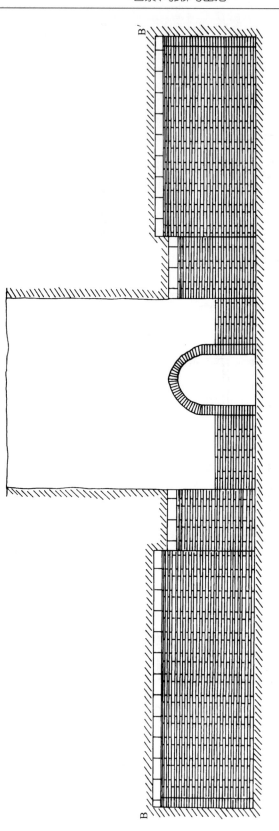

图八九　HBM38BB′剖视示意图

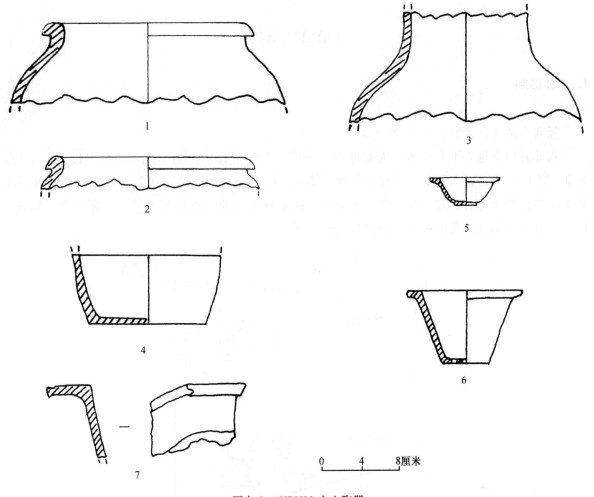

图九〇　HBM38 出土陶器

1~3. 瓮（HBM38：1、HBM38：2、HBM38：3）　4. 罐底（HBM38：4）　5. 耳杯（HBM38：5）

6. 甑（HBM38：6）　7. 盆（HBM38：7）

　　罐底　1件。泥质灰陶。HBM38：4，仅存底部，鼓腹，平底。底径12、残高6.8厘米（图九〇，4）。

　　耳杯　1件。泥质灰陶。HBM38：5，残，平面呈椭圆形，口部两侧有对称的耳。直口，弧壁，圈足底。长径8、短径7.2、高2.8厘米（图九〇，5）。

　　甑　1件。泥质灰陶。HBM38：6，残，翻沿，方唇，斜壁，平底。底部箅孔残缺。口径12、底径4.8、高7.2厘米（图九〇，6）。

　　盆　1件。泥质灰陶。HBM38：7，仅存口部，翻沿，方唇。残片长10、宽7.2厘米（图九〇，7）。

2006HBM40

1. 墓葬形制

竖穴土坑墓，合葬，方向20度。

墓葬开口于地表下0.4米，为就地挖坑而建。平面呈梯形，南窄北宽，墓壁陡直，平底。长2、宽1.3～2、深1.3米。墓室分东西两部分，东墓室高于西墓室0.2米。两个墓室内各葬骨架一具，均为仰身直肢，头向北，面向上。西墓室头骨旁置陶板瓦1件，瓷罐1件，铜钱4枚。东墓室骨架北部置陶板瓦、瓷罐各1件（图九一）。

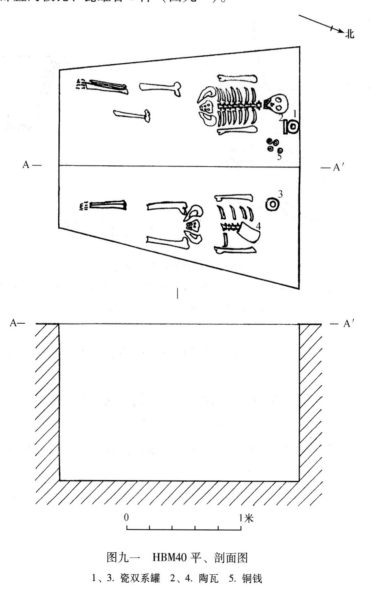

图九一　HBM40 平、剖面图

1、3. 瓷双系罐　2、4. 陶瓦　5. 铜钱

2. 随葬品

有陶器、瓷器、铜器等，共8件。

陶瓦 2件，均泥质灰陶。HBM40:2，为陶板瓦，平面呈梯形，表面有字迹，已模糊不清，背面为布纹。长18.4、宽12.8~13.8、厚1.2厘米（图九二，1；图版二二，1）。HBM40:4，为陶板瓦，平面呈梯形，表面有字迹，已模糊不清，背面为布纹。长18.4、宽13.6~15.2、厚1.2厘米（图九二，2；图版二二，2）。

瓷双系罐 2件。HBM40:1，直口微敛，鼓腹，平底，圈足。口下对置两耳，已残。灰白胎，器表施半釉，器内施满釉，黑釉。口径8.8、腹径11.6、底径6.4、高10.8厘米（图九二，3；图版二一，2）。HBM40:3，直口微敛，鼓腹，平底，圈足。口下对置两耳，已残。灰白胎，器表施半釉，器内施满釉，黑釉。口径8.8、腹径11.6、底径7.2、高11.2厘米（图九二，4；图版二一，3）。

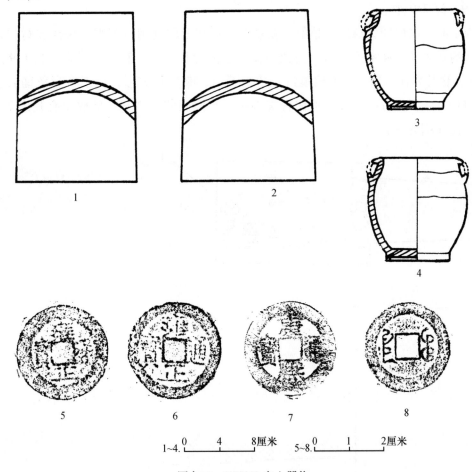

图九二 HBM40 出土器物

1、2. 陶瓦（HBM40:2、HBM40:4） 3、4. 瓷双系罐（HBM40:1、HBM40:3） 5~8. 铜钱（HBM40:5:①、HBM40:5:②、HBM40:5:③、HBM40:5:④）

铜钱　4枚。HBM40:5，为方便记录和描述，在HBM40:5后又编小号①~④。HBM40:5:①，雍正通宝，正书，直读。直径2.6、穿径0.6、肉厚0.1厘米，重4克（图九二，5）。HBM40:5:②，雍正通宝，正书，直读。直径2.6、穿径0.6、肉厚0.1厘米，重3.7克（图九二，6）。HBM40:5:③，康熙通宝，正书，直读。直径2.6、穿径0.6、肉厚0.1厘米，重4.4克（图九二，7）。HBM40:5:④，乾隆通宝，正书，直读。直径2.4、穿径0.6、肉厚0.1厘米，重3.5克（图九二，8）。

2006HBM41

1. 墓葬形制

土洞墓，合葬，方向140度。

墓道位于墓室东南端，开口于地表下0.5米。平面为梯形，竖穴土圹，直壁，平底。长2、宽0.7~0.9、深2.9米。

墓室为土洞，洞口即为墓门，顶部为圆拱形。墓室近门处用不规则石块摆放封门，仅存下部一层，高约0.3米。墓室顶部自东向西渐低，平面为长方形，直壁，平底。长1.9、宽1.4、南端高0.8、北端高0.7米。有木棺痕迹，边缘不清，略为长方形，棺下有青灰铺底。内葬骨架两具，仰身直肢，头骨已不存，根据骨架判断，头向西北。墓室北部放置有瓷罐2件，瓦1件，铜钱2枚（图九三）。

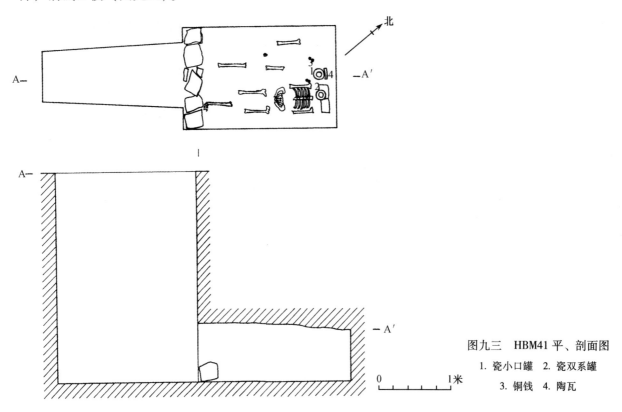

图九三　HBM41 平、剖面图

1. 瓷小口罐　2. 瓷双系罐

3. 铜钱　4. 陶瓦

2. 随葬品

有陶器、瓷器、铜钱等，共5件。

陶瓦 1件。HBM41：4，泥质灰陶。为陶板瓦，平面呈梯形，表面有字迹，已模糊不清，背面为布纹。长22、宽13.6～16、厚1厘米（图九四，3；图版二二，3）。

瓷双系罐 1件。HBM41：1，直口微敛，鼓肩，平底，圈足。口下对置两耳，已残。口部、肩部、下腹部各有二周凹弦纹。胎质白中泛黄，器表施半釉，器内口沿部施釉，白釉。口径8.8、肩径12、底径7.2、高9.6厘米（图九四，2；彩版一二，3）。

瓷小口罐 1件。HBM41：2，敛口，鼓腹，平底。灰褐胎，器表粗糙未施釉，个别地方见有零星釉点，器内施满釉，黑釉。口径8.8、腹径12.8、底径6.4、高14厘米（图九四，1）。

铜钱 2枚。HBM41：3，为方便记录和描述，在HBM41：3后又编小号①～②。HBM41：3：①，顺治通宝，正书，直读。直径2.5、穿径0.6、肉厚0.1厘米，重2.9克（图九四，4）。HBM41：3：②，万历通宝，正书，直读。直径2.5、穿径0.5、肉厚0.1厘米，重3.5克（图九四，5）。

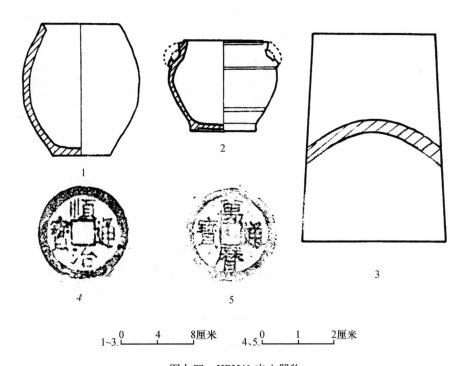

图九四 HBM41 出土器物

1. 瓷小口罐（HBM41：2） 2. 瓷双系罐（HBM41：1） 3. 陶瓦（HBM41：4） 4、5. 铜钱（HBM41：3：①、HBM41：3：②）

2006HBM42

1. 墓葬形制

　　土洞墓，墓道窄于墓室，单葬，方向150度。

　　墓道位于墓室南部，开口于地表下0.7米。平面为长方形，直壁，平底。长2、宽1、深2.5米，墓门用石头封堵。

　　墓室为土洞，洞口即为墓门，为圆拱形，宽1、高1米。墓室顶部为圆拱形，平底。平面为长方形，长2.4、宽1.9、高1米。无木棺痕迹，无骨架，墓室填土内出土一枚铜钱（图九五）。

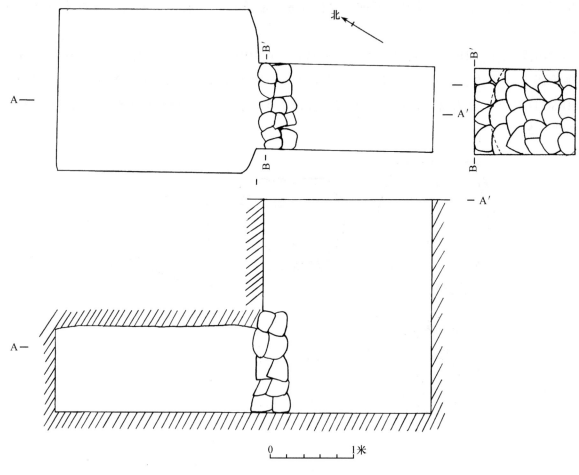

图九五　HBM42平、剖面图

2. 随葬品

铜钱　1枚。HBM42∶1，为"开元通宝"，正书，直读。直径2.4、穿径0.7、肉厚0.1厘米，重量3.1克（图九六）。

图九六　HBM42出土铜钱（HBM42∶1）

2006HBM43

1. 墓葬形制

土洞墓，单葬，方向210度。

墓道位于墓室南端，开口于地表下0.8米。平面为梯形，竖穴土圹，直壁，平底。长2.7、宽0.9～1.14、深3.2米。无封门痕迹。

墓室为土洞，洞口即为墓门，平顶，宽0.9、高1.1米。墓室平面呈梯形，直壁，平顶、平底。长2.7、宽1.1～1.7、高1.1米。有木棺痕迹，为梯形，长1.7、宽0.4～0.5米。内葬骨架一具，上半身已不存在，根据现存骨架推测应为仰身直肢，头向北。在骨架周围出有陶瓦1件，瓷罐1件，铜钱1枚（图九七）。

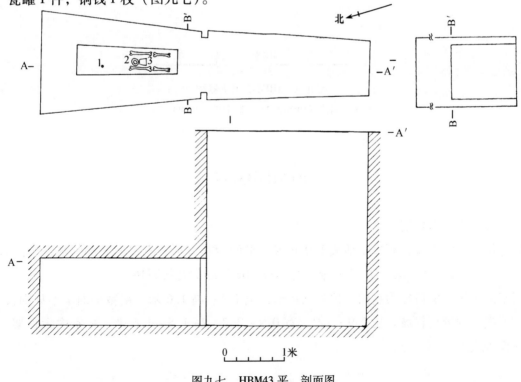

图九七　HBM43平、剖面图
1. 铜钱　2. 瓷大口罐　3. 陶瓦

2. 随葬品

有陶器、瓷器、铜器等，共3件。

陶板瓦　1件。HBM43：3，已残碎。

瓷大口罐　1件。HBM43：2，直口，圆唇，腹微鼓，圈足底。器表半釉，器内满釉，釉为黑色。腹上部饰两周凹弦纹。口径8.8、腹径10.4、底径7.2、高10厘米（图九八，1；彩版一二，4）。

铜钱　1枚。HBM43：1，"万历通宝"，正书，直读。直径2.5、肉厚0.1、穿径0.6厘米，重4.3克（图九八，2）。

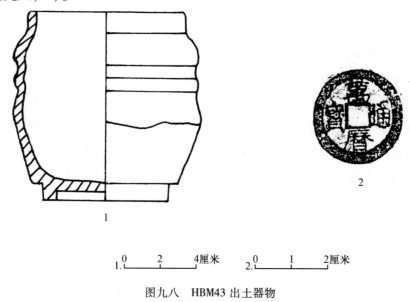

图九八　HBM43 出土器物
1. 瓷大口罐（HBM43：2）　2. 铜钱（HBM43：1）

2006HBM44

土洞墓，方向200度。

墓道位于墓室南端，开口于地表下0.6米。平面为长方形，直壁，底部斜坡，中部有三级台阶。长3.8、宽1.1、深0.9～3.6米。封门仅剩最下端的几块石块。

墓室为土洞，洞口即为墓门，顶为圆拱形，宽1.1、高1.6米。墓室平面呈不规则长方形，直壁，平底，顶部稍斜坡。长2.9～3.2、宽0.9～2.2、高1.5～1.6米。墓室内无骨架，无随葬品（图九九）。

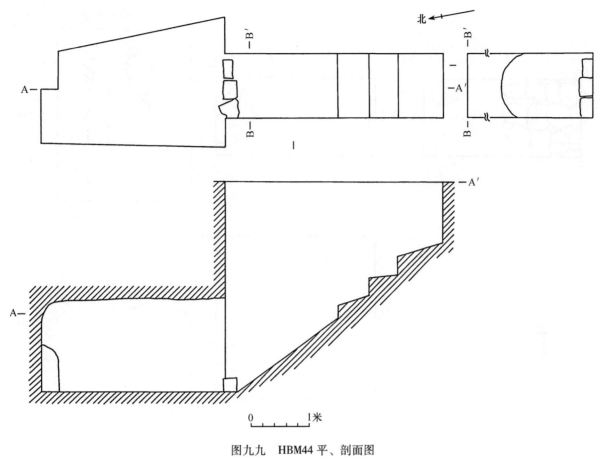

图九九　HBM44 平、剖面图

2006HBM45

土洞墓，合葬，方向180度。

墓道位于墓室南端，开口于地表下0.5米。平面为长方形，竖穴土圹，直壁，平底。长1.9、宽0.9、深1.9米。墓道后有一甬道，长0.3、宽0.7、高0.9米。甬道口即为墓门，用石块封门。

墓室横置，为土洞，顶部平略圆拱。墓室平面为长方形，直壁，平底。长2、宽1.6、高1.05米。内有骨架二具，仰身直肢，头向西，面向上。无随葬品（图一〇〇）。

2006HBM47

1. 墓葬形制

窄竖穴土坑墓，合葬，方向19度。

墓葬开口于地表下0.5米，为就地挖坑而建。平面呈梯形，四壁规整，底部斜坡。长2.4、

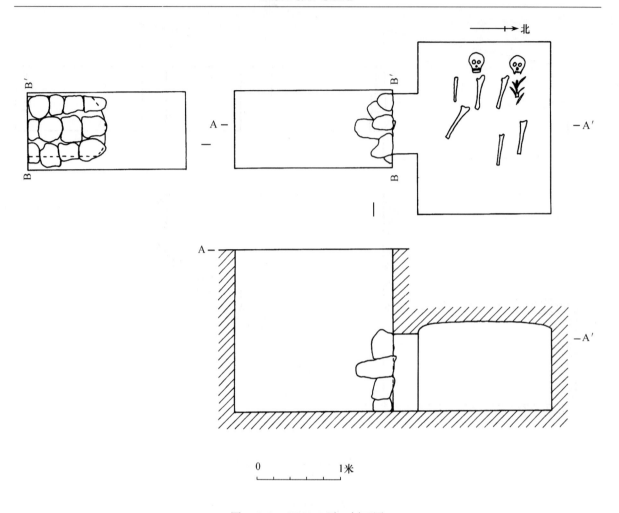

图一〇〇　HBM45 平、剖面图

宽 1.06 ~ 1.8、深 1.15 ~ 1.3 米。无木棺痕迹。内葬两具骨架，仰身直肢，头向北，面向上。在两具骨架的东侧各置放瓷罐 2 件，在东骨架的两件瓷罐之间置放陶瓦 1 件。在西骨架腿骨旁出有铜钱和铜铢数枚（图一〇一）。

2. 随葬品

有陶器、瓷器、铜器等，共 24 件。

陶瓦　1 件。HBM47：6，泥质灰陶。为板瓦，平面呈梯形，正面有朱砂字迹，正书。上部正中书"敕令"二字，下半部两边书"生人吉利，亡者安宁"。瓦长 20、宽 15、厚 1 厘米（图一〇二，5；图版二二，4）。

瓷双系罐　3 件。HBM47：1，直口，鼓腹，下腹微曲，圈足底。口下两侧各有一耳，已残。胎成灰白色，器表腹部以上施酱褐色釉，器内口沿以下施酱褐色釉。口径 8.8、腹径 11.6、底径 6.8、高 9.8 厘米（图一〇二，1；图版二一，4）。HBM47：3，直口，鼓腹，下腹微曲，圈足底。

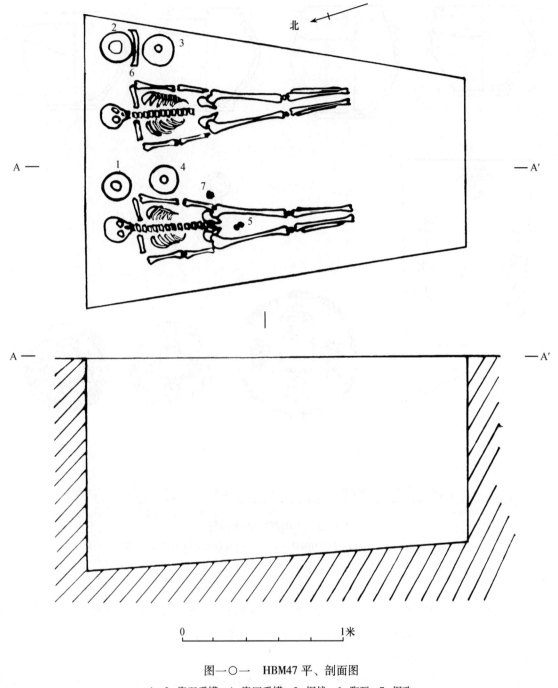

图一〇一 HBM47 平、剖面图

1~3. 瓷双系罐 4. 瓷四系罐 5. 铜钱 6. 陶瓦 7. 铜珠

口下两侧各有一耳，已残。胎成灰白色，器表腹部以上施酱褐色釉，器内口沿以下施酱褐色釉。口径8.4、腹径11.6、底径6.4、高11厘米（图一〇二，3；图版二一，5）。HBM47：4，直口，鼓腹，下腹微曲，圈足底。口下两侧各有一耳，已残。胎成灰白色，器表腹部以上施酱褐色釉，器内口沿以下施酱褐色釉。口径8.8、腹径11.8、底径7、高10.5厘米（图一〇二，4；图版二一，6）。

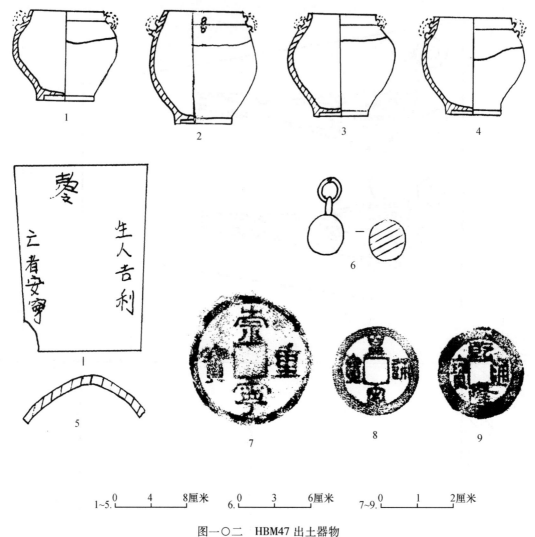

图一〇二　HBM47 出土器物

1、3、4. 瓷双系罐（HBM47：1、HBM47：3、HBM47：4）　2. 瓷四系罐（HBM47：2）　5. 陶瓦（HBM47：6）

6. 铜珠（HBM47：7）　7~9. 铜钱（HBM47：5：①、HBM47：5：②、HBM47：5：③）

瓷四系罐　1 件。HBM47：2，直口，鼓腹，下腹微曲，圈足底。口下两侧两耳对称，胎成灰白色，器表腹部以上施酱褐色釉，器内口沿下施酱褐色釉。口径 9.2、腹径 12.2、底径 7、高 12 厘米（图一〇二，2；图版二三，1）。

铜珠　16 枚。HBM47：7，呈圆球状，上有两个连环相扣。直径 3.2、环直径 2.4、重量 0.9 克（图一〇二，6；图版二三，2）。

铜钱　3 枚。HBM47：5：①，为崇宁重宝，正书，直读，直径 3.3、穿径 0.8、肉厚 0.3 厘米，重量 10.8 克（图一〇二，7）。HBM47：5：②，为皇宋通宝，篆书，直读，直径 2.4、穿径 0.6、肉厚 0.1 厘米，重量 6.5 克（图一〇二，8）。HBM47：5：③，为乾隆通宝，篆书，直读，直径 2.4、穿径 0.6、肉厚 0.1 厘米，重量 6.5 克（图一〇二，9）。

2006HBM48

1. 墓葬形制

　　窄竖穴土坑墓，合葬，方向19度。

　　墓葬开口于地表下0.5米，为就地挖坑而建。平面呈梯形，直壁，底部斜坡。长2.5、宽1.2~1.7、深0.35~0.85米。有明显的2具木棺糟朽痕迹，呈梯形。西侧木棺长2.1、宽0.3~0.6米，高度不明。内葬骨架一具，仰身直肢，头向北，面向上。头骨旁置瓷罐一件。东侧木棺长2、宽0.3~0.6米，高度不明。内葬骨架一具，仰身直肢，头向北，面向上。头骨旁置瓷罐一件（图一〇三）。

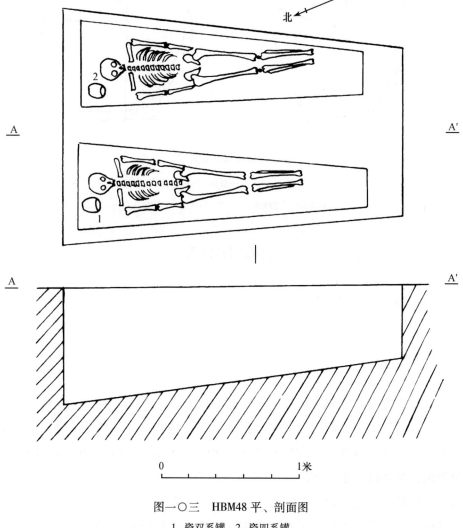

图一〇三　HBM48平、剖面图

1. 瓷双系罐　2. 瓷四系罐

2. 随葬品

有瓷器2件。

双系罐　1件。HBM48：1，直口，鼓腹，下腹微曲，圈足底。口下两侧各有一耳，已残，胎成灰白色，器表腹部以上施酱褐色釉，器内口沿以下施酱褐色釉。口径9.5、腹径12、底径7、高13厘米（图一〇四，1；彩版一二，5）。

四系罐　1件。HBM48：2，直口，鼓腹，下腹微曲，圆足底。口下两侧两耳对称，已残。胎成灰白色，器表腹部以上施酱褐色釉，器内口沿以下施酱褐色釉。口径9.2、腹径12.8、底径7、高13厘米（图一〇四，2；彩版一二，2）。

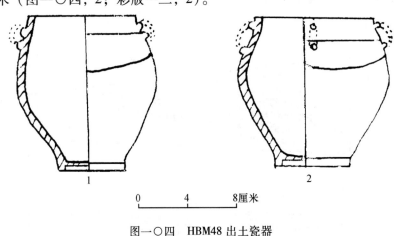

图一〇四　HBM48 出土瓷器

1. 双系罐（HBM48：1）　2. 四系罐（HBM48：2）

2006HBY1

位于HBT15西部，方向200度。

1. 基本形状、结构

为半地穴式，由南向北依次为：窑前工作面、进火口、火道、火门、火膛、窑室、烟道。

窑前工作面，为不规则圆形，为土筑，在南半部呈斜坡状，北半部为直壁，平底。长2.4、宽1.78、现存深1.3米，在东壁靠北距底0.7米处有一小龛，进深0.36、高0.3米，应为当时放置物品时所用，如油灯、水壶等。

进火口，呈圆拱形，宽0.8、高1米。

火道，平面略呈梯形，直壁，平底，底部有铺地砖，长0.6、宽0.5～0.78、高1米。

火门，前接火道，后通火膛，为圆拱形。长0.12、宽0.8、高1米。

火膛，位于窑室南部，平面呈半圆形，直壁，平底，深（低于窑室地面）1.06米，底部有厚约0.3米的草木灰，壁及底部均有0.1米厚烧结的红烧土。

窑室，平面形状为近圆形，直壁，平底。直径2.6、深1~1.2米；窑壁基本光滑，土质已烧至青蓝色板结状，显然当时修建该窑时已经过人工处理，也许是打抹、浇水、拍平、抹平等。窑顶现已不存，从现存迹象推测，应该是瓦坯放置以后，上部用夹草（或麦秸）泥土抹砌而成。窑底平整，土质已烧至青蓝色板结状，靠近南边窑门处底部没有青蓝色板底。窑室填土较乱，应为废弃后的堆积，出土有部分板瓦片。

烟道位于窑室北部，底平面为梯形，横剖面略为三角形，下半部与窑室相通，底边长1.2、宽0.6米，深度与窑室相等。出火口平面略呈梯形，长0.26~0.68、宽0.44米（图一〇五）。

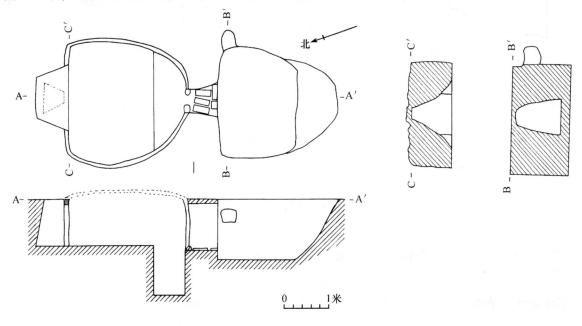

图一〇五　HBY1平、剖面图

2. 出土器物

陶板瓦　共3件。均泥质灰陶。HBY1:1，平面呈梯形，残，素面。背面有布纹。残长24、残宽12~16、厚1.2厘米（图一〇六，1）。HBY1:2，平面呈梯形，一头残，素面，背面有布纹。残长16.8、残宽19.2~21.2、厚1.2厘米（图一〇六，2）。HBY1:3，平面呈梯形，一头残，素面，背面有布纹。残长21.6、宽19.2~20.8、厚1.6厘米（图一〇六，3）。

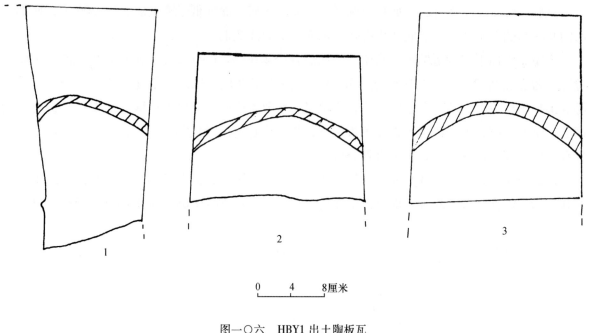

0　　4　　8厘米

图一〇六　HBY1 出土陶板瓦
1. HBY1：1　2. HBY1：2　3. HBY1：3

2006HBY2

位于 HBT15 东部，西距 HBY1 1.5 米，方向 190 度。

1. 基本形状、结构

为半地穴式，由南向北依次为：窑前工作面、进火口、火道、火门、火膛、窑室、烟道。

窑前工作面，为不规则圆形，仅发掘北半部分，直壁，平底。现存长 0.9、宽 1.84 米。

进火口，呈圆拱形，宽 0.8、高 1 米。

火道，平面为长方形，长 0.4、宽 0.8 米。

火门，前接火道，后通火膛，为圆拱形，底部有一宽、高各 0.1 米的土坎。

火膛，位于窑室南部，平面为半圆形，直壁，平底，深（低于窑室地面）0.45 米，底部有厚约 0.13 米的草木灰，壁及底部均有 0.1 米厚烧结的红烧土。

窑室平面与 Y1 近似，为半圆形，直壁，平底。直径 2.16、深 1～1.2 米；窑壁基本光滑，土质已烧至青蓝色板结状，亦为修建该窑时已经过人工处理，并经过打抹、浇水、拍平、抹平。窑顶不存，也应该是瓦坯放置以后，上部用夹草（或麦秸）泥土抹砌而成。窑底平整，土质已烧至青蓝色板结状，南边窑门处底部没有青蓝色板底。窑室填土较乱，为废弃后的堆积，出土有板瓦片。

烟道位于窑室北部正中，底平面呈半弓形，横剖面近似梯形，口小底大，下半部与窑室相通，底边长1.2、宽0.6米，深度与窑室相等。出火口平面略呈半圆形，直径长0.7、宽2.6米。

深度与窑室基本相等，在发掘时烟道塌陷（图一〇七）。

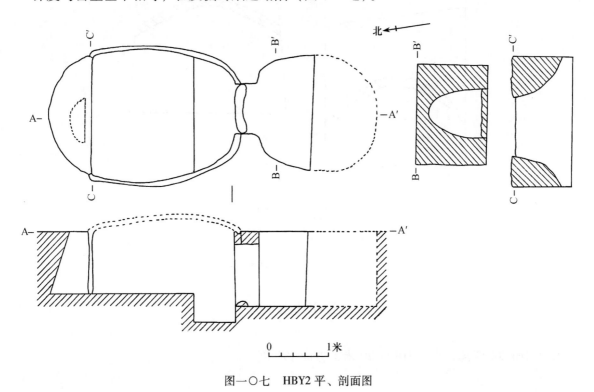

图一〇七　HBY2平、剖面图

2. 出土器物

陶板瓦　3件。均泥质灰陶。HBY2:1，平面呈梯形，残，素面。背面有布纹。残长22、残宽20.4、厚1.2厘米（图一〇八，3）。HBY2:2，平面长方形，一头残，素面，背面有布纹。残长9.2、残宽18、厚1.2厘米（图一〇八，1）。HBY2:3，平面呈梯形，素面，背面有布纹。长34、宽17.6~22.8、厚1.6厘米（图一〇八，2）。

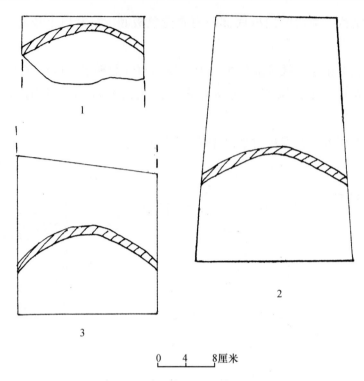

0　　4　　8厘米

图一〇八　HBY2 出土陶板瓦
1. HBY2：2　2. HBY2：3　3. HBY2：1

2006HBY3

位于 HBT14 西部，东距 HBY1 20 米，方向 190 度。

1. 基本形状、结构

为全地穴式，从南到北依次为窑前工作面、进火口、前火膛、后火膛、窑室、进烟口、烟道、出烟口。

大半圆形覆顶式烧窑，窑顶南部残留，为覆顶，窑室东南顶塌陷。

窑前工作面，仅发掘了北半部一少部分，现存为直壁，平底，残长 0.3、宽 0.8、深距地表 2.2 米。

进火口，呈圆拱形，高 1.1、宽 1 米。

前火膛，低于工作面 0.6 米，平面形状为长方形，直壁，平底，顶呈拱券形，长 1、宽 1、高 1.7 米。

后火膛，平面呈梯形，底部与前火膛同高，中间一隔梁相隔，隔梁高 0.7 米，融梁上有两个透气孔，与前后火膛相连，直壁，平底。顶部像北逐渐增高，与窑室相连，长 0.9、宽 1 ~ 1.9、高 2.1 米。底部低于窑室 0.8 米。

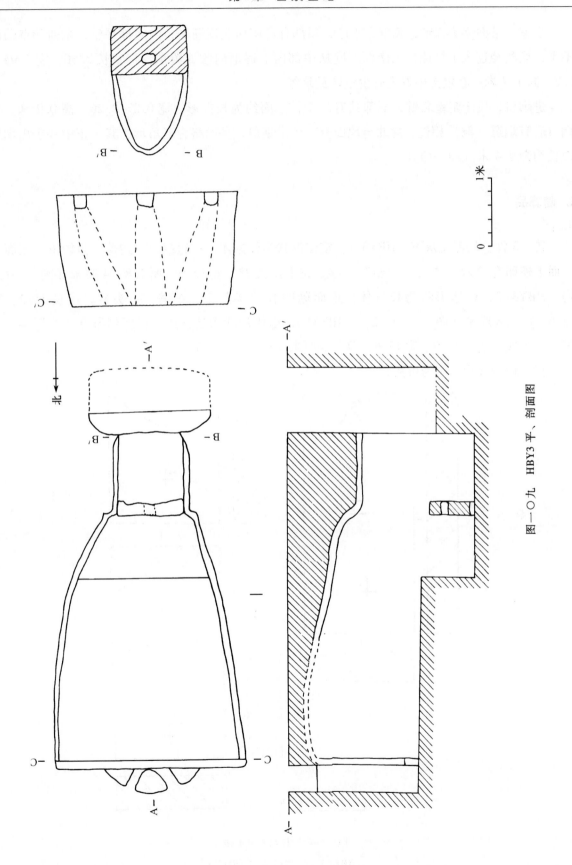

图一〇九 HBY3 平、剖面图

窑室，平面略为梯形，弧壁，平底，顶部有自南向北逐渐增，内底部平整，东西两壁凸凹不平，显然经过人工打抹，东南西三壁从中部向上逐渐内收成覆顶，窑室长 3.56、宽 1.95 ~ 2.7、高 1.7 米。在填土中发现有少量砖瓦片等。

进烟口，位于窑室北壁，下部共有三个，立面约为长方形，宽 0.2 ~ 0.26、高 0.2 米。进烟口后有烟道（洞）相连，向北至地面有三个出烟口，平面略为三角形，其中正中一个出烟口边长约为 0.4 米（图一〇九）。

2. 随葬品

砖　3 件。均泥质灰陶。HBY3：1，整体形状为长方体，一边厚，一边薄，呈楔形。正面自上而下模印有"六"、"二"、"半"三字，正书。长 28、宽 13.6、厚 2.8 ~ 4 厘米（图一一〇，1）。HBY3：2，整体形状为长方体，正面刻印有"半"字，正书，一头残。残长 15.2、宽 13.6、厚 3.6 厘米（图一一〇，2）。HBY3：3，整体形状为长方体，正面刻印有"半"字，正书，一头残。残长 14.8、宽 13.6、厚 3.6 厘米（图一一〇，3）。

瓦　均为残片，应为板瓦。

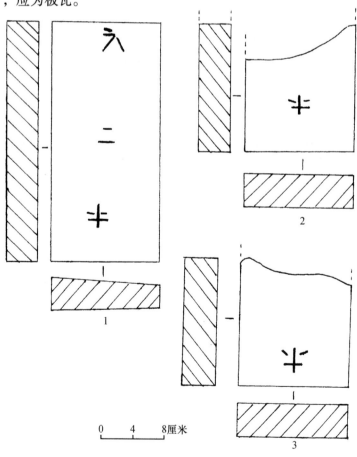

图一一〇　HBY3 出土砖

1. HBY3：1　2. HBY3：2　3. HBY3：3

2006HBH1

位于 HBT14 东部，西距 HBY3 0.35 米。

1. 基本形状、结构

形状为不规则椭圆形，结构为半地穴式，斜壁，底部凹凸不平。长 4.2、宽 2.83、距地表深 1.73 米。北部有一小方坑，长 0.7、宽 0.4、深 0.2 米；中部偏东有一小圆坑，直径 0.25、深 0.1 米；南部有一椭圆形浅坑，长 1.85、宽 1、深 0.15 米。填土为灰褐色，土质松软，填土中出土有大量的碎板瓦片。此坑形制不规范，根据现有迹象推测，非专门建造。坑内堆积应为窑废弃后的堆积（图一一一）。

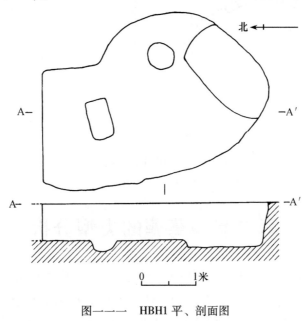

图一一一 HBH1 平、剖面图

2. 出土器物

陶板瓦 4 件。均为泥质灰陶。HBH1:1，平面呈梯形，一头残，素面。背面有布纹。残长 12.8、残宽 21.6、厚 1.6 厘米（图一一二，4）。HBH1:2，平面呈梯形，一头残，素面，背面有布纹。残长 19.2、残宽 22～23.6、厚 1.6 厘米（图一一二，3）。HBH1:3，平面呈长方形，一头残，素面，背面有布纹。残长 12、宽 21.6、厚 1.2 厘米（图一一二，2）。HBH1:4，平面呈梯形，残，素面。背面有布纹。残长 26.4、残宽 16.8、厚 1.2 厘米（图一一二，1）。

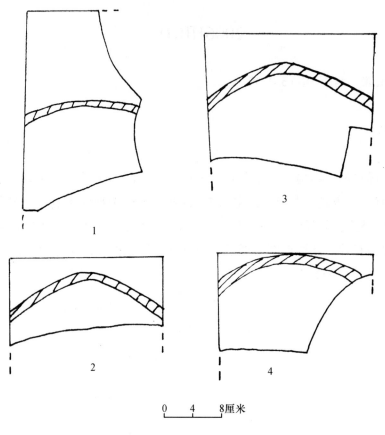

图一一二　HBH1 出土陶板瓦

1. HBH1:4　2. HBH1:3　3. HBH1:2　4. HBH1:1

第二节　墓葬的类型分析

　　辉县百泉墓地共有编号墓葬48座，其中1座为空号、2座为废弃墓道、1座为废弃墙基，实有墓葬44座。分属于汉、唐、宋、金、明、清等时代。按墓葬形制又可分为土洞墓、砖室墓、竖穴土坑墓三类。下面按时代先后对这些墓葬进行类型分析（附表一）。

一、汉　　代

　　共有墓葬11座，可分为土洞墓、砖室墓两类。

1. 土洞墓

　　共8座。可分为A、B两型。

　　A型　4座，单室土洞墓。可分为两个亚型。

Aa 型　3 座，土洞甬道。有 HBM4、HBM7、HBM19。此型墓葬前有长斜坡土圹墓道，中有拱券形土洞墓门（甬道），后有陶洞墓室。墓门一般用砖封堵，其中 HBM4 墓室有小龛 1 个，HBM7 有双重封门。

Ab 型　1 座，砖砌甬道。仅有 HBM3。基本形制同 Aa 型。墓门用砖垒砌成圆拱形，双层封门（墓门内、外各有一重）。墓室中部偏西有一层立砖，将墓室分为前后两部分，前半部分置放随葬品，后半部分葬棺。

B 型　4 座，多室土洞墓。可分为两个亚型。

Ba 型　1 座，一般土洞墓。仅有 HBM2。基本形制为前有长斜坡土圹墓道，中有土洞墓门，后有土洞墓室。墓门用青砖封堵。墓室可分为三部分，前室、后室、侧室。其中前室东有小龛 1 个，前室西部有侧室 1 个。前室和小龛内置放随葬品。西侧室葬骨架一具，后室葬骨架两具。

Bb 型　3 座，仿砖室墓结构。有 HBM8、HBM10、HBM11。墓道和墓门形制同前。墓室分为前室、两个侧室、后室四部分组成。后室一般高于前室 15～20 厘米。其中 HBM10、HBM11 墓室全部用青砖铺底，HBM8 后室有白灰铺底痕迹。

2. 砖室墓

共 3 座。可分为 A、B 两型。

A 型　2 座，单室砖墓。可分为两个亚型。

Aa 型　1 座，券顶。HBM23。基本形制为前有斜坡土墓道，中有砖券甬道，后有长方形券顶墓室。

Ab 型　1 座，穹隆顶。HBM17。基本形制为前有斜坡土墓道，中有砖券甬道，后有方形穹隆顶墓室。

B 型　1 座，多室砖墓。HBM38。该墓形制较大，有斜坡土墓道，砖砌甬道，前室、两个侧室、后室等几部分组成。前室和后室平面均为方形，穹隆顶。两个侧室平面为长方形，券顶。

二、唐　代

共有墓葬 5 座，可分为土洞墓、竖穴土坑墓两类。

1. 土洞墓

共 4 座。分 A、B、C 三型。

A 型　2 座，斜坡加台阶式墓道，又分为两个亚型。

Aa 型　1 座。HBM13。基本形制为接墓道处有土洞甬道，后接方形主墓室，主墓室内分为前后两部分，后半部分有一棺床，高出前半部分 0.5 米，棺床面用青砖平铺一层。在主墓室的左右两侧距底部 0.25 米处各有 1 个长方形土洞侧室，青砖铺底。

Ab 型　1 座。HBM29。基本形制为接墓道处有长方形天井，后有土洞甬道，墓室为不规则长方形。

B 型　1 座。短斜坡墓道。HBM14。墓室为椭圆形。

C 型　1 座。竖井式墓道。HBM42。石块封门，墓室为长方形。

2. 竖穴土坑墓

仅 1 座。HBM20。此墓形制较小，北半部已被破坏，为就地挖坑而建，现存形制为不规则梯形，单葬。

三、宋、金时期

共有墓葬 17 座，可分为土洞墓、竖穴土坑墓两类。

1. 土洞墓

共 15 座，分 A、B、C 三型。

A 型　4 座，斜坡加台阶式墓道，又分为两个亚型。

Aa 型　单室墓，3 座。HBM5、HBM12、HBM44。其中 2 座墓室平面为梯形，一座平面为长方形，底端圆角。两座用石块封门。

Ab 型　多室土洞墓，1 座。HBM25。接墓道后有砖券甬道，平砖横直封门，主墓室呈长方形，主墓室西侧开两个长方形土洞侧室，主室和侧室均用青砖铺底。

B 型　4 座。斜坡墓道，又分为两个亚型。

Ba 型　2 座。HBM6、HBM15。墓室为方形或梯形，其中 HBM6 墓室为方形，封门下部为石块，上部用平砖封堵。HBM15 墓室为梯形，用石块封门。

Bb 型　2 座。HBM1、HBM18。平面为椭圆形。其中 HBM1 墓室横直，为 3 人葬。

C 型　7 座。竖井式墓道，分两个亚型。

Ca 型　5 座。合葬。HBM21、HBM24、HBM27、HBM37、HBM45。其中 2 座墓道平面为梯形，3 座为长方形。墓室平面 1 座为长方形，4 座为梯形。4 座有土洞甬道，3 座用石板封门，1 座用青灰泥封门。HBM45 墓室横置。

Cb 型　2 座。单葬。HBM30、HBM36。其中 HBM30 墓道平面呈梯形，墓门用石板封堵，墓室平面也为梯形。HBM36 墓道墓室均为长方形，墓门用石块封堵。

2. 竖穴土坑墓

共 2 座。分 A、B 两型。
A 型 1 座。HBM28。平面为长方形。
B 型 1 座。HBM31。平面为梯形，单葬，金代。

四、明 代

仅有墓葬 2 座，为土洞墓，竖井式墓道。HBM33、HBM43。形制基本相同，墓道、墓室平面为梯形。其中 HBM33 用两块石板封门，合葬。

五、清 代

共有墓葬 9 座，可分为土洞墓、竖穴土坑墓两类。

1. 土洞墓

共 3 座。竖井式墓道。HBM22、HBM34、HBM41，其中 HBM34 为长方形墓道，余两座墓道平面为梯形。墓室均为长方形或不规则长方形。其中 HBM22 为 3 人葬，余 2 座为合葬。

2. 竖穴土坑墓

共 6 座。分 A、B 两型。
A 型 1 座。平面呈长方形。HBM26。单葬。
B 型 5 座。平面呈梯形或不规则梯形。HBM16、HBM35、HBM40、HBM47、HBM48。其中 HBM35 为单葬，余四座为合葬。

第三节 墓葬出土器物的型式分析

辉县百泉墓地 44 座墓葬中有 10 座无随葬品，所余 30 座墓葬共出土陶、瓷、铜、铁、石、骨等各类器物 217 件。分属于汉、唐、宋、金、明、清等时代。下面按时代先后对墓葬出土器物进行型式分析（附表四）。

一、汉　代

1. 陶器

百泉墓地汉代墓葬共出土陶器 125 件。质地多为泥质灰陶和夹砂灰陶，有少量的泥质红陶。泥质红陶多为绿色铅釉陶器。制法多为轮制、模制，部分小型器物用手制。纹饰有弦纹、篦点纹等。器型有壶、大口罐、束颈罐、小口罐、奁、碗、盘、魁、勺、耳杯、甑、博山炉、案、灶、井、小水桶、猪圈、鸡、狗、磨、砖等。

壶　3 件。分两型。

A 型　仅 1 件。HBM11∶12。细长曲颈，圆鼓腹，假圈足底。

B 型　2 件。细长颈，扁圆腹，假圈足底，两侧有铺首。HBM8∶13、HBM8∶14。

大口罐　35 件。分 A、B 两型。

A 型　16 件。器形较大，分三亚型。

Aa 型　12 件。短直颈，平口。分二式。

Ⅰ式：8 件。整体造型圆，最大腹径位于中上部，HBM2∶6、HBM2∶10、HBM3∶6、HBM4∶13、HBM4∶14、HBM4∶18、HBM4∶19、HBM10∶1。

Ⅱ式：4 件。整体造型瘦高，最大腹颈位于上部。HBM7∶2、HBM7∶3、HBM19∶11、HBM19∶17。

Ab 型　3 件。翻沿，圆唇（或尖唇）。分二式。

Ⅰ式：2 件。整体造型圆，最大腹径位于中上部，HBM2∶1、HBM4∶12。

Ⅱ式：1 件。HBM10∶7，整体造型瘦高，最大腹径位于上部。

Ac 型　1 件。HBM7∶9，长直颈，平口，口内折。

B 型　19 件。器形较小。分三个亚型。

Ba 型　14 件。短直颈，平口。分二式。

Ⅰ式：10 件。整体造型稍圆，最大腹径位于中上部，HBM2∶8、HBM3∶17、HBM3∶5、HBM4∶15、HBM4∶16、HBM11∶5、HBM11∶6、HBM11∶8、HBM11∶13、HBM11∶14。

Ⅱ式：4 件。整体造型稍瘦高，最大腹径位于上部。HBM8∶3、HBM8∶4、HBM17∶2、HBM17∶3

Bb 型　4 件。翻沿，圆唇（或尖圆唇），HBM8∶2、HBM8∶5、HBM8∶6、HBM17∶11。

Bc 型　1 件。HBM17∶1，小折沿，尖唇，圆鼓腹，小平底。

束颈罐　2 件。基本造型为折沿方唇，束颈，鼓腹、平底。不分形式。HBM19∶12、HBM8∶11。

小口罐　1 件。HBM3∶14，小口敞颈，圆鼓腹，假圈足底。

奁　4 件。分 A、B 两型。

A型 3件。分二式。

Ⅰ式：1件。HBM2：13。直腹，平底，底附三足，足根呈柱状。

Ⅱ式：2件。曲腹，平底，底附三足，足根呈乳状。HBM10：4、HBM11：1。

B型 1件。HBM8：9。直腹，微曲，平底。

碗 2件。基本形制为敞口，弧壁，圈足底，沿下有一折痕。不分形式，HBM7：13、HBM19：14。

盘 4件。分二式。

Ⅰ式：2件。窄折沿，弧壁，平底。HBM2：14、HBM4：9。

Ⅱ式：2件。宽折沿，弧壁，平底。HBM17：20、HBM17：5。

魁 3件。基本形制为平面呈圆角方形，直口，口外有一周凸起，弧壁，假圈足。一侧有一弯柄，柄端较宽下垂。不分形式，HBM2：12、HBM3：8、HBM4：6。

勺 1件。HBM3：2，平面呈椭圆形，直口，弧壁，圜底。一侧有直柄。

耳杯 22件。分A、B两型。

A型 15件。假圈足底。HBM2：23、HBM2：28、HBM2：29、HBM3：11、HBM3：13、HBM4：4、HBM4：10、HBM4：13、HBM4：14、HBM7：10、HBM7：11、HBM19：4、HBM19：5、HBM19：6、HBM19：7。

B型 7件。平底。HBM3：9、HBM3：12、HBM7：12、HBM7：14、HBM10：3、HBM17：10、HBM17：28。

甑 1件。HBM11：10。翻沿，方唇，曲壁，平底。底部有六个箅孔（中心一个，周边均匀分布五个），大小相同。

博山炉 1件。HBM17：26。仅存底座，底部为暗圈足形，底座里面呈弧形，中间突起一周。柄已残，中空。

案 5件。分A、B两型。

A型 4件。方案。分两亚型。

Aa型 2件。长方形板状，周边凸起，中部有一长方形，四边凸起，四角与周边四角相连。HBM2：11、HBM4：11。

Ab型 2件。长方形板状，周边凸起，中部无长方形凸起。HBM3：10、HBM17：18。

B型 1件。HBM17：7，圆案，边较厚，周边上折。

灶 8件。均为连体釜形火眼，分二式。

Ⅰ式：7件。灶面上有一大两小三个连体釜形火眼。HBM2：5、HBM3：3、HBM4：20、HBM7：4、HBM19：17、HBM10：5、HBM11：2。

Ⅱ式：1件。HBM8：7，灶面上有一个连体釜形火眼。

井 8件。分A、B两型。

A型 7件。连体圆筒状，四阿式屋顶，上有瓦垄，下有一小屋，中间开一扇门。井架上部两侧各雕龙头一个，井架为竖条状，井栏突出，井栏一侧近井架处置一小连体水桶。井筒呈亚腰形，平底。水桶为平折沿，方唇，鼓腹，底与井栏相连。HBM2：2、HBM3：4、HBM4：21、HBM7：5、HBM19：2、HBM11：3、HBM17：24。

B型　1件。HBM8：8，整体呈连体筒状，井架上部为小口，弧壁，井栏突出，井筒呈亚腰型，平底。

小水桶　3件。分二式。

Ⅰ式：2件。敛口，鼓腹，圜底。口部两侧各有一小提纽，纽有孔。腹上部与下部各饰一周凸弦纹。HBM2：2：②、HBM3：7。

Ⅱ式：1件。HBM17：16，模制成皮桶样式，直口，鼓腹，圜底。口部两侧各有一半圆形提纽。口下突起一周，腹部有八组纹饰（仿八张皮订在一起的样子），底部突起。

猪圈　9件。分A、B两型。

A型　7件。整体呈半圆形。HBM2：3、HBM3：1、HBM4：22、HBM7：1、HBM19：8、HBM11：4、HBM17：30。

B型　2件。整体呈方形。HBM8：1、HBM8：10。

鸡　6件。不分形式。模制，圆雕形，形体较小。为雄鸡，高冠长尾，站立状。HBM7：7、HBM19：3、HBM10：6、HBM17：4、HBM17：27、HBM17：22。

狗　4件。基本形制为蹲坐状，前腿直立，后腿蜷曲，面部正视前方。不分形式。HBM2：21、HBM10：2、HBM17：21、HBM17：25。

陶磨　1件。HBM17：29。模制，平面呈圆形，上扇正中突起一周，周内隔为两半，两半内各有一孔。一侧有磨把，呈半圆形，中有一孔。上扇的背面刻有四组凹凸纹，中有一磨眼。下扇为圆形，正面刻四组凹凸纹，中间有一圆形磨脐，背面内凹。

砖　2件。HBM17：32，整体形状为长方体，一边厚，一边薄，呈楔形。正面自上而下模印有"六"、"二"二字，正书。HBM17：33，整体形状为长方体，正面模印有"木"字，两侧面模印有"木"字，正书，一头残。

2. 铜器

共16件。有铜镜、带钩、盆、戒指、扣等。另有铜钱13枚。

铜镜　9件。分三型。

A型　6件，连弧纹镜。分三个亚型。

Aa型　3件。仅有连弧纹。HBM2：31、HBM2：32、HBM3：18。

Ab型　2件。有铭文。HBM4：2，"君宜官位"；HBM17：13，"君长高官"。

Ac型　1件。HBM4：1，夔凤镜。

B型　2件。龙凤镜。分两个亚型。

Ba型　1件。HBM2：15，龙凤戏珠镜。

Bb型　1件。HBM17：23，双凤镜。

C型　1件。HBM7：8，四螭纹镜。

带钩　1件。HBM2：35，呈鸟形。

盆　1件。HBM17：17，折沿，尖圆唇，弧壁，平底。

戒指　共3件。分两型。

A型　1件。HBM2：16。整体呈圆形筒状，看面有三周凹弦纹。

B型　2件。HBM2：18、HBM2：19。整体呈圆形环状，素面。

铜扣　2件。分两型。

A型　1件。HBM2：4：①，整体呈半球形，侧面为半圆形，中部有一穿孔。直径1.9、厚1厘米。

B型　1件。HBM2：4：②，整体呈半球形，边沿部位较薄突出，中部隆起圆纽，中有方形穿孔。

铜钱　共82枚。分三型。

A型　77枚。为五铢钱，又分为两个亚型。

Aa型　2枚。"五铢"二字稍瘦长，"五"字交笔稍直，"铢"字的"朱"上下均方折。HBM3：16：③、HBM4：8：①。

Ab型　75枚。"五铢"二字稍矮胖，"五"字交笔弯曲，"铢"字的"朱"上下均圆折。HBM2：24、HBM2：25、HBM2：26、HBM4：8：②、HBM7：6（一式59枚）、HBM13：4（一式6枚）、HBM19：15（一式6枚）。

B型　2枚。剪轮五铢，HBM3：16：①，"五"字仅剩一半，"铢"字仅剩"朱"。HBM3：16：②，"五"字交笔弯曲，"金"字头呈箭头状，"朱"字上下圆折，仅剪去廓边。

C型　3枚。为常平五铢钱。篆书，直读。"平"字上横与面穿下郭合一。HBM17：6（一式三枚）。

3. 铁器

共19件。有铁刀、铁削、戒指、铁矛、铁钩、铁棍、棺钉7种。

铁刀　共4件。分两型。

A型　1件。HBM2：30，尖首。

B型　3件。环首。HBM19：10、HBM17：14、HBM17：31。

铁削　共4件，分三型。

A型　1件。HBM3：19，尖首。

B型　1件。HBM2：33，钩首。

C型　2件。环首。HBM19：9、HBM19：13。

铁戒指　1件。HBM2：17。整体呈圆形筒状。

铁矛　1件。HBM2：20。整体呈镞形，断面为菱形，柄为圆棍状。

铁钩　3件。用铁棍弯制而成钩状，上端向外弯制成环状，下端呈尖状。HBM4：23：②、HBM8：20、HBM11：11。

铁棍　2件。铁棍为残段。残长8.2、直径0.2厘米。HBM4：23：①、HBM3：15。

铁"Ω"形器　2件。用铁板弯制成成"Ω"形，似为工具构件。HBM8：18（一式两件）。

铁叉　1件。HBM8：19。由三部分组成，一端为铁杆，另一端为叉形器，中间由一"S"形铁链相连。

棺钉　收1件。HBM19：16。断面呈方形，圆形钉帽，尖已残朽。

4. 骨器

共1件。

簪　1件。HBM2：22。整体呈圆棍状，一端粗，一端细。截面呈圆形，中空。

5. 石器

共1件。

石珠　1件。HBM2：34。球形，灰白色。

6. 金属器

共1件。

金属链　1件。HBM8：17。由三段链环套接而成，质地似为铅锡合金。

二、唐　代

1. 陶器

共5件。有瓶、双系罐、碗、小壶四种。

瓶　1件。HBM29：1。翻沿，圆唇，直颈微曲，鼓腹，平底。腹上部饰五周圆涡纹。

双系罐　1件。HBM13：2。敛口，圆唇，鼓腹，平底。口沿下两侧各有一竖桥形耳，上腹部有两周凹弦纹。

碗　2件。HBM13：1，直口，圆唇，弧腹，平底。HBM14：1，直口，尖圆唇，弧腹，假圈足底。

小壶　1件。HBM14：3。翻沿，圆唇，细颈，圆鼓腹，平底。器表饰有浅绿色釉，大多已脱落。

2. 瓷器

共3件。有执壶、碗、杯等三种。

执壶 1件。HBM20:2。口残,直颈,圆鼓腹,假圈足。在颈与腹一侧有执柄,对应一侧有短鎏,执柄与鎏中间各有竖桥形耳一个,器表半釉,器内无釉,釉呈黄褐色。

碗 1件。HBM20:1。敞口,圆唇,弧壁,假圈足。胎色灰白泛红色,器表施半釉,器内施全釉,釉为乳白色。

杯 1件。HBM14:2。直口,尖唇,鼓腹,假圈足底。胎质坚硬,为土黄色,器表施半釉,器内施满釉,为青釉。

3. 铜器

共1件,另有铜钱2枚。

铜簪 1件。HBM13:5。用铜棍磨制而成,尖已残。

铜钱 2枚。为开元通宝,正书,直读。HBM24:3:②、HBM42:1。

4. 铁器

共1件。

铁镜 1件。HBM13:3,用生铁浇铸而成,现存圆形,镜背及镜面均已糟朽不清。

三、宋、金时期

1. 陶器

共12件。

大口罐 2件。HBM25:1,直口,方唇,鼓腹,平底。沿下饰一周凸弦纹。HBM28:1,折沿,尖唇,鼓腹,平底,素面。

陶瓦 10件。分为两型。

A型 9件。平面呈梯形,素面,为板瓦。HBM21:3(一式四件)、HBM24:2(一式四件)、HBM27:1。

B型 1件。HBM30:2,平面呈梯形,为板瓦。正面有朱砂字迹,中部有竖排四个字符,字面为"命□□□",或为三个字符,字面为"命□□",两边有红圆圈八个,背为布纹。阴宅画符是我国古代民间常用的做法,起到镇宅避邪之作用。

2. 瓷器

共 8 件。

大口罐　2 件。HBM21：2，直口，圆唇，鼓腹，圈足底。胎色灰白泛红，器表施半釉，器内施满釉，釉为黑色。HBM27：2，直口，圆唇，鼓腹，圈足底。胎色灰白泛红，器表施半釉，器内施满釉，釉为黑色。

四系罐　2 件。HBM27：3，直口，尖唇，鼓腹，圈足底。口部两侧各有一对纽。胎色灰白泛红，器表施半釉，器内施满釉，釉为黑色。HBM24：1，直口，圆唇，鼓腹，圈足底。口下两侧各有一对纽，胎色灰白泛红。器表施半釉，器内施满釉，釉为黑色。

双系罐　4 件。分为三型。

A 型　1 件。整体矮胖。HBM30：1。直口，圆唇，鼓腹，圈足底。口部双系对称，均残。灰白胎，器表施半釉，器内施满釉，釉色为酱褐色。

B 型　2 件。整体造型匀称。HBM34：1。直口，鼓腹，圈足底。口下两侧各有一耳，已残，胎为灰白色，器表施半釉，器内施满釉，釉为酱褐色。口径 8.5、腹径 11.8、底径 6.5、高 11.5 厘米。HBM34：2，直口，鼓腹，圈足底。口下两侧各有一耳，已残，胎为灰白色，器表施半釉，器内施满釉，釉为酱褐色。

C 型　1 件。整体瘦高。HBM31：1。小翻沿，圆唇，鼓腹，浅圈足。器身肩部两侧有对称双耳，腹部有 20 周凹弦纹。灰白胎，器表施半釉，器内满釉，釉为酱褐色。

3. 铜器

仅有铜钱，共 19 种，107 枚。依时代先后分述于下：

淳化元宝　1 枚。HBM31：2：③，行书，旋读。

至道元宝　8 枚。HBM37：3：①（一式 8 枚），行书，旋读。

咸平元宝　1 枚。HBM25：2：①，正书，旋读。

天圣元宝　8 枚。HBM37：2：①（一式 8 枚），正书，旋读。

景德元宝　2 枚。HBM21：1：②（一式 2 枚），正书，旋读。

祥符元宝　5 枚。均为正书，旋读，形制大小均相同。HBM21：1：①，2 枚；HBM24：3：①，1 枚；HBM25：2：②，1 枚；HBM28：2，1 枚。

景祐元宝　1 枚。HBM30：3：②，篆书，旋读。

皇祐通宝　1 枚。HBM30：3：①，篆书，直读。

皇宋通宝　16 枚。分两型。

A 型　14 枚。廓边较窄，字体清瘦。HBM37：2：③（一式 14 枚），篆书，直读。

B 型　2 枚。廓边较宽，字体稍胖。HBM47：5：②（一式 2 枚），篆书，直读。

熙宁元宝 8 枚。HBM37∶3∶②（一式 8 枚），正书，旋读。

熙宁重宝 2 枚。HBM37∶3∶④（一式 2 枚），正书，旋读。

元丰通宝 26 枚。分两型。

A 型 2 枚。篆书，旋读，HBM31∶2∶⑥、HBM31∶2∶⑦。

B 型 24 枚。行书，旋读。HBM31∶2∶④，2 枚，字体稍大，肥胖；HBM37∶2∶⑤，19 枚，字体稍小，清瘦；HBM36∶1∶①，3 枚，直径较前稍大。

元祐通宝 14 枚。HBM37∶2∶②（一式 14 枚），篆书，旋读。

绍圣元宝 3 枚。HBM37∶2∶④（一式 3 枚），行书，旋读。

元符通宝 5 枚。分两型。

A 型 4 枚。篆书，旋读。HBM31∶2∶②，1 枚；HBM36∶1∶②，3 枚。

B 型 1 枚。HBM31∶2∶⑧，行书，旋读。

圣宋元宝 1 枚。HBM31∶2∶⑤，篆书，旋读。

崇宁重宝 1 枚。HBM47∶5∶①，隶书，直读。

崇宁通宝 1 枚。HBM37∶2∶⑥，瘦金书体，旋读。

政和通宝 2 枚。HBM37∶3∶③（一式 2 枚），篆书，直读。

大定通宝 1 枚。HBM31∶2∶①，正书，直读。

4. 铁器

3 件。HBM31∶3，锈蚀严重。平面呈长方形，中部有一圆纽。HBM37∶1，由两种构件套接而成，一种为铁环，另一种由铁板锻打成"Ω"状，上为环状，向下左右分开。HBM37∶4，由两种构件套接而成，一种为铁环，另一种由铁板锻打成"U"形。

5. 骨器

1 件。HBM31∶4，尖残，用一段骨头磨制而成。截面呈圆角正方形。

四、明 代

1. 瓷器

共 3 件。有大口罐，四系罐等。

大口罐 1 件。HBM43∶2，直口，圆唇，腹微鼓，圈足底。器表半釉，器内满釉，釉为黑色。腹上部饰两周凹弦纹。

四系罐 2 件。分为 A、B 两型。

A 型　1 件，小口，圈足底。HBM33：2，直口，鼓腹，浅圈足底。口部四系两两对称已残。胎为灰白色，器表施釉不到底，器内满釉，釉为茶叶末色。

B 型　1 件。大口，平底。HBM33：3，直口，鼓腹，平底。四系两两对称已残。胎为灰白色，器表施半釉，器内满釉，釉为酱褐色。

2. 铜器

仅有铜钱，共 5 枚。

万历通宝　5 枚。形制大小均相同，正书，直读。HBM22：1：②，1 枚；HBM33：1，1 枚；HBM41：3：②，2 枚；HBM43：1，1 枚。

五、清　代

1. 陶器

仅有瓦，共 5 件。

瓦　5 件。分为两型。

A 型　4 件。分两亚型。

Aa 型　2 件。平面略呈梯形，为板瓦。HBM40：2、HBM40：4。

Ab 型　2 件。平面呈梯形，为板瓦。HBM41：4、HBM26：2。

B 型　1 件。HBM47：6。为板瓦，平面呈梯形，正面有朱砂字迹，正书。上部正中书"敕令"二字，下半部两边书"生人吉利，亡者安宁"。

2. 瓷器

共 11 件。有小口罐、双系罐、四系罐等。

小口罐　1 件。HBM41：2。小口，鼓腹，平底。

双系罐　8 件。分为 A、B 两型。

A 型　3 件。整体造型矮胖，两耳与口部相接。HBM40：1、HBM40：3、HBM41：1。

B 型　5 件。整体造型匀称，两耳置于口沿下。HBM26：1、HBM47：1、HBM47：3、HBM47：4、HBM48：1。

四系罐　2 件。直口，鼓腹，下腹微曲，圈足底。口下两侧对称置两耳。HBM47：2、HBM48：2。

3. 铜器

共 1 件。另有铜钱 17 枚。

铜珠　HBM47:7。呈圆球状，上有两个连环相扣。

铜钱　共 4 种，17 枚。按时代先后分述如下：

顺治通宝　4 枚。HBM22:1:①，1 枚。郭边稍宽，字体清瘦。正书，直读。HBM41:3:①，3 枚。郭边稍窄，字体稍胖。正书，直读。

康熙通宝　1 枚。HBM40:5:③，正书，直读。

雍正通宝　2 枚。HBM40:5:①，郭边稍宽，字体清瘦，正书，直读。HBM40:5:②，郭边稍窄，字体稍胖，正书，直读。

乾隆通宝　10 枚。形制大小均相同。正书，直读。HBM40:5:④，1 枚。HBM34:3，8 枚。HBM47:5:③，1 枚。

第四节　墓葬的分期与年代

一、汉　　代

百泉墓地共有汉代墓葬 11 座，根据墓葬形制、演变和出土器物组合及型式演变，将其分为三期。

1. 第一期

墓葬共有 6 座：HBM2、HBM3、HBM4、HBM7、HBM19、HBM23。墓葬形制中 3 座为 Aa 型土洞墓，1 座为 Ab 型土洞墓，1 座为 Ba 型土洞墓，1 座为 Aa 型砖室墓。Aa 型土洞墓在此期的 6 座墓中有 3 座，占 50%，应为第一期的主要墓葬形制。出土陶器器物组合主要为大口罐、盘、魁、勺、耳杯、案、灶、井、猪圈。其中 5 座墓同出 A 型耳杯、Ⅰ式灶、A 型井和 A 型猪圈，3 座墓同出 Aa 型Ⅰ式大口罐、Ba 型Ⅰ式大口罐和魁、勺等，2 座墓同出 Aa 型Ⅱ式大口罐、Ab 型Ⅰ式大口罐、Ⅰ式盘、B 型耳杯、Aa 型案和碗、鸡等，1 座墓出 Ac 型大口罐，1 座墓出束颈罐，1 座墓出小口罐，1 座墓出 A 型Ⅰ式奁，1 座墓出 Ab 型案，1 座墓出陶狗。另有 2 座墓出 Aa 型铜镜，1 座墓出 Ab 型铜镜，1 座墓出 Ac 型铜镜，1 座墓出 Ba 型铜镜，1 座墓出 C 型铜镜，1 座墓出铜带钩，1 座墓出铜戒指，2 座墓出 Aa 型五铢钱，4 座墓出 Ab 型五铢钱，1 座墓出 B 型（剪轮五铢）五铢钱。1 座墓出 A 型铁刀，1 座墓出 B 型铁刀，3 座墓出铁削，1 座墓出铁戒指，1 座墓出铁矛，1 座墓出铁钩，2 座墓出铁棍，1 座墓出骨簪，1 座墓出石珠。

　　该期出土陶器的主要器物组合与洛阳烧沟汉墓[1]第五、六期（东汉中、晚期）的许多器型相同或相似，如 A 型井、A 型 I 式奁、A 型案、A 型耳杯、I 式灶、魁、勺等分别与洛阳烧沟汉墓第五期的三型 I 式井[2]、一型 V 式奁[3]、第一型案[4]、耳杯[5]、四型 II 式灶[6]、勺[7]等完全相同或相似；Ab 型铜镜与洛阳烧沟汉墓第六期的八型 II 式铜镜[8]形制、纹饰完全相同。参考该墓地墓葬形制发展序列，可以将第一期的年代定为东汉中期后段至东汉晚期前段。

2. 第二期

　　墓葬共有 4 座：HBM8、HBM10、HBM11、HBM38。墓葬形制中 3 座为 Bb 型土洞墓，1 座为 B 型砖室墓。Bb 型土洞墓在此期的 4 座墓中有 3 座，占 75%，应为第二期的主要墓葬形制。出土陶器器物组合主要为大口罐、耳杯、井、灶、猪圈等。其中 2 座墓出 A、B 型壶，1 座墓出 Aa 型 I 式大口罐，1 座墓出 Ab 型 II 式大口罐，1 座墓出 Ba 型 I 式和 II 式大口罐，1 座墓出 Bb 型大口罐，1 座墓出束颈罐，2 座墓出 A 型奁，1 座墓出 B 型奁，1 座墓出 B 型耳杯，2 座墓出 I 式灶，1 座墓出 II 式灶，1 座墓出 A 型井，1 座墓出 B 型井，1 座墓出 A 型猪圈，1 座墓出 B 型猪圈，1 座墓出陶鸡，1 座墓出陶狗。另有 2 座墓出铁钩，1 座墓出铁"Ω"形器，1 座墓出铁叉，1 座墓出金属链。

　　该期出土陶器的主要器物组合与洛阳烧沟汉墓第六期（东汉晚期）的许多器型相同或相似，如 II 式灶、B 型案、B 型井、B 型猪圈等分别与洛阳烧沟汉墓第六期的四型 II 式灶[9]、第二型案[10]、三型 II 式井[11]、第二型猪圈[12]等完全相同或相似。考虑到本墓地墓葬形制发展序列和器物型式演变，可以将第二期的年代定为东汉晚期后段。

3. 第三期

　　仅 1 座，M17。墓葬形制为 Ab 型砖室墓，出土陶器器物组合有 Bc 型大口罐、II 式盘、博山炉、Ab 型案（方案）、B 型案（圆案）、B 型耳杯、A 型井、A 型猪圈、鸡、狗等。另有陶磨 1 件、铜盆 1 件、Bb 型铜镜 1 件、C 型五铢（常平五铢）3 枚。由于该墓出土有"常平五铢"，并不出其他钱币，可以肯定墓的年代为北齐（常平五铢为北齐文宣帝天保四年铸，也即公元 553 年）。所以第三期的年代当在北齐天宝四年之后，也即 553～577 年。

二、唐　　代

　　百泉墓地共有唐代墓葬 5 座，根据墓葬形制、演变和出土器物组合及型式演变，将其分为三期。

1. 第一期

仅 1 座，HBM14。墓葬形制为 B 型土洞墓，出土器物有釉陶小壶，陶碗，青瓷杯等。其中青瓷杯的造型、釉色等与南北朝或隋代的同类器物极为相似[13]。绿釉小陶壶和假圈足陶碗的造型、釉色等也颇具早期特征。故第一期的年代当在南北朝和唐初之间。

2. 第二期

墓葬共有 3 座：HBM13、HBM20、HBM29。墓葬形制中有 2 座为 A 型土洞墓，1 座为竖穴土坑墓。出土器物有陶瓶、双系罐、假圈足碗各 1 件，黄釉瓷执壶、浅绿釉瓷碗各 1 件。另有铜簪 1 件，铁镜 1 件。其中陶瓶与新乡市第二人民医院 M3：1 号 II 式瓶的口沿及造型基本相同[14]；陶双系罐、黄釉瓷执壶分别与三门峡庙底沟唐墓 M228：3 号 I 式陶罐和 M257：1 号绿釉水注[15]造型相同。新乡市第二人民医院 M3 和三门峡庙底沟唐墓 M228、M257 的年代均为盛唐，故第二期的年代也应与此同为盛唐时期。

3. 第三期

仅 1 座，HBM42。墓葬形制为 C 型土洞墓，出土器物仅有"开元通宝"铜钱 1 枚。根据墓葬形制演变并参考第二期同类型墓葬的时代，该期墓葬年代大体可定为唐代晚期，其确切年代尚难断定。

三、宋、金时期

百泉墓地共有宋、金时期墓葬 17 座，根据墓葬形制、演变和出土器物组合及型式演变，将其分为三期。其中宋代分为前、后两期，金代为一期。

1. 第一期

墓葬共有 11 座：HBM5、HBM6、HBM12、HBM15、HBM21、HBM24、HBM25、HBM28、HBM30、HBM44、HBM45。墓葬形制中有 3 座为 Aa 型土洞墓，1 座为 Ab 型土洞墓，2 座为 Ba 型土洞墓，3 座为 Ca 型土洞墓，1 座为 Cb 型土洞墓，1 座为 B 型竖穴土坑墓。该期墓中有 5 座（HBM21、HBM24、HBM25、HBM28、HBM30）同出器物和铜钱。出土器物有陶大口罐 2 件，A、B 型陶瓦各 1 件。瓷器有黑釉大口罐、黑釉四系罐各 1 件，A 型酱釉双系罐 1 件。出土铜钱共 10 枚，其中最早的为咸平元宝（998～1004 年），最晚的为皇祐通宝（1049～1053 年）。依据铜钱年代并参考墓葬形制和出土器物，第一期的年代可定为宋代前期，绝对年代当在998～1053年之间。

2. 第二期

　　墓葬共有 5 座：HBM1、HBM18、HBM27、HBM36、HBM37。墓葬形制中有 2 座为 Bb 型土洞墓，2 座为 Ca 型土洞墓，1 座为 Cb 型土洞墓。该期墓中有 1 座（HBM37）同出器物和铜钱，1 座仅出器物（HBM27），1 座仅出铜钱（HBM36）。出土器物有 A 型陶瓦 1 件。瓷器有黑釉大口罐、黑釉四系罐各 1 件，另有铁器 2 件。出土铜钱共 66 枚，其中 HBM36 最晚的为元符通宝（1098～1100 年），HBM37 最晚的为政和通宝（1111～1119 年），依据铜钱年代并参考墓葬形制和出土器物，第二期的年代可定为宋代后期，绝对年代当在 1054～1119 年之间。

3. 第三期

　　仅有墓葬 1 座，HBM31。墓葬形制为 B 型竖穴土坑墓。出土器物有 B 型酱釉瓷双系罐 1 件，铁器、骨器各 1 件。出土铜钱 8 枚，其中有大定通宝 1 枚。大定通宝为金代金世宗大定年间（1161～1189 年）所铸货币，是该墓年代最晚的铜钱，也当是该墓的年代。故第三期墓葬的年代应为金代。

四、明　　代

　　百泉墓地共有明代墓葬 2 座：HBM33、HBM43，不分期。墓葬形制均为竖井式墓道土洞墓。出土器物有瓷大口罐 1 件，瓷双系罐 2 件。两座墓各出"万历通宝"铜钱 1 枚。根据铜钱的年代推断，该墓地墓葬的时代应为明代中期。

五、清　　代

　　百泉墓地共有清代墓葬 9 座，根据墓葬形制、演变和出土器物组合及型式演变，将其分为两期。

1. 第一期

　　墓葬共有 4 座：HBM16、HBM22、HBM35、HBM41。墓葬形制中有 2 座为土洞墓，1 座为 A 型竖穴土坑墓，1 座为 B 型竖穴土坑墓。出土器物有 Ab 型陶瓦 1 件，黑釉瓷小口罐 1 件，A 型白釉瓷双系罐 2 件，"万历通宝"铜钱 2 枚，"顺治通宝"铜钱 4 枚。依据铜钱年代并参考墓葬形制和出土器物，第一期的年代可定为清代早期，绝对年代当在 1644～1735 年之间。

2. 第二期

墓葬共有 5 座：HBM26、HBM34、HBM40、HBM47、HBM48。墓葬形制中有 1 座为土洞墓，4 座为 B 型竖穴土坑墓。出土器物有 Aa 型陶瓦 2 件，Ab 型陶瓦 1 件，B 型陶瓦 1 件，A 型白釉瓷双系罐 1 件，B 型黑釉瓷双系罐 2 件，B 型酱褐釉瓷双系罐 4 件，酱褐釉瓷四系罐 2 件，铜铢 16 枚，"崇宁重宝"铜钱 1 枚，"皇宋通宝"铜钱 1 枚，"康熙通宝"铜钱 1 枚，"雍正通宝"铜钱 2 枚，"乾隆通宝"铜钱 7 枚，不明铜钱 1 枚。依据铜钱年代并参考墓葬形制和出土器物，第二期的年代可定为清代中期，绝对年代当在 1736～1795 年之间。

第五节　小　结

一、墓地范围、分布、性质

百泉墓地位于太行山余脉韭山前的一片丘陵地带上，此次发掘是在东西长 280 米、南北宽 100 米的范围内进行的。根据发掘结果推测，墓地范围要远远大于此次发掘范围。在西区最西段的区域内，向南已基本无墓葬分布，向西、北正是墓葬分布密集区，可见向西，向北仍应有墓葬存在，也应该属于该墓地的分布范围。在东区最东段的区域内，向南、向东、向北正是墓葬分布密集区，可见向南，向东、向北仍应有墓葬存在，也应该属于该墓地的分布范围。

在墓葬的分布上，基本是按时代先后由西向东按顺序埋葬的，西区的西段多为东汉墓葬，西区的东段和东区的西段为唐宋墓葬，东区的东段多为明清墓葬，但也有个别的例外，如东区的东段也有个别东汉墓葬等等。在一个小的区域内，同时代的墓葬方向基本一致，无打破和叠压现象。由此看，当时墓地是有规划和制度的，每一个小的区域应是一处家族墓地。

二、墓葬形制演变、葬俗

该墓地时代从东汉至清代，中间基本无缺环。墓葬形制多为土洞墓，有少量砖室墓，至明清方有部分竖穴土坑墓。土洞墓在各时代略有变化，如东汉时期土洞墓多为长斜坡墓道，长方形墓室；唐宋时期墓道略短，出现台阶式和竖井式墓道；特别是宋代以后多为竖井式墓道，墓室出现圆形和不规则形。在葬俗上，东汉至清代多为合葬。随葬品东汉至唐代数量均较多，宋代以后演变为只有 1~2 件陶或瓷器，并有随葬陶瓦（符）和铜钱的习惯。

三、关于陶窑以及和墓地的关系

1. 陶窑的形制、结构、时代

该墓地共发现陶窑 3 座，其形制结构基本相同，均为半地穴式，由窑前工作面、进火口、火道、火门、火膛、窑室、烟道等部分组成。出土物多为板瓦，在 HBY3 出土有青砖。在青砖的正面模印有"六"、"二"、"半"三字，其形制大小以及模印文字均与 HBM17 墓砖相同。HBM17 出土有常平五铢铜钱，时代为北齐。三座陶窑的时代也应与 HBM1 同为北齐时期。

2. 陶窑和墓地的关系

3 座陶窑西北距 HBM17 约 65 米，HBY3 所出青砖与 HBM17 用砖形制大小均相同。特别是 HBY3:1，整体形状为长方体，一边厚，一边薄，呈楔形。这种楔形砖系为制作拱券而专门烧造的，一般用于民间建筑门、窗砖框的顶部拱券或券顶墓、穹隆顶墓的顶部。HBY3 距墓地这么近，又出土了与 HBM17 相同的砖，那么 HBY3 是不是专门为烧造墓地用砖而建造的呢？我们认为可能性极小。该墓地发现的同类型墓葬仅 HBM17 一座，在其周围 50 米的距离内经钻探未发现有同时期同类型的墓葬，为一座墓葬专门建造一座陶窑的可能性不大。另外 HBY3 的窑壁烧结程度很高，显然系长期烧造所致，其产品数量应较大，远非一座墓葬能用完的。由此推测，3 座陶窑的产品主要用于民间地上建筑，也可用于地下建筑——墓葬。

注　释

[1]　中国科学院考古研究所：《洛阳烧沟汉墓》，科学出版社，1959 年。
[2]　同［1］，128 页，图六〇，3，M146:29。
[3]　同［1］，133 页，图六二，5，M1031:2。
[4]　同［1］，139 页，图六四，2、3，M1009B:2、M1035:8。
[5]　同［1］，139 页，图六四，6，M1027:17。
[6]　同［1］，123 页，图五八，3、4，M117:32、M120:23。
[7]　同［1］，139 页，图六四，10、11，M1027:38、M24:17。
[8]　同［1］，171 页，图七六，1，M148:31；172 页，图七七，1，M147:14。

［9］ 同［1］，121 页，附釜单火眼灶。

［10］ 同［1］，138 页，圆形案。

［11］ 同［1］，128 页，图六〇，4，M144∶16。

［12］ 同［1］，141 页，圆形猪圈。

［13］ 参见李启良：《陕西安康地区出土的青瓷器》，《考古与文物》1988 年第 1 期，图一，5；范风妹、吴志红：《江西出土的隋代青瓷》，《考古与文物》1991 年第 2 期，图一，24。

［14］ 新乡市文物工作队：《河南新乡市唐代墓葬发掘报告》，《华夏考古》2004 年第 3 期，图八，8。

［15］ 河南省文物考古研究所：《三门峡庙底沟唐宋墓葬》，大象出版社，2006 年，图一八一。

第二章　郭柳墓地

第一节　墓葬基本资料

新乡郭柳墓地共有编号墓葬45座，分属于汉、唐、宋、清等时代。下面依墓葬序号将墓葬形制与随葬品介绍如下（参见附表二、附表五）：

2006XGM1

土洞墓，单葬，方向200度。

墓道位于墓室南端，开口于地表下0.35米。平面呈长方形，直壁，底部斜坡。长2、宽0.9、深1.2~1.6米。用石头封门，封门宽0.9、高0.4米。

墓室横直，为土洞，洞口即为墓门，顶部已塌。墓室平面呈椭圆形，顶部已塌损。直壁，平底。长径2.6、短径1.8、现存高1.6米。在墓室内发现散乱骨架一具。无随葬品（图一一三）。

2006XGM2

土洞墓，单葬，方向195度。

墓道位于墓室端，开口于地表下0.35米。平面呈长方形，直壁，平底，长1.8、宽1.1、深1.7米。接墓道后有一甬道，为土洞，长0.2、宽1.1、高0.8米。甬道口即为墓门，在甬道内用石头封堵。

墓室为土洞，顶部为圆拱形。平面呈椭圆形，直壁，平底。后部较前部略高约0.05米。长径1.8、短径1.7、高1.4米。墓室内有骨架，已零乱，似为迁葬墓，无随葬品（图一一四）。

2006XGM3

1. 墓葬形制

土洞墓，单葬，方向185度。

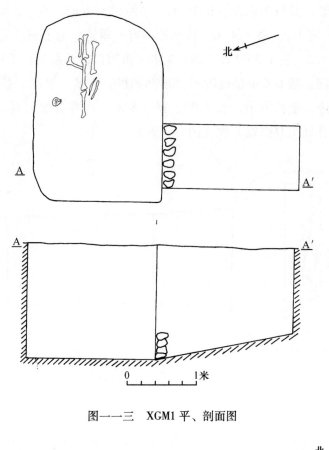

图一一三 XGM1 平、剖面图

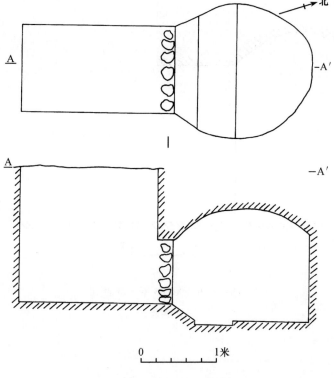

图一一四 XGM2 平、剖面图

墓道位于墓室南端，开口于地表下 0.35 米。平面呈长方形，直壁，墓道南端有三级台阶，以下为平底。长 2.8、宽 1.3、深 3.4 米。接墓道后有一甬道，为土洞，平面呈梯形，顶为圆拱形，直壁，平底。长 1.2、宽 1.3 ~ 1.5、高 2.3 米。甬道口即为墓门，无封门痕迹。

墓室横置，为土洞。墓室平面呈椭圆形，顶部圆拱，直壁，平底。墓室长径 2.6、短径 2、高 2.8 米。有木棺痕迹，呈长方形，长 1.95、宽 0.8 米，内葬骨架一具，仰身直肢，头向西，面向上。在骨架上肢骨处出有铜钱 1 枚（图一一五）。

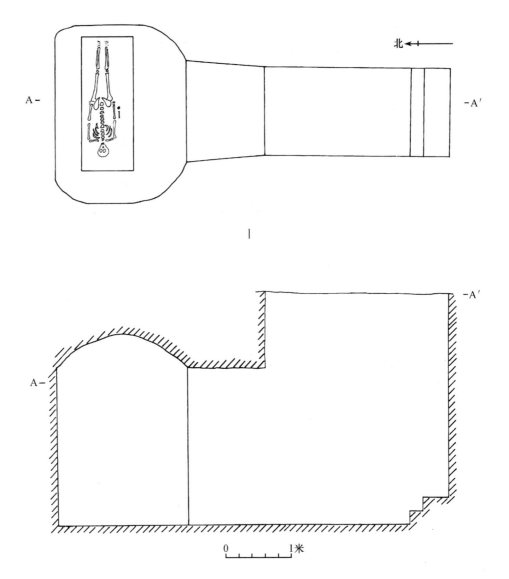

图一一五　XGM3 平、剖面图

1. 铜钱

2. 随葬品

铜钱　1 枚。XGM3：1，开元通宝，正书，直读。直径 2.5、肉厚 0.1、穿径 0.7 厘米（图一一六）。

图一一六　XGM3 出土铜钱（XGM3：1）

2006XGM4

1. 墓葬形制

土洞墓，单葬，方向 200 度。

墓道位于墓室南端，开口于地表下 0.3 米。平面为梯形，竖穴土圹，直壁，底部斜坡。长 4、宽 0.7 ~ 1.4、深 2.4 ~ 2.7 米。

墓道和墓室之间有一甬道，长 0.8、宽 0.9、高 1.4 米。甬道口即为墓门，无封门痕迹。

墓室横置，为土洞。平面为长方形，顶部圆拱，直壁，平底。长 2.8、宽 1.7、高 1.6 米。有木棺痕迹，为梯形，呈东西方向，长 1.8、宽 0.5 ~ 0.6 米。内葬骨架一具，仰身直肢，头向西，面向上，为女性。墓室西南角出瓷碗、陶罐各 1 件，在骨架左手骨处有铁剪 1 把，头骨旁有铜钱 1 枚（图一一七；图版二四，2）。

2. 随葬品

有陶器、瓷器、铁器、铜钱等，共 4 件。

陶大口罐　1 件。XGM4：2，泥质灰陶。直口，圆唇，鼓腹，平底。口径 11.2、腹径 19、底径 11.2、高 20.4 厘米（图一一八，1；图版三五，5）。

瓷碗　1 件。XGM4：1，直口，圆唇，弧壁，假圈足。胎较厚，胎质为黄中泛红。器表口下施半釉，器内施满釉，釉为黄色。口径 11.6、底径 5.6、高 3.6 厘米（图一一八，2；彩版一五，1）。

铁剪　1 件。XGM4：3，由两个相等大小的刀形构件拼接而成，刀刃相对，其一尖部残。刀形构件由铁片锻打而成头尖面阔，刀柄部铸成圆环形。长 32、宽 5.6 ~ 6.4 厘米（图一一八，3；图版三一，4）。

铜钱　1 枚。XGM4：4，开元通宝，正书，直读。直径 2.5、肉厚 0.1、穿径 0.7 厘米（图一一八，4）。

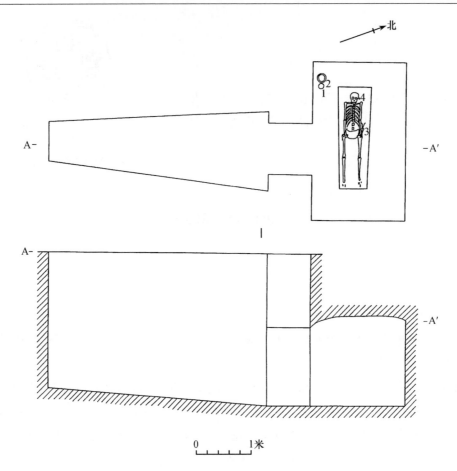

图一一七　XGM4 平、剖面图

1. 瓷碗　2. 陶大口罐　3. 铁剪　4. 铜钱

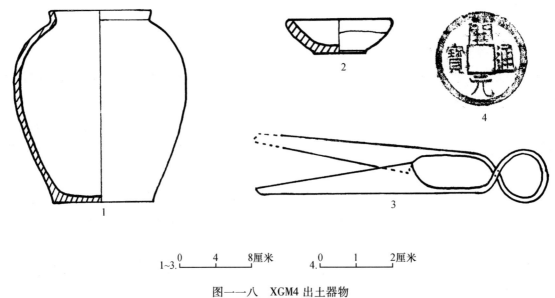

图一一八　XGM4 出土器物

1. 陶大口罐（XGM4:2）　2. 瓷碗（XGM4:1）　3. 铁剪（XGM4:3）　4. 铜钱（XGM4:4）

2006XGM5

1. 墓葬形制

土洞墓，合葬，方向190度。

墓道位于墓室南端，开口于地表下0.4米。平面为长方形，竖穴土圹，直壁，底部平坦。长2.9、宽1.08、深4.2米。墓道与墓室交接处的底部有一长方形小坑，长1.3、宽0.98、深0.06米，暂无法确定其用途。无封门痕迹。

墓室为土洞，洞口即为墓门，平顶，宽1.08、高2.1米。墓室平面为方形，顶为圆拱形，直壁，平底。长3.44、宽3.4、高2.66米。在墓室北部正中有一长2.3、宽1.2、高0.1~0.2米的熟土棺床，上有骨架两具，保存较差，仅剩几块骨头，略为仰身直肢，头向一东一西。有棺痕及白灰痕迹，形状已不明。在墓室中部偏东置放陶罐一件，在骨架周围有铜钱数枚（图一一九；图版二六，1）。

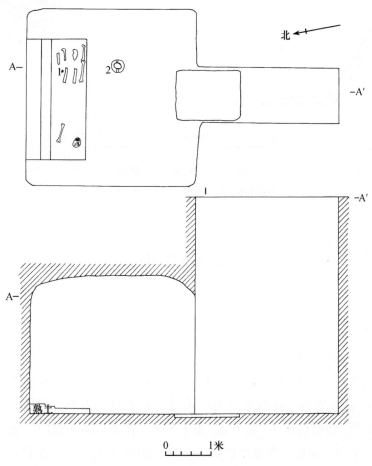

图一一九 XGM5 平、剖面图
1. 铜钱 2. 陶双系罐

2. 随葬品

有陶器、铜器共 2 件。

陶双系罐　1 件。XGM5：2，泥质红陶。小翻沿，圆唇，鼓腹，平底。沿下两侧各有一耳，素面。口径 17.1、腹径 25.6、底径 12、高 24.4 厘米（图一二〇，1；图版三二，3）。

铜钱　1 枚。XGM5：1，开元通宝，正书，直读。直径 2.5、肉厚 0.1、穿径 0.7 厘米，重 3.1 克（图一二〇，2）。

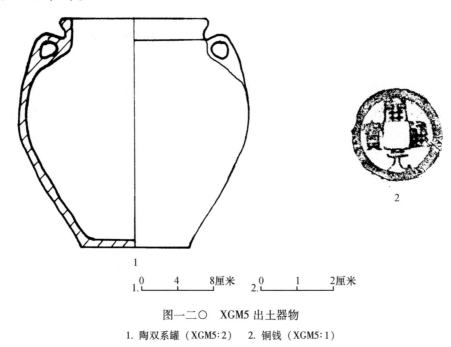

图一二〇　XGM5 出土器物

1. 陶双系罐（XGM5：2）　2. 铜钱（XGM5：1）

2006XGM6

1. 墓葬形制

土洞墓，单葬，方向 190 度。

墓道位于墓室南端，开口于地表下 0.4 米。平面为长方形，竖穴土圹，直壁，平底。长 2.8、宽 1.3～1.5、深 4.6 米。接墓道后有一甬道，平面呈长方形，直壁，平底。东西两壁长短不一，东壁长 0.7、西壁长 0.5、宽 1.3、高 1.5 米。甬道口即为墓门，无封门痕迹。

墓室为土洞，平顶，平底。墓室平面约为方形，南窄北宽，顶为圆拱形，直壁，平底。长 2.9、宽 2.8～3.3、高 2.5 米。在墓室北部正中有木棺痕迹，平面为长方形，长 1.95、宽 0.8～0.9 米，内葬骨架一具，已腐朽，约为仰身直肢，头向西。东壁偏南处有侧室一个，顶为圆拱

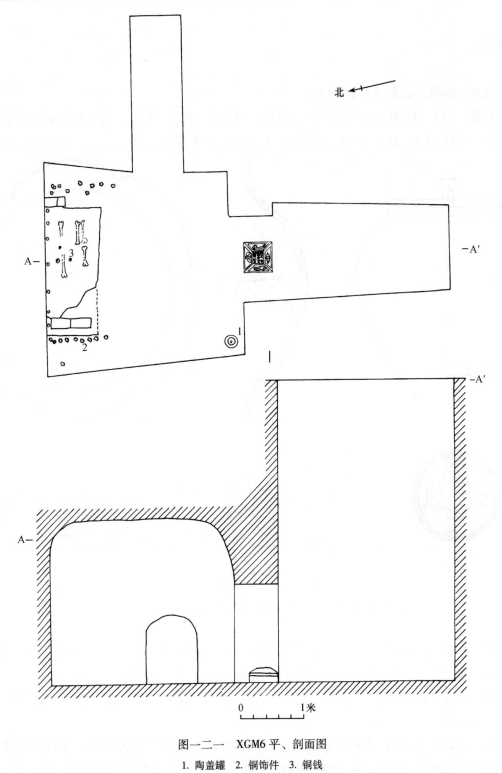

图一二一　XGM6 平、剖面图

1. 陶盖罐　2. 铜饰件　3. 铜钱

形，宽0.8、高1.05、进深2.4米。在甬道内发现青石墓志一块（唐宣宗大中元年，847 年）。
墓室西南角发现陶罐一件，棺痕周围有铜泡28 个，骨架上有铜钱4 枚（图一二一）。

2. 随葬品

有陶器、铜器、石器等，共34件。

陶盖罐　1件。XGM6:1，泥质灰陶。母口，鼓腹，平底。带盖，为子口，板状，正中有一圆柱形纽。口径13.6、腹径20.8、底径11.4、通高21.6厘米（图一二二，1；图版三四，1）。

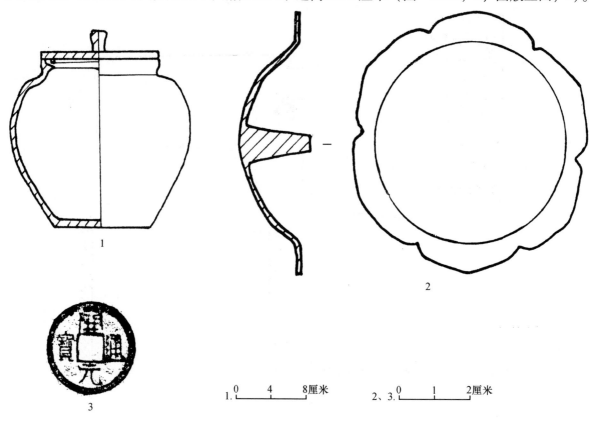

1.　0　　4　　8厘米
2、3.　0　　1　　2厘米

图一二二　XGM6 出土器物

1. 陶盖罐（XGM6:1）　2. 铜泡钉（XGM6:2）　3. 铜钱（XGM6:3）

铜泡钉　28枚。XGM6:2，平面呈六瓣梅花形，外沿尖平，中间凸起为圆鼓形，背面正中有一短钉。直径7.2、厚0.1、钉长1.7厘米（图一二二，2；图版三二，1）。

铜钱　4枚。XGM6:3，"开元通宝"，正书，直读。直径2.5、肉厚0.1、穿径0.7厘米，重量3.1克（图一二二，3）。

墓志　XGM6:4，青石质，分志盖和志石两部分。志盖呈平顶覆斗形，顶面阴刻篆书"唐故程府君墓志之铭"九个大字。四斜刹浮雕"青龙""白虎""朱雀""玄武"四神图案，侧面阴线刻联珠葡萄图案。顶边长20、底边长46、通高12厘米。志石平面呈正方形，边长46、高10厘米。志石阴刻行书20行，满行28字。四个侧面阴线刻联珠葡萄图案（图一二三；彩版一五，6）。志文摘录如下：

　　唐故武昌程公墓志并序

　　公称，祖天官邈公之后，□亦楚壁之胤，尔来随官（官）家于新乡。顷昔，避世萍/流，遂寄兹法东坊私弟（第）之也。

　　祖讳婴，前左金吾卫大将军。父讳寿，公/讳備。擢自天假，蔚为人范。在昔豹变，投笔辕门，粮里六韬，谋黔七略，料敌/多□，矢发穿杨。然以□盗弭销，橐枪气静，名遂身退，鸟尽弓藏，谢病言/归，守丘乐道。故夫人乐安孙氏，岂为千秋住寿，永保金堂，何期慈训不/留，母仪长谢。故夫人南阳乐氏，女范白若，坤德成家，月桂于星，阴山魄粹，/母仪令淑，缅谢恭姜，四德芳菲，实滋兰蕙。理应长垂，令范永扇，慈风無/何，逝川有期。藏舟易远，神道奕昧，幼遭闵凶，皇天何□（辜），更罹严父，葬也/有礼，历变星霜，宅地斯辰，搀兹玄寝，爰于卫州新乡县贵德乡王明村/之分西北二里，南占孟水，北望方山，西邻共邑，东接白岗。地势盘龙，岗形/偃月，岐峰逶迤，西望太行。

　　公有四子，二龙早逝，双贤名彰，仲子叔元，/幼子何何，孝行成家，谦逊双美，荏苒婴疾，归乎夜台。祭主孟曰士杰，季曰/叔弁，立行孤標，柔闰成则，慎终退远，何吞昊天，攀想生成，粉身無赎，长/房已亡，丧事在我，手足既失，悲乎。子遗良□，物变桑田，书之翠琰。

　　词曰/伟哉我公 间世生知 令问令望 如虎如貔/道也云哀 哲仁其萎 南阳夫人 淑质西施/永家阀族 谢世言归 二子告逝 手足如骥/季子护丧 宅地有期 更书翠琰 万古凄悲/

　　大中初载，时岁丁卯，二月丁卯朔十八日甲申建

2006XGM7

1. 墓葬形制

　　土洞墓，单葬，方向210度。

　　墓道位于墓室南边，开口于地表下0.35米。平面呈长方形，直壁，底部斜坡，长3.6、宽1.4米，南端深3.5、北端深3.9米。墓道北部距墓门墓米处有封门槽。槽宽0.1、槽下两壁深0.1米。

　　墓室横置，为土洞，洞口即为墓门，顶部圆拱形，门宽1.5、高2.4米。墓室平面呈方形，顶部圆拱形，直壁，平底。长3.2、宽3、高3.1米。在墓室北部有木棺痕迹，为长方形，长1.9、宽0.7米。上有散乱骨架一具，头骨已朽蚀，从痕迹看应为仰身直肢，头向东，面向不明。在骨架及棺痕周围散乱置放有铜泡25枚。在墓室西南角置陶罐1件（图一二四；彩版一四，1）。

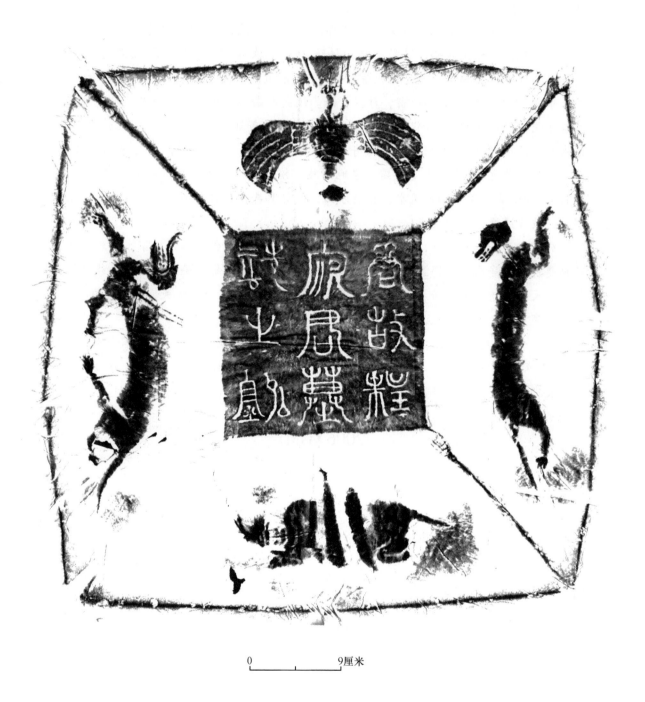

0 ——————— 9厘米

图一二三　XGM6

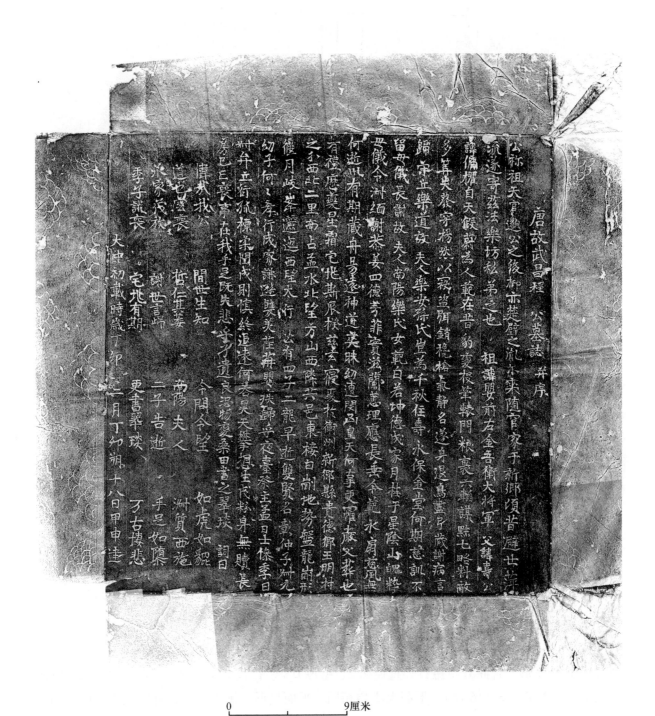

0　　　　　　9厘米

墓志铭拓片

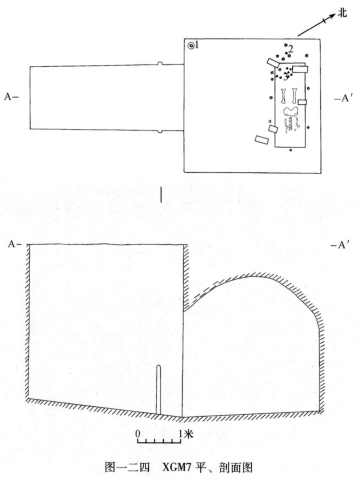

图一二四　XGM7 平、剖面图

1. 陶盖罐　2. 铜泡钉（大）　3. 铜泡钉（小）

2. 随葬品

有陶器、铜器等，共26件。

陶盖罐　1件。XGM7：1，泥质灰陶。口部圆唇，内置母口，鼓肩，圆腹弧壁，平底。带盖，平面呈圆形，上部中心置圆柱形纽。盖下为为子口。口径13.2、肩径21.2、底径11.6、高20、盖直径13.2厘米（图一二五，1；图版三四，2）。

铜泡钉　25枚。XGM7：2（9件），形制大小均相同。平面呈六瓣梅花形，外沿尖平，中心向上隆起呈弧形，背面有一短钉。直径7.2、壁厚0.2、钉长0.4厘米（图一二五，2；图版三二，2）。XGM7：3（16件），形制大小均相同。平面呈形六瓣梅花形，外沿尖平，中心向上隆起呈弧形，背面有一较长的钉。直径2.7、壁厚0.1、钉长2厘米（图一二五，3）。

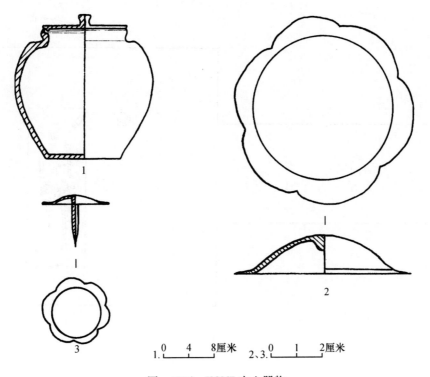

图一二五 XGM7 出土器物

1. 陶盖罐（XGM7:1） 2、3. 铜泡钉（XGM7:2、XGM7:3）

2006XGM8

1. 墓葬形制

土洞墓，单葬，方向 190 度。

墓道位于墓室南端，开口于地表下 0.5 米。平面为长方形，竖穴土圹，直壁，平底。长 2.9、宽 1.3、深 2.6 米。东南两壁上有脚窝，西壁靠南处 8 个，南壁正中有 9 个，均自上而下排列。无封门痕迹。

墓室为土洞，洞口即为墓门，顶部圆拱略平。墓门宽 1.3、高 2.5 米。平面为近正方形，顶部为圆拱形，直壁，平底。边长 3.2～3.4、高 3.1 米。墓室北半部有木棺痕迹，为长方形，长 2.1、宽 0.8 米。内葬骨架一具，仰身直肢，头向西，面向上，为男性。在骨架周围放置有陶砚、铜铺首各 1 件，铜锁样饰件一式 2 件，铜质鎏金革带饰件 7 件，铜钱数枚。在墓室中部西侧放置双系罐 1 件（图一二六）。

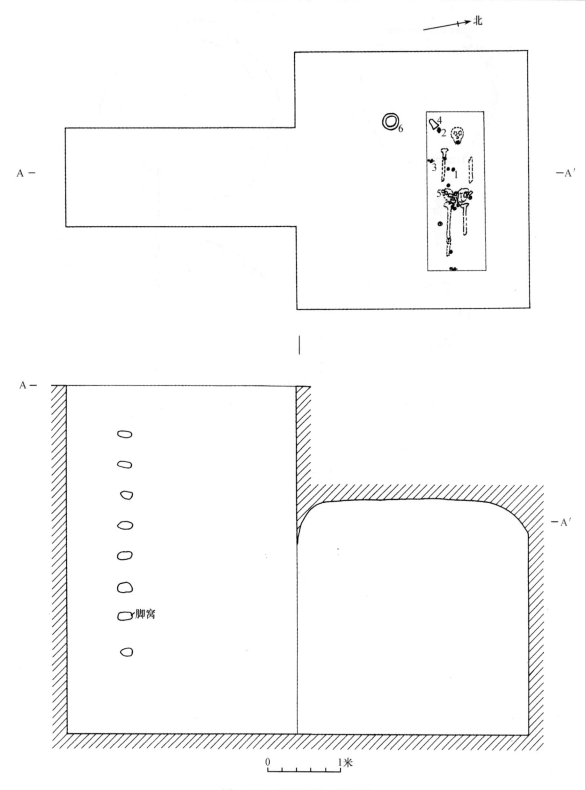

图一二六　XGM8 平、剖面图

1. 铜钱　2. 铜铺首　3. 铜饰件　4. 陶砚　5. 铜腰带　6. 陶双系罐

2. 随葬品

有陶器、铜器等，共16件。

陶双系罐　1件。XGM8:6，泥质灰陶。直口，折肩，鼓腹，平底。肩上对置两耳，已残，素面。口径18.4、肩径23.2、底径12、高20厘米（图一二七，4；图版三二，4）。

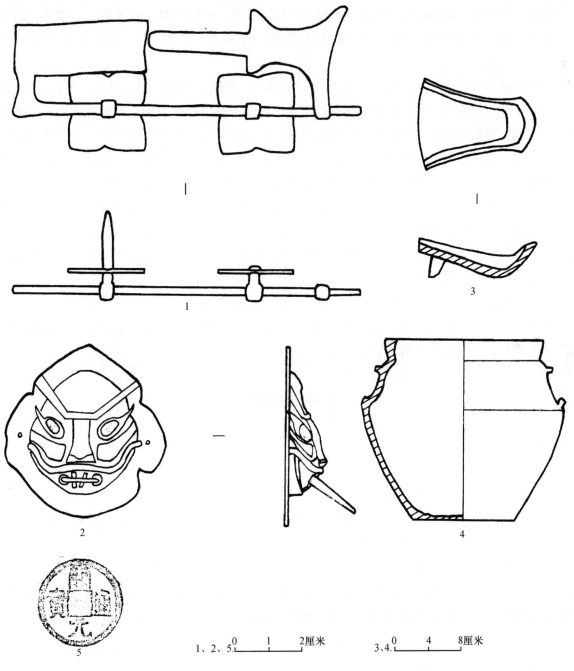

1、2、5. ├─────┼─────┤ 2厘米　　　3、4. ├─────┼─────┤ 8厘米
　　　　　 0　　 1　　　　　　　　　　　 0　　　4

图一二七　XGM8 出土器物

1. 铜饰件（XGM8:3）　2. 铜铺首（XGM8:2）　3. 陶砚（XGM8:4）　4. 陶双系罐（XGM8:6）　5. 铜钱（XGM8:1）

陶砚　1件。XGM8:4，泥质灰陶。平面呈铲形，四边均有弧度，前后外弧，两侧内弧。前端开口，两侧及后部起沿。沿较直，略有弧度，平底，底部近口处下置两柱形足，一足残。长13.6、最宽7、通高4.8厘米（图一二七，3；图版三四，3）。

铜锁样饰件　2件。XGM8:3，一式两件，形制大小均相同。由铺首和锁两部分构成。铺首2个，背部带纽，下部有钉，一铺首残。锁穿在铺首纽内，该铺首应为连接木质家具的锁样饰件。通长10厘米（图一二七，1）。

铜铺首　1件。XGM8:2，平面呈桃形，塑人面图案，浓眉大眼，高鼻梁，厚嘴唇，口衔环，长须上曲，表情肃穆，有威严，脸两旁各有一小穿孔。长径4.8、短径4.6厘米（图一二七，2；图版三一，3）。

铜质鎏金革带饰件　1套7件。XGM8:5，有带扣，带銙，铊尾三部分组成（三种）。带扣由扣面和套环用轴穿套而成，套环呈椭圆形环状，扣面平面呈近正方形，外侧有弧度，由两铜片用三个铆钉连接而成，三周密封，一面出舌头（扣钉），舌夹在两铜片中间，被轴穿套由铆钉固定，舌头套在环上。套环宽5.8、通长9.2厘米。带銙分三种：第一种为近正方形，其中一边为弧形，共五块，由两铜片用三个铆钉连接而成，四周密封，上铜片两铆钉之间置一长方形透槽。长3.1、宽3.7、厚0.9厘米；第二种为正方形，共一块，由两铜片用四个铆钉连接而成，四周密封，上铜片两铆钉之间置一长方形透槽。长3.7、宽3.9、厚0.9厘米；第三种为正方形，共一块，由两铜片用四个铆钉连接而成，四周密封，上铜片两铆钉之间置一不规则椭圆形透槽。长3.6、宽3.8、厚0.9厘米。铊尾平面为长方形，尾部圆形，由两铜片用三个铆钉连接而成，四周密封。长8.2、宽4厘米（图一二八；图版三二，3）。

铜钱　32枚，形制大小均相同。XGM8:1，开元通宝，正书，直读。直径2.5、穿径0.7、肉厚0.1厘米，重3.5克（图一二七，5）。

2006XGM9

1. 墓葬形制

土洞墓，单葬，方向185度。

墓道位于墓室南端，开口于地表下0.5米。平面为长方形，竖穴土圹，直壁，平底。长2.2、宽1.1、深1.6米。无封门痕迹。

墓室为土洞，顶部已被破坏，洞高不明。平面为长方形，直壁，平底。长2、宽1.3、现存高1.6米。内葬骨架一具，但已腐朽成粉状，只剩痕迹，仰身直肢，头向南，面向上。骨架周围置放有铜簪1件，铜钱4枚（图一二九；图版二五，1）。

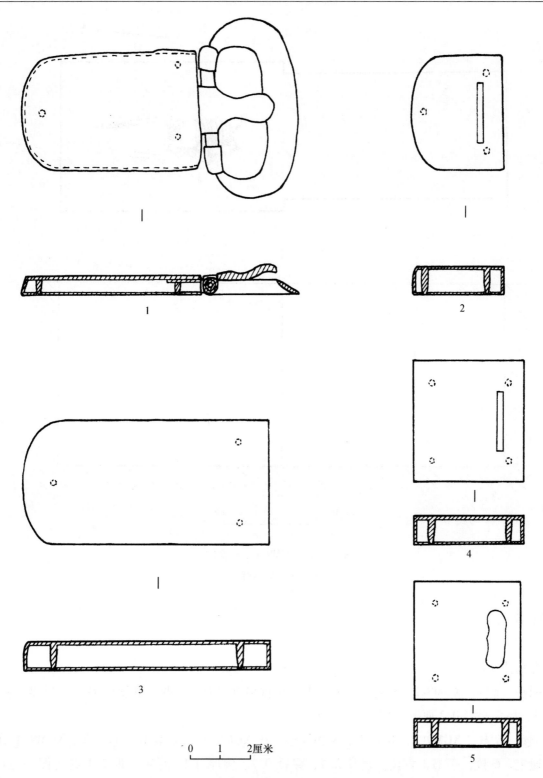

0　　1　　2厘米

图一二八　XGM8 出土铜质鎏金革带饰件（XGM8∶5）
1. 腰带扣　2、4、5. 腰带饰件　3. 腰带头

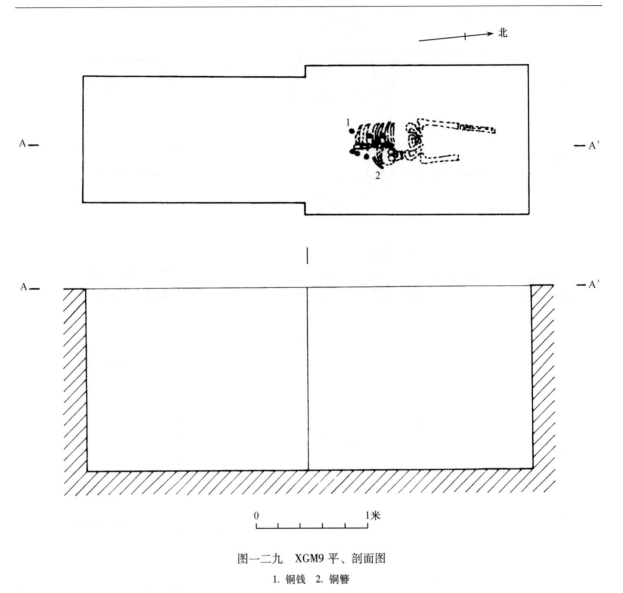

图一二九　XGM9 平、剖面图

1. 铜钱　2. 铜簪

2. 随葬品

有铜器 5 件。

铜簪　1 件。XGM9：2，整体呈"U"形，用铁棍弯曲而成，两头磨制略尖。长 11.8、最宽处 1.2、最大直径 0.2 厘米（图一三〇，1）。

铜钱　7 枚。XGM9：1，为方便记录和描述，在 XGM9：1 后又编小号①～②。XGM9：1：①，开元通宝，6 枚，正书，直读。直径 2.4、穿径 0.7、肉厚 0.17 厘米，重 3.4 克（图一三〇，2）。XGM9：1：②，五铢，剪轮，"五"字交笔弯曲，"朱"字上下均圆折。直径 2.2、穿径 1、肉厚 0.05 厘米，重 1 克（图一三〇，3）。

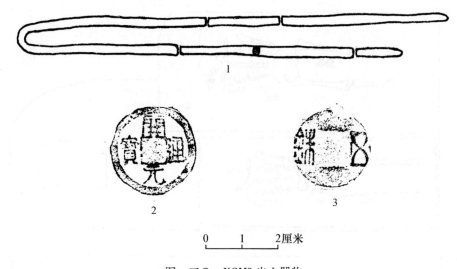

图一三〇 XGM9 出土器物

1. 铜簪（XGM9:2） 2、3. 铜钱（XGM9:1:①、XGM9:1:②）

2006XGM10

1. 墓葬形制

土洞墓合葬，方向200度。

墓道位于墓室南部，开口于地表下0.5米。平面为长方形，竖穴土圹，直壁，底部斜坡，墓道向南已破坏。残长1.1、宽1.1、深0.5~0.6米。在墓道底部平铺一块长0.5、宽0.4、厚0.05~0.06米的石板。该墓道与墓室连为一体，是否为墓道尚难确定。

墓室上部已破坏，是否为土洞尚不能确定。现存墓室分东西两部分，东部墓室高于西部约0.3米，平面略为长方形，平底。现存长2.1、宽0.9、深0.3米，内葬骨架一具，无棺痕，仰身直肢，头向南，面向上，头骨旁出金耳坠2枚，右上肢骨旁出铜簪1枚，腿骨处有铜钱8枚。西半部和墓道连为一体，底部为斜坡，北部最深处0.6米。西半部有木棺痕迹，平面为长方形，长1.78、宽0.65米，内葬骨架一具，仰身直肢，头向南，面向上。盆骨北有铜钱5枚（图一三一）。

2. 随葬品

有铜器、金器等，共16件（种）。

铜簪 1件。XGM10:1，整体呈"U"形，后端转折处扁宽，尖端较中间略粗，横断面为圆形。长17.8、最宽处1.2、直径0.35厘米（图一三二，2；图版三一，2）。

金耳坠 2件。XGM10:3，用一根金条弯成钩状。最长2.4、最宽1.45、最大直径0.35厘米，重量1.75克（图一三二，1）。

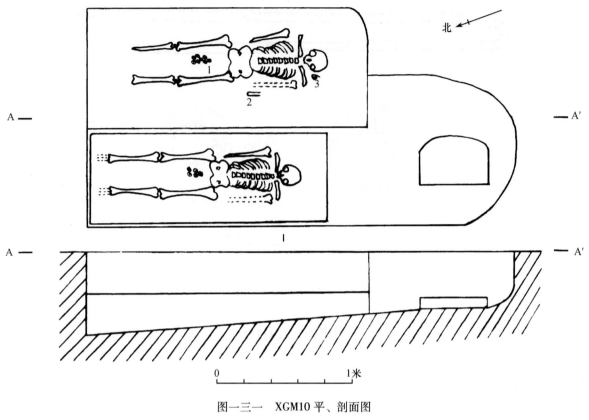

图一三一　XGM10 平、剖面图

1. 铜钱（XGM10: 2）　2. 铜簪（XGM10: 1）　3. 金耳坠（XGM10: 3）

　　铜钱　148 枚。XGM10: 2: ①，崇宁重宝，4 枚。正书，直读。直径 3.3、穿径 0.8、肉厚 0.3
厘米，重 10.8 克（图一三三，1）。XGM10: 2: ②，元祐通宝，18 枚。行书，旋读。直径 2.9、穿
径 0.8、肉厚 0.1 厘米，重 7 克（图一三三，2）。XGM10: 2: ③，天禧通宝，11 枚。正书，旋读。
直径 2.5、穿径 0.7、肉厚 0.1 厘米，重 4.1 克（图一三三，3）。XGM10: 2: ④，天圣元宝，16 枚。
正书，旋读。直径 2.4、穿径 0.8、肉厚 0.1 厘米，重 3.7 克（图一三三，4）。XGM10: 2: ⑤，嘉
祐元宝，12 枚。正书，直读。直径 2.4、穿径 0.7、肉厚 0.1 厘米，重 3.4 克（图一三三，5）。
XGM10: 2: ⑥，圣宋元宝，15 枚。正书，旋读。直径 2.9、穿径 0.7、肉厚 0.1 厘米，重 6.5 克
（图一三三，6）。XGM10: 2: ⑦，景德元宝，1 枚。正书，旋读。直径 2.4、穿径 0.6、肉厚 0.1 厘
米，重 3 克（图一三三，7）。XGM10: 2: ⑧，熙宁重宝，6 枚。隶书，旋读。直径 3.1、穿径 0.8、
肉厚 0.3 厘米，重 7.5 克（图一三三，8）。XGM10: 2: ⑨，开元通宝，25 枚。正书，直读。直径
2.4、穿径 0.7、肉厚 0.1 厘米，重 3.1 克（图一三三，9）。XGM10: 2: ⑩，元丰通宝，6 枚。草
书，旋读。直径 28、穿径 0.7、肉厚 0.1 厘米，重量 94 克（图一三三，10）。XGM10: 2: ⑪，元符
通宝，18 枚。草书，旋读。直径 2.4、穿径 0.7、肉厚 0.1 厘米，重 3.8 克（图一三三，11）。
XGM10: 2: ⑫，咸平元宝，1 枚。隶书，旋读。直径 2.4、穿径 0.6、肉厚 0.1 厘米，重 3.1 克（图
一三三，12）。XGM10: 2: ⑬，宣和通宝，15 枚。隶书，直读。直径 3、穿径 0.8、肉厚 0.3 厘米，
重 5.7 克（图一三三，13）。

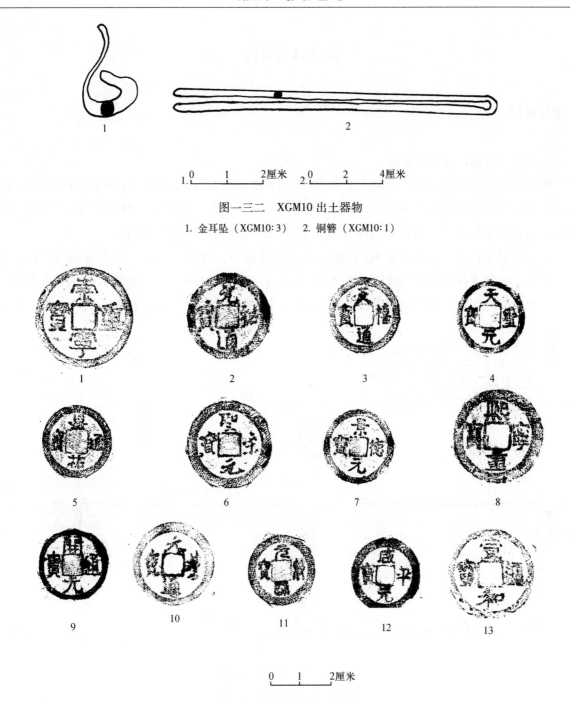

图一三二　XGM10 出土器物

1. 金耳坠（XGM10:3）　　2. 铜簪（XGM10:1）

图一三三　XGM10 出土铜钱

1. XGM10:2:①　2. XGM10:2:②　3. XGM10:2:③　4. XGM10:2:④　5. XGM10:2:⑤　6. XGM10:2:⑥

7. XGM10:2:⑦　8. XGM10:2:⑧　9. XGM10:2:⑨　10. XGM10:2:⑩　11. XGM10:2:⑪　12. XGM10:2:⑫

13. XGM10:2:⑬

2006XGM11

1. 墓葬形制

砖室墓，单葬，方向110度。

墓道位于墓室东边，开口于地表下0.35米。平面呈长方形，直壁，底部东端有三级台梯，以下斜坡，长3、宽0.7、深0.4～1.6米。墓道西有砖砌墓门，券顶，顶部已破坏。长0.3、门宽0.3、现存高0.35米。墓门前用砖呈圆弧形封门，现存封门砖高0.25米。

墓室平面呈长方形，南部被M1打破，顶部已被破坏，壁砖已不存，现存为竖穴土圹，直壁，平底。底部现存有部分铺地砖。长2.9、宽1.3、现存高1.6米。在墓室西南角见有头骨一个，其他骨架已不存，头骨周围置放有釉陶壶1件，铜钱20枚、铜镜1件（图一三四；图版二四，1）。

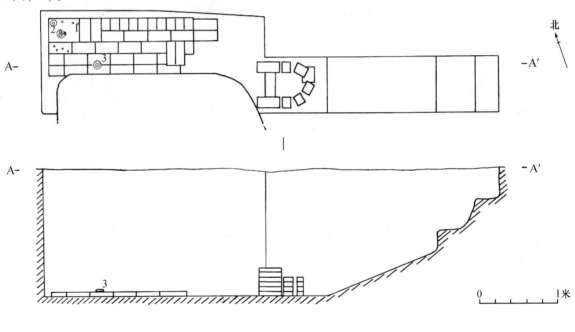

图一三四　XGM11平、剖面图
1. 铜钱　2. 小釉陶壶　3. 铜镜

2. 随葬品

有陶器、铜器等，共22件。

小釉陶壶　1件。XGM11:2。翻沿，圆唇，折肩，斜腹微曲，平底。器表施酱红釉。口径1.4、肩径3.4、底径2、高2.8厘米（图一三五，1；图版三三，1）。

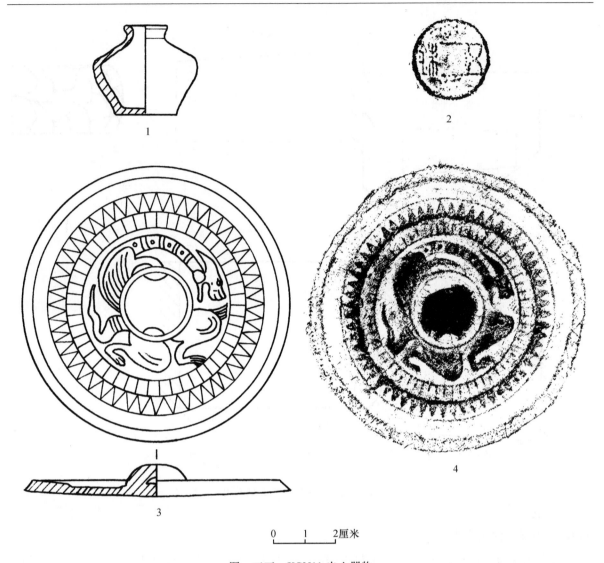

图一三五　XGM11 出土器物

1. 小釉陶壶（XGM11：2）　2. 铜钱（XGM11：1）　3. 铜镜（XGM11：3）　4. 铜镜拓片（XGM11：3）

铜镜　1件。XGM11：3。平面为圆形，镜面鼓。镜背中心置圆纽有孔。纽外围饰一组盘绕龙纹，再向外饰一周芒纹。镜边较宽厚，由一周弦纹将镜边分为内外两部分，内侧饰一周锯齿纹。直径8.6、边缘宽1.1、厚0.4厘米（图一三五，3；图一三五，4；图版三一，1）。

铜钱　20枚。XGM11：1。五铢，篆书。"五"字交笔弯曲，"金"字头呈三角形，"朱"字上下均圆折。直径2.6、肉厚0.1、穿径1厘米，重2.9克（图一三五，2）。

2006XGM12

土洞墓，骨架凌乱，葬式不清，方向190度。

墓道位于墓室南部，开口于地表下0.5米。平面为梯形，竖穴土圹，直壁，平底。长1.7、

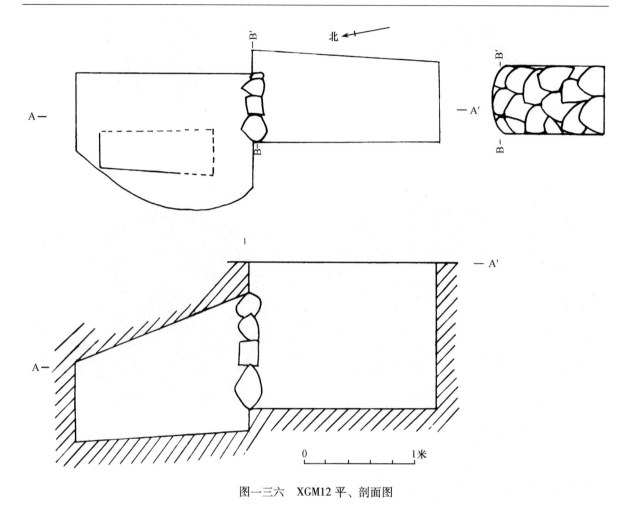

图一三六　XGM12 平、剖面图

宽 0.7 ~ 0.8、深 1.3 米。

　　墓室为土洞，洞口即为墓门，顶部圆拱略平，墓门高 1 米，用石头封堵。墓顶自南向北渐低，平底，墓室底部低于墓道 0.2 米。墓室平面为不规则长方形，长 1.6、最宽 1.2、高南端 1.2、北端 0.7 米。墓室西半部有木棺痕迹，为梯形，长 1.05、宽 0.32 ~ 0.42 米。无骨架，无随葬品。现墓室东半部空置，其面积可放下一具木棺，但现存无痕迹，是否为合葬尚难确定（图一三六）。

2006XGM13

　　土洞墓，墓道窄于墓室，骨架凌乱，葬式不清，方向 200 度。

　　墓道位于墓室南部，开口于地表下 0.5 米。平面为梯形，竖穴土圹，直壁，平底。长 1.8、宽 0.8 ~ 1、深 1.9 米。无封门痕迹。

　　墓室为土洞，洞口即为墓门，顶部圆拱略平，高 1.1 米。墓室顶部自南向北渐低，平底，底部低于墓道 0.2 米。平面为不规则长方形，长 2、宽 1.8 米，南端高 1.3、北端高 1 米。无木棺痕迹，无骨架，无随葬品（图一三七）。

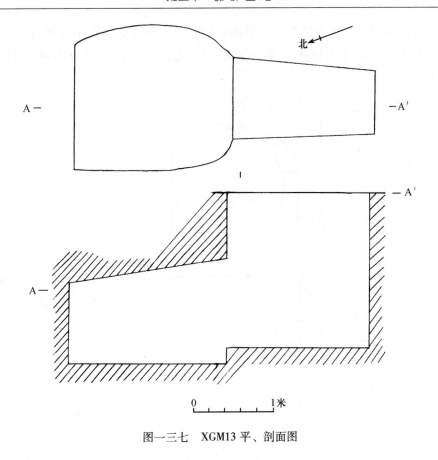

图一三七 XGM13 平、剖面图

2006XGM14

1. 墓葬形制

土洞墓，墓道窄于墓室，单葬，方向200度。

墓道位于墓室南部，开口于地表下0.5米。平面略为楔形，竖穴土圹，直壁，平底。墓道长1.7、宽1~1.2、深2.2米。墓道北有甬道，为土洞，长0.3、宽0.8、高1.7米。甬道口即为墓门，用石块封堵。

墓室为土洞，平面呈弧边方形，顶部自南向北渐低，平底，底部低于墓道0.1米。墓室长1.9、宽1.8~2米，南端高1.7、北端高1.5米。无棺痕，无骨架。在墓室西南角和中部各放置瓷瓶1件（图一三八）。

2. 随葬品

有瓷器2件。

瓷梅瓶 2件。XGM14:1，折沿，尖圆唇，小口，细颈，广肩，瘦长腹，平底。胎质为黄色，器表、器内均施满釉，釉为酱黑色，沿面未施釉。肩部以下至腹中部饰有瓦垅纹。口径6、腹径15.6、底径8.8、高36.8厘米（图一三九，1；彩版一九，6）。XGM14∶2 与 XGM14∶1 形制、大小均相同。

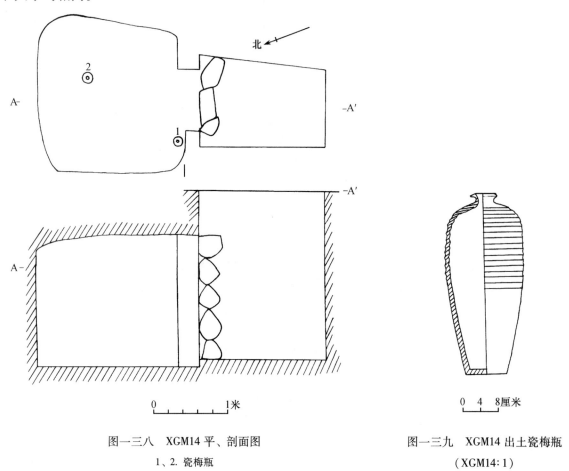

图一三八　XGM14 平、剖面图
1、2. 瓷梅瓶

图一三九　XGM14 出土瓷梅瓶
（XGM14∶1）

2006XGM15

1. 墓葬形制

　　土洞墓，单葬，方向190度。
　　由墓道、甬道、墓室三部分组成。
　　墓道位于墓室南部，开口于地表下0.5米。平面为梯形，竖穴土圹，直壁，平底。墓道南部有现代坟，未挖到头。现存长2.2、宽1.12~1.6、深3.2~3.3米。
　　接墓道后有一甬道，为土洞，平面为长方形，顶为圆拱形，直壁，平底。长0.74、宽0.6、高1.2米。甬道口即为墓门，前有一块石板封门，石板宽0.76、厚0.14、高1.4米。

　　墓室为土洞，洞已塌。平面为椭圆形，顶部圆拱形，直壁，平底。长径3.2、短径2.4、高2.6米。墓室正中置放一石棺，由棺盖、棺身、棺底座三部分组成，棺盖已断裂。石棺正面雕刻有房子一座，棺盖上及两侧阴刻有牡丹花、云纹等。棺身两侧刻有十二孝图。棺底座正面雕刻一台基，四角各浮雕有四个力士像，两侧各雕一组有云纹和犬相间的图案。石棺内有骨架一具，被水浸后，已乱。应为仰身直肢，头向西，面向上。在指骨和骨盆间出有铜钱1枚，在墓室填土中出土瓷碗1件（图一四〇）。

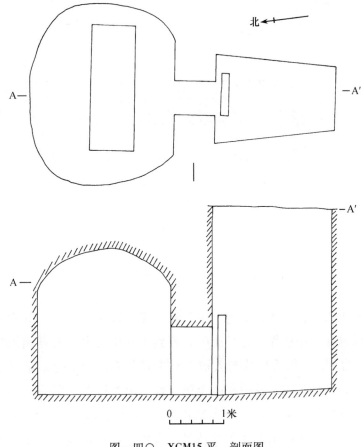

图一四〇　XGM15平、剖面图

　　石棺。由棺盖、棺身、棺底座三部分组成（图一四一）。

　　棺盖，平面呈弧面六棱形，横断面呈弓形，上长219、下长225、宽70～85、厚33厘米。棺盖内有一凹槽，凹槽深2厘米。棺盖正面雕刻屋顶形状。平面上线刻纹饰呈条形状，分为五组，分别是缠枝花纹，四周一圈均为云纹环绕（图一四二）。

　　棺身，平面呈梯形，横断面也呈梯形，上长204、下长201、上宽80、下宽75、高28厘米。棺身正面正中浮雕一双扇门，其中一门微开，一人露上半身向外眺望。门两侧浮雕一男一女像（彩版二〇，1）。棺身两侧分别阴刻有二十四孝图的十二孝，且每一幅多有花栏相隔并标明图名。其中一侧从左往右：第1幅，孟宗行孝。在蓝天白云下，孟宗头带布襟蹲坐在竹林下哭泣，忽然看见地上长出的嫩笋，孟宗又喜出望外。旁边有一文字隔拦，上写：政和元年八月

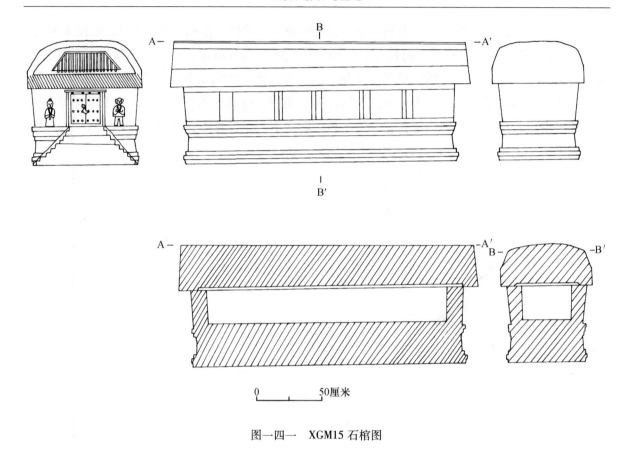

0　　　　　　50厘米

图一四一　　XGM15 石棺图

三十日大葬，王开刘氏二男，王庆，王政。第 2 幅，郭巨行孝。在白云下的一对夫妻，妻子怀抱孩子，丈夫手持铁锹在田中耕作，正挖土时，得到了几块元宝，夫妻俩顿时露出了笑容。第 3 幅，元觉行孝。画面上，一位重病的老人被一对夫妻抛弃，幼小的元觉正在向这对夫妻苦苦求情，不让他们抛弃自己的祖父。花栏相隔至第 4 幅，曾参行孝。有一老妇人坐在板凳上盼儿归来，年轻的曾参从外打柴回来，肩挑着木柴正与自己的老母亲亲切交谈着。花栏相隔至第 5 幅，舜子行孝。画面上是舜子在山上耕种的情景，大象在替他耕地，鸟儿在代他锄草，野猪在代他领路。花栏相隔至第 6 幅，鲁义姑行孝。白云下，鲁义姑怀抱孩子，正截住一个头戴官帽、骑着马的官人，仿佛在说什么，这个官人的旁边有两个侍卫衙役。在石棺的另一侧从右往左：第 1 幅，曹娥行孝。曹娥和他父亲去祀祭河神时，父亲意外掉入江中，曹娥沿江苦苦寻找未见，最后投江寻父。后来人们发现她的尸体，在她怀里还紧紧地抱着父亲的尸体。花栏相隔至第 2 幅，杨香（一作杨昌）行孝。杨香随父亲到田间割稻，忽然跑来一只猛虎，把父亲扑倒叼走，杨香虽手无寸铁，为救父亲，仍全然不顾安危，跳上虎背用尽全身气力扼住猛虎的咽喉。猛虎终于放下父亲跑掉了。花栏相隔至第 3 幅，王補（应为哀）行孝。该画面较为模糊，只能辨认出有一男子跪在地上。花栏相隔至第 4 幅，丁兰行孝。丁兰用木头刻成双亲的雕像，雕像前面置有供桌，桌上放有供品，夫妻俩正在向双亲的雕像作揖行礼。花栏相隔至第 5 幅，王祥行孝。正值天寒地冻的寒冬，王祥解开棉衣袒胸趴在冰上，使冰融化后以捕鱼孝敬父母。

花栏相隔至第6幅，田真行孝。在一棵大树上有一群鸟，正在搭建鸟窝，树下有三个男子，一个男子跪在地上向另外两个人作揖，请求他们不要打树上的鸟儿（图一四三；彩版二〇，2）。

棺底座，为须弥座式。长206、宽80、高28厘米。正面雕刻一高台，两侧有台阶。棺底四角各雕力士一尊。两侧各雕一组有云纹和犬相间的图案。

2. 随葬品

有瓷碗、铜钱等，共4件。

瓷碗　1件。XGM15:1，直口，尖圆唇，斜壁微鼓，圈足底。胎质为灰白色，器表施半釉，器内施满釉，釉为乳白色。口径11.6、底径5.6、高4厘米（图一四四，1）。

铜钱　3枚。XGM15:2，开元通宝，正书，直读。直径2.4、穿径0.7、肉厚0.1厘米，重3.1克（图一四四，2）。

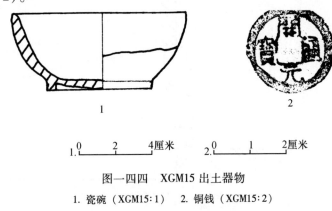

图一四四　XGM15 出土器物

1. 瓷碗（XGM15:1）　2. 铜钱（XGM15:2）

2006XGM16

1. 墓葬形制

土洞墓，单葬，方向210度。

墓道位于墓室南端，开口于地表下0.4米。平面为梯形，竖穴土圹，直壁，平底。长2.3、宽0.9~1.1、深2.6米。墓道和墓室交界处用石块封门，宽1.1、高1.4米。

墓室为土洞，洞口即为墓门，顶部略平。平面为长方形，墓室纵剖面自南向北渐底，平底，底部低于墓道0.5米。长2.5、宽1.9、南端高1.8、北端高1.24米。有木棺痕迹，为长方形，长1.8、宽0.6米，白灰铺底。内葬骨架一具，仰身直肢，头向南，面向上，为女性。在墓室的西壁中部有瓷盂1件，铜钱4枚和铜簪1件（图一四五；图版三〇）。

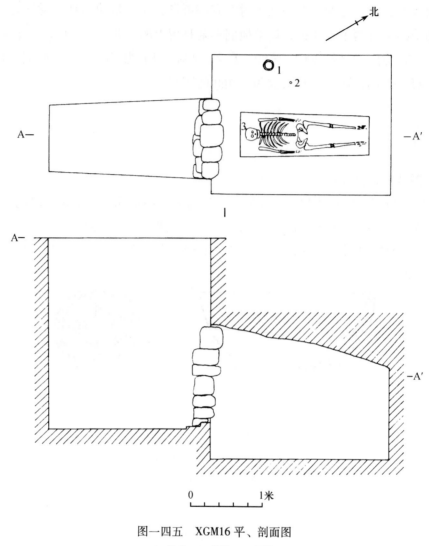

图一四五　XGM16 平、剖面图
1. 瓷盂　2. 铜钱　3. 铜簪

2. 随葬品

有瓷器、铜器等，共 3 件。

瓷盂　1 件。XGM16:1，翻沿，圆唇，鼓腹，圈足底。在腹部有五道竖凹槽将腹部分为五瓣。胎质白中泛红，器表施半釉，器内施满釉，釉色白中泛青。口径 10.4、腹径 11.6、底径 5.8、高 7.2 厘米（图一四六，1；彩版一七，3）。

铜簪　1 件。XGM16:3，整体呈圆棍状。断为数截，无法复原。残长 5.5、直径 0.3 厘米（图一四六，2）。

　　铜钱　4枚。XGM16:2:①，治平元宝，1枚。篆书，直读。直径2.5、穿径0.7、肉厚0.1厘米（图一四六，3）。XGM16:2:②，康熙通宝，1枚。正书，直读。直径2.7、穿径0.6、肉厚0.1厘米（图一四六，4）。XGM16:2:③，顺治通宝，1枚。正书，直读。直径2.5、穿径0.5、肉厚0.1厘米（图一四六，5）。XGM16:2:④，治平元宝，1枚。正书，直读。直径2.3、穿径0.6、肉厚0.1厘米（图一四六，6）。

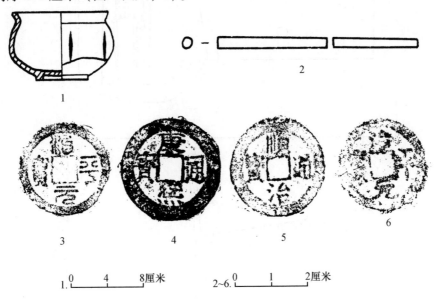

图一四六　XGM16 出土器物

1. 瓷盂（XGM16:1）　　2. 铜簪（XGM16:3）　　3 ~ 6. 铜钱（XGM16:2:①、XGM16:2:②、XGM16:2:③、XGM16:2:④）

2006XGM17

1. 墓葬形制

　　土洞墓，单葬，方向190度。

　　墓道位于墓室南端，开口于地表下0.4米。平面为梯形，竖穴土圹，直壁，底部斜坡。长2.1、宽1 ~ 1.1、深0.9 ~ 1.2米。墓道和墓室交接处用一块整石板封门，宽0.1、高约1米。在墓道东壁中部离底部0.2米处置瓷碗1件。

　　墓室横置，为土洞，洞口即为墓门，顶部已被破坏。平面为椭圆形，直壁，平底，底部低于墓道0.9米。长径2.2、短径1.6、现存高2.2米。有木棺痕迹，为长方形，长1.7、宽0.6米。内葬骨架一具，仰身直肢，头向西，面向上。墓室底部西南角置放瓷盂2件、瓷碗1件，东南角置放瓷碗1件（图一四七）。

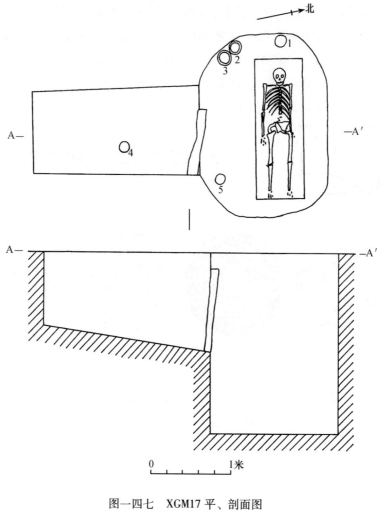

图一四七　XGM17 平、剖面图

1、4、5. 瓷碗　2、3. 瓷盂

2. 随葬品

有瓷器 5 件。

瓷盂　2 件。XGM17：2，翻沿，尖圆唇，圆鼓腹，圈足底。胎为白中泛红，器表施半釉，器内施满釉，釉为乳白色。口径 9.2、腹径 14、底径 7.2、高 10.8 厘米（图一四八，4；彩版一八，1）。XGM17：3，翻沿，圆唇，鼓腹，圈足底。在腹部另有八道竖凹槽，将腹部分为八瓣，上腹部有二周凹弦纹。胎质白中泛红，器表施半釉，器内施满釉。釉色为白色。口径 11.2、腹径 14.4、底径 7.6、高 10.8 厘米（图一四八，5；彩版一八，2）。

瓷碗　3 件。XGM17：1，敞口，尖圆唇，斜壁微鼓，圈足底。胎质为灰白色，器表施半釉，器内施全釉，釉色为乳白色。口径 18、底径 7.2、高 6.8 厘米（图一四八，1；彩版一九，3）。XGM17：4，敞口，圆唇，弧壁，圈足底。胎质白中泛红，器表施半釉，器内施全釉。釉色为乳

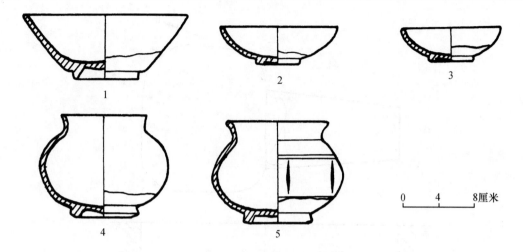

图一四八 XGM17 出土瓷器

1~3. 碗（XGM17:1、XGM17:4、XGM17:5） 4、5. 盂（XGM17:2、XGM17:3）

白色。口径 12.8、底径 5、高 4 厘米（图一四八，2；彩版一九，1）。XGM17:5，敞口，圆唇，弧壁，圈足底。胎质白中泛红，器表施半釉，器内施全釉。釉色为乳白色。口径 11.2、底径 7、高 3.6 厘米（图一四八，3；彩版一九，2）。

2006XGM18

土洞墓，骨架凌乱，葬式不清，方向 200 度。

墓道位于墓室南端，开口于地表下 0.4 米。平面为梯形，竖穴土圹，直壁，底部斜坡。长 1.6、宽 0.6~0.9、深 1~1.2 米。墓道和墓室交接处用石块封门，宽 0.24、现存高 0.3 米。

墓室为土洞，洞口即为墓门，顶部已被破坏。平面为椭圆形，直壁，平底，底部低于墓道约 0.2 米。长径 1.7、短径 1.5、现存高 1.3 米。无骨架，无随葬品（图一四九）。

2006XGM19

土洞墓，合葬，方向 200 度。

墓道位于墓室南端，开口于地表下 0.4 米。平面为梯形，竖穴土圹，直壁，底部斜坡。长 2.2、宽 0.8~1、深 0.8~1 米。在墓道和墓室之间有一甬道，长 0.2、宽 0.8、现存高 1 米。甬道口即为墓门，用石块封堵，宽 0.5、现存高 0.8 米。

墓室为土洞，顶部已被破坏。平面为圆角长方形，直壁，平底，底部低于墓道 0.2 米。长 1.64、宽 1.3、现存高 1.2 米。内葬骨架两具，集中堆积摆放，应为迁葬而来。其中东骨架为黑色，且全部为碎块，未见头骨，疑为被焚烧过。无随葬品（图一五〇；图版二七，1）。

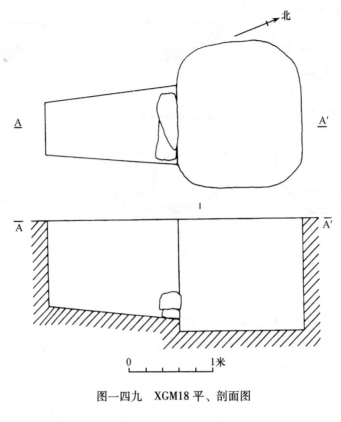

图一四九　XGM18 平、剖面图

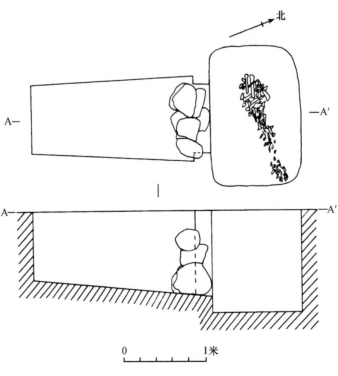

图一五〇　XGM19 平、剖面图

2006XGM20

1. 墓葬形制

土洞墓，单葬，方向190度。

墓道位于墓室南端，开口于地表下0.4米。平面为梯形，竖穴土圹，直壁，底部斜坡。长1.8、宽0.7~0.9、深0.8~1米。无封门痕迹。

墓室横置，为土洞，洞口即为墓门，顶部已破坏。平面为椭圆形，直壁，平底。长径1.8、短径1.3、现存高1.2米。内葬骨架一具，仰身直肢，头向西，面向上，为女性。在骨架的右手骨及椎骨处出铜钱数枚，在墓室填土中出土瓷碗一件（图一五一；图版二八，1）。

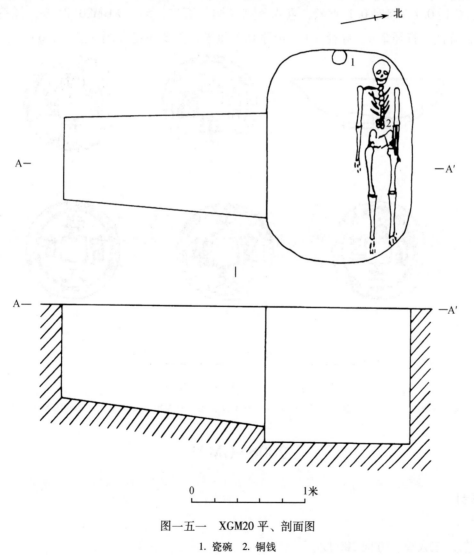

图一五一　XGM20平、剖面图
1. 瓷碗　2. 铜钱

2. 随葬品

有瓷器、铜器等，共6件。

瓷碗　1件。XGM20：1，平折沿，圆唇，弧壁，圈足底。胎质为白色。器表施半釉，器内施全釉，釉为白色。口径16.4、底径6.4、高4.8厘米（图一五二，1；彩版一九，4）。

铜钱　14枚。XGM20：2，为方便记录和描述，在XGM20：2后又编小号①～⑤。XGM20：2：①，太平通宝，2枚。正书，直读。直径2.4、穿径0.6、肉厚0.1厘米，重3.4克（图一五二，2）。XGM20：2：②，开元通宝，2枚，正书，直读。直径2.5、穿径0.6、肉厚0.1厘米，重3.8克（图一五二，3）。XGM20：2：③，至道元宝，1枚。行书，旋读。直径2.4、穿径0.6、肉厚0.1厘米，重4.3克（图一五二，4）。XGM20：2：④，天禧通宝，2枚。正书，旋读。直径2.4、穿径0.7、肉厚0.1厘米，重4.8克（图一五二，5）。XGM20：2：⑤，祥符元宝，7枚。正书，旋读。直径2.4、穿径0.6、肉厚0.1厘米，重3.6克（图一五二，6）。

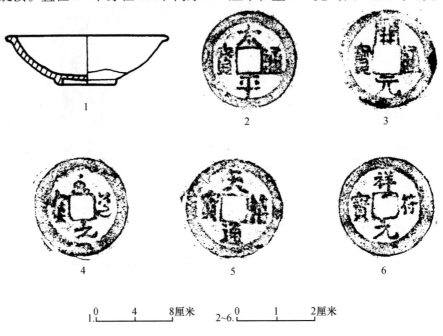

图一五二　XGM20 出土器物

1. 瓷碗（XGM20：1）　　2～6. 铜钱（XGM20：2：①、XGM20：2：②、XGM20：2：③、XGM20：2：④、XGM20：2：⑤）

2006XGM21

1. 墓葬形制

土洞墓，三人葬，方向200度。

墓道位于墓室南端，开口于地表下0.4米。平面为梯形，竖穴土圹，直壁，平底。长1.6、宽 0.7～0.9、深 1.1 米。在墓道和墓室之间有一甬道，长 0.3、宽 0.65、现存高 1.1 米。甬道口即为墓门，顶部已破坏，用石块封堵，现存高 0.22 米。

　　墓室横置，为土洞，顶部已破坏。平面为椭圆形，直壁，平底，底部低于墓道 0.2 米。长径 2、短径 1.3、现存高 1.3 米。内葬骨架三具，均头向西，面向上，呈南北并排排列，全部为集中堆积摆放，应为迁葬。中间一具为黑色块状，骨头较碎乱，疑为焚烧过。南部骨架下出铜钱 2 枚（图一五三；图版二七，2）。

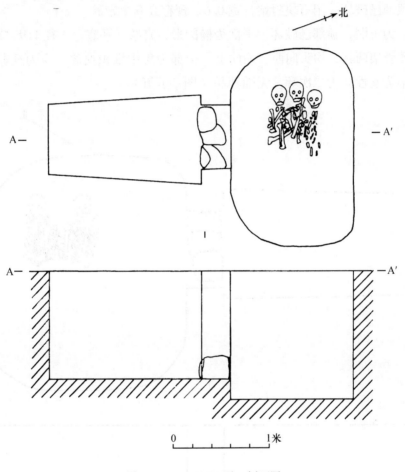

图一五三　XGM21 平、剖面图

2. 随葬品

　　铜钱　2 枚，形制大小均相同。XGM21：1，绍圣元宝，行书，旋读。直径 2.8、穿径 0.7、肉厚 0.2 厘米，重 5.8 克（图一五四，1）。

图一五四　XGM21 出土铜钱
（XGM21：1）

2006XGM22

土洞墓，合葬，方向210度。

墓道位于墓室南端，开口于地表下0.4米。平面为梯形，竖穴土圹，直壁，平底。长1.6、宽0.8～0.9、深1.1米。在墓道和墓室之间有一甬道，长0.3、宽0.65、现存高1.1米。甬道口即为墓门，顶部已破坏，用石块封堵，宽0.6、现存高0.2米。

墓室横置，为土洞，顶部已破坏。平面为椭圆形，直壁，平底。长径1.9、短径1.6、现存高1.1米。内葬骨架两具，均头向西，面向上，全部为集中堆积摆放，应为迁葬。南部骨架为男性，北部骨架为女性。为二次葬。无随葬品（图一五五）。

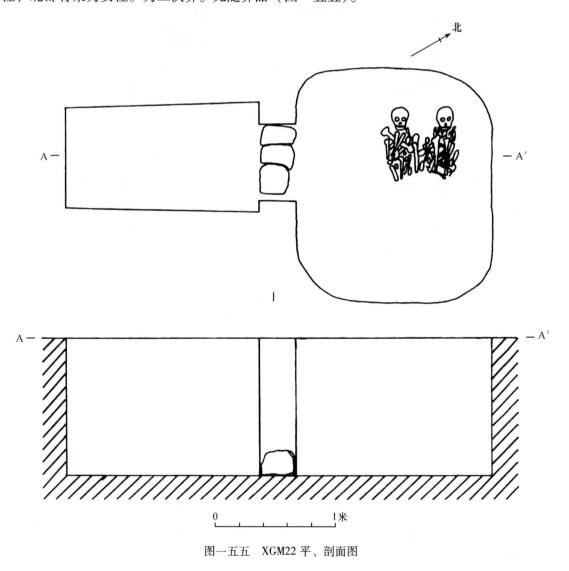

图一五五　XGM22 平、剖面图

2006XGM23

土洞墓，二次葬，方向190度。

墓道位于墓室南端，开口于地表下0.4米。平面为长方形，竖穴土圹，直壁，平底。长1.5、宽1、深1.2米。墓道后有甬道，为土洞，长0.2、宽0.7米。甬道口即为墓门，顶为圆拱形，高0.5米。封门由四块石头拼凑而成，最下端为一块横放的长石板，上端并排放着三块小石板，现存高0.44米。

墓室为土洞，顶部圆拱，自南向北渐高。平面为椭圆形，直壁，平底。长径1.4、短径1米，南端高0.74、北端高1米，底部低于墓道0.1米。内葬骨架一堆，摆放凌乱，数量不明，应为二次葬。无随葬品（图一五六）。

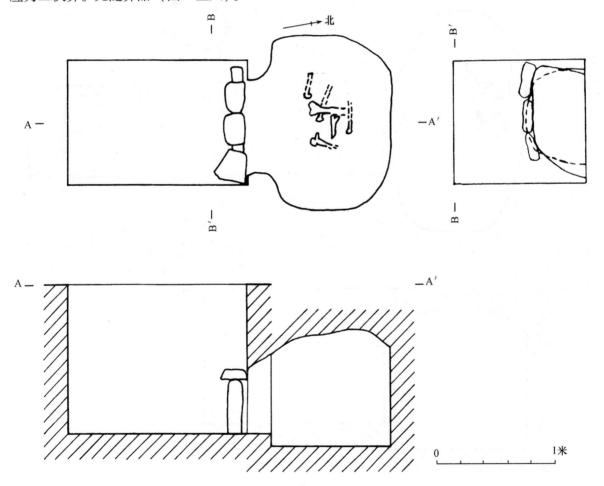

图一五六　XGM23平、剖面图

2006XGM24

土洞墓，合葬，方向 190 度。

墓道位于墓室南端，开口于地表下 0.3 米。平面为长方形，竖穴土圹，直壁，平底。长 1.7、宽 0.8、深 1.2 米。

墓室为土洞，洞口即为墓门，顶部为圆拱形，用石头封门。宽 0.8、现存高 0.7 米。平面为椭圆形，顶部圆拱，直壁，平底。长径 1.9、短径 1.2 米，南端高 1、北端高 0.9 米，底部低于墓道 0.24 米。内葬骨架两具，均头向西，面向上，摆放凌乱，为二次葬。根据其骨骼大小及形状、牙齿的磨损程度判断，北侧骨架为男性，南侧骨架为女性，年龄均在 60 岁左右。无随葬品（图一五七）。

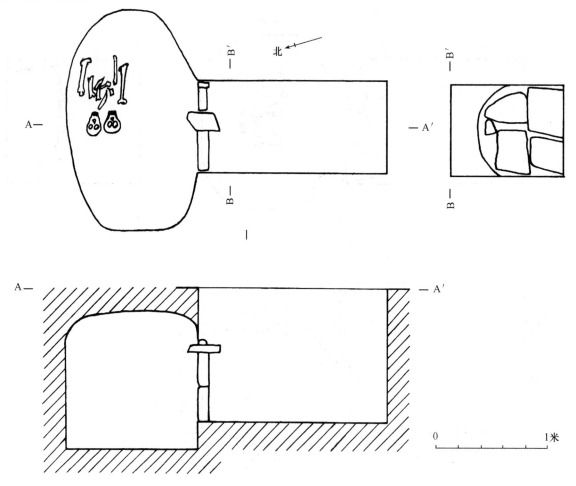

图一五七　XGM24 平、剖面图

2006XGM25

土洞墓，合葬，方向200度。

墓道位于墓室南端，开口于地表下0.4米。平面为梯形，竖穴土圹，直壁，平底。长1.8、宽0.68~0.85、深1.1米。

墓室为土洞，洞口即为墓门，顶部圆拱。宽0.85、高0.7米。用石头封门，现存高约0.52米。平面为圆形，自南向北渐高，平底。直径1.3~1.4米，南端高0.7、北端高0.8米，底部低于墓道0.2米。墓室内有骨架，散乱叠放在一起，根据其骨架数量判断，应为两具，头向西，面向上，应为二次葬。根据其骨骼大小及形状判断，应为一男一女。无随葬品（图一五八；图版二九，1）。

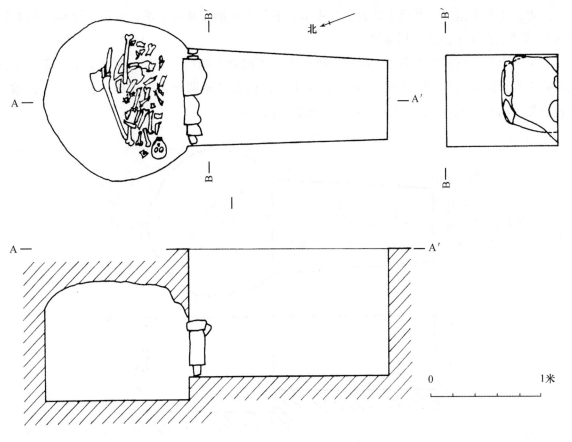

图一五八　XGM25平、剖面图

2006XGM26

土洞墓，骨架凌乱，葬式不清，方向200度。

墓道位于墓室南端，开口于地表下0.4米。平面为长方形，竖穴土圹，直壁，平底。长1.6、宽0.8~0.9、深0.7米。无封门痕迹。

墓室为土洞，洞口即为墓门，洞顶已被破坏。平面近似圆形，直壁，平底。底部低于墓道底部0.2米。长径1.4、短径1.24、现存高0.9米。无骨架。无随葬品（图一五九）。

2006XGM27

土洞墓，二次葬，方向190度。

墓道位于墓室南端，开口于地表下0.4米。平面为梯形，竖穴土圹，直壁，平底。长1.7、宽0.6~0.8、深1米。无封门痕迹。

墓室为土洞，洞口即为墓门，洞顶已被破坏。平面近椭圆形，直壁，平底，底部低于墓道底部0.1米。长径1.6、短径1.3、现存高1.1米。内葬骨架两具，头向西，面向上，摆放较乱，应为二次葬。无随葬品（图一六〇；图版二九，2）。

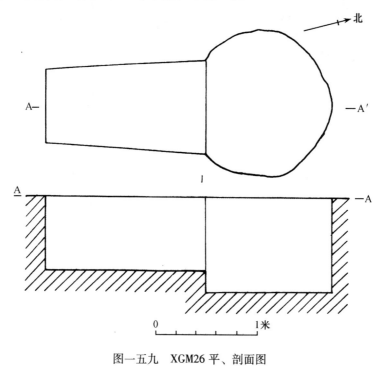

图一五九　XGM26 平、剖面图

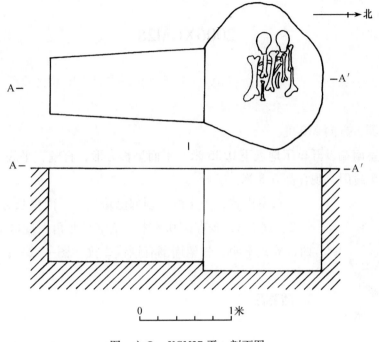

图一六〇 XGM27 平、剖面图

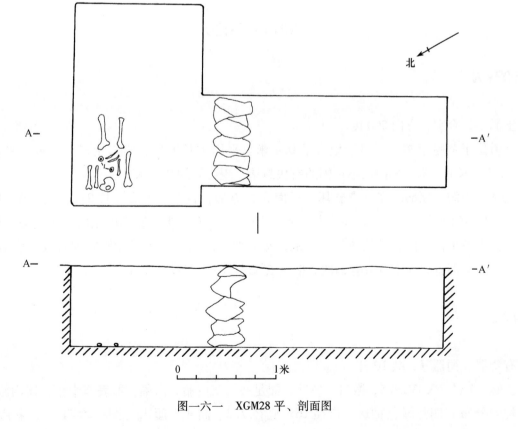

图一六一 XGM28 平、剖面图

2006XGM28

1. 墓葬形制

土洞墓，单葬，方向 210 度。

墓道位于墓室南端，开口于地表下 0.35 米。平面呈长方形，直壁，平底。长 2.5、宽 0.9、深 0.8 米。用石头封门，现存高 0.8 米。

0　　1　　2厘米

图一六二　XGM28 出土铜钱
（XGM28：1）

墓室横置，为土洞，顶部已塌损。平面呈长方形，直壁，平底。长 2、宽 1.3、现存高 0.8 米。墓室东北角发现散乱骨架一具，头向西，葬式不明，骨架周围有铜钱 2 枚（图一六一；图版二八，2）。

2. 随葬品

铜钱　2 枚。XGM28：1。开元通宝，正书直读。直径 2.5、肉厚 0.1、穿径 0.7 厘米（图一六二）。

2006XGM29

1. 墓葬形制

土洞墓，合葬，方向 200 度。

墓道位于墓室南端，开口于地表下 0.4 米。平面为长方形，竖穴土圹，直壁，平底。长 2.7、宽 1、深 1.1 米。墓门用不规则的石块封堵，现存高约 0.9 米。

墓室为土洞，顶部已完全遭破坏。平面为长方形，直壁，平底。长 2.2、宽 1.6、现存高 0.9 米。近墓门处有一长方形小坑，长 1.6、宽 0.4、深 0.2 米，底部由东向西为斜坡。坑内置瓷碗、瓷罐各 1 件。内葬骨架两具，已乱，头向西，面向上。北部骨架周围置放有瓷罐 1 件，铜钱 3 枚。南部骨架周围置放有铜丝 2 根（交叉摆放），铜钱 2 枚（图一六三）。

2. 随葬品

有瓷器、铜器等，共 10 件。

瓷碗　1 件。XGM29：5，敞口，斜壁，圈足底。灰白胎，白釉，器表施半釉，器内施满釉，碗内均匀分布有四片绿色釉斑。口径 16、底径 7.2、高 4.8 厘米（图一六四，3；彩版一五，2）。

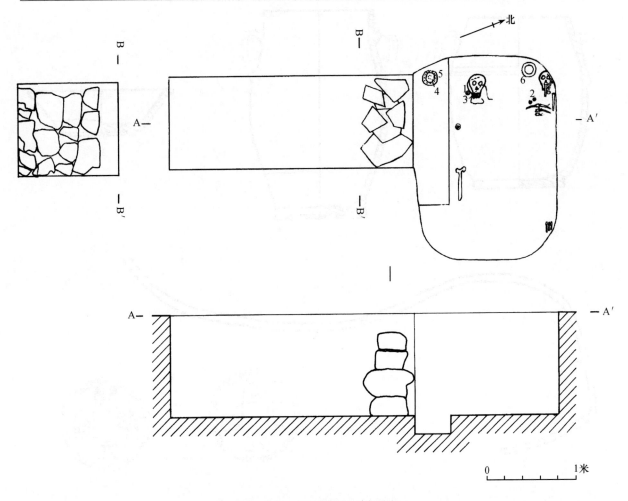

图一六三　XGM29 平、剖面图

1. 铜钱　2. 铜钱　3. 铜丝　4. 瓷双系罐　5. 瓷碗　6. 瓷双系罐

　　瓷双系罐　2 件。XGM29:4，直口微敛，鼓腹，圈足底。口下对置两耳，已残。上腹部有两周凹弦纹。胎色灰白泛红，器表圈足以上施釉，器内底部以上施釉，白釉。在耳周围施有绿釉斑。口径 11.2、腹径 15.2、底径 10、高 18 厘米（图一六四，1；彩版一七，4）。XGM29:6，直口，鼓腹，圈足底。口下对置两耳，已残。胎色灰白，器表、器内均施半釉，黑釉。口径 12、腹径 17.2、底径 12.4、高 22 厘米（图一六四，2；彩版一五，5）。

　　铜丝　2 根。XGM29:3，呈 "S" 形弯曲。残长 12.3、直径 0.2 厘米（图一六四，4）。

　　铜钱　5 枚。XGM29:1，一式 3 枚。开元通宝，正书，直读。直径 2.5、穿径 0.7、肉厚 0.1 厘米，重 3.8 克（图一六四，5）。XGM29:2，一式 2 枚。开元通宝，正书，直读。直径 2.4、穿径 0.7、肉厚 0.1 厘米，重 2.5 克（图一六四，6）。

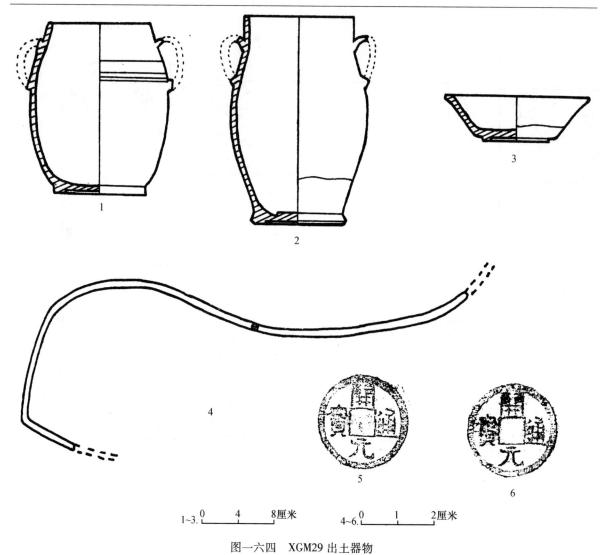

图一六四　XGM29 出土器物

1、2. 瓷双系罐（XGM29∶4、XGM29∶6）　3. 瓷碗（XGM29∶5）　4. 铜丝（XGM29∶3）　5、6. 铜钱（XGM29∶1、XGM29∶2）

2006XGM30

1. 墓葬形制

土洞墓，合葬，方向 190 度。

墓道位于墓室南端，开口于地表下 0.4 米。平面为梯形，竖穴土圹，直壁，平底。长 2、宽 0.6~1、深 1.6 米。在墓道后有一甬道，为土洞，顶部已破坏，长 0.7、宽 1、现存高 1.6 米。用不规则石块封门，分两层，现存高 0.5 米。

墓室为土洞，顶部已完全坍塌。平面为椭圆形，直壁，平底，底部低于墓道 0.2 米。长径 2、短径 1.5、现存高 1.6 米。内葬骨架两具，南为仰身直肢，北为二次葬，均头向西，面向上。在南骨架旁置放铜钱 2 枚（图一六五；图版二五，2）。

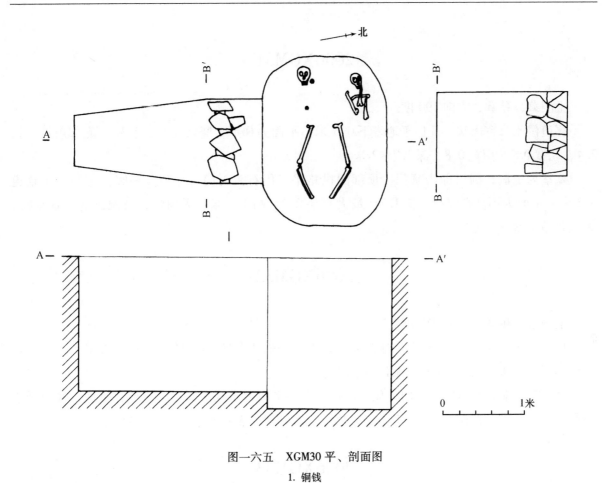

图一六五　XGM30 平、剖面图
1. 铜钱

2. 随葬品

铜钱　2 枚。XGM30:1，为方便记录和描述，在 XGM30:1 后又编小号①、②。XGM30:1:①，开元通宝，正书，直读。直径 3、穿径 0.7、肉厚 0.1 厘米，重 2.5 克（图一六六，1）。XGM30:1:②，五铢，"五"字交笔弯曲，"朱"字上方下圆。直径 2.6、穿径 1、肉厚 0.1 厘米，重 2.8 克（图一六六，2）。

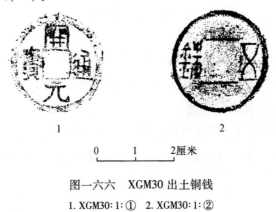

图一六六　XGM30 出土铜钱
1. XGM30:1:①　2. XGM30:1:②

2006XGM31

土洞墓，单葬，方向190度。

墓道位于墓室南端，开口于地表下0.5米。平面为梯形，竖穴土圹，直壁，底部斜坡。长2.4、北宽0.9、南宽0.8、深1.7~2米。

墓室为土洞，洞口即为墓门，顶部圆拱略平，用石头封门。平顶，平底，底部低于墓道0.2米。平面为不规则圆形，长1.7、最大直径2.2、高1.2米。无棺痕，骨架已乱（迁葬?），无随葬品（图一六七）。

2006XGM32

土洞墓，单葬，方向210度。

墓道位于墓室南端，开口于地表下0.5米。平面为长方形，竖穴土圹，直壁，平底。长1.8、宽0.7~0.8、深1.5米。无封门痕迹。

墓室为土洞，洞口即为墓门，顶部圆拱略平。平面为不规则圆形，直壁，平底，底部低于墓道0.1米。最大直径1.2、高1米。无棺痕，无骨架，无随葬品（图一六八）。

2006XGM33

土洞墓，单葬，方向190度。

墓道位于墓室南部，开口于地表下0.5米。平面为长方形，竖穴土圹，直壁，平底。长2.2、宽0.9、深1.2米。无封门痕迹。

墓室为土洞，洞口即为墓门，顶部圆拱略平。平面为椭圆形，顶部稍圆拱，平底。长径2.1、短径1.5、高0.85米。无木棺，无骨架，无随葬品（图一六九）。

2006XGM34

土洞墓，墓道窄于墓室，单葬，方向200度。

墓道位于墓室南部，开口于地表下0.5米。平面约为长方形，竖穴土圹，直壁，平底。长1.7、宽0.6~0.7、深2米，无封门痕迹。

墓室为土洞，洞口即为墓门，顶部圆拱略平。平面为圆形，平顶，平底，墓室底部低于墓道0.1米。直径1.6、高1.1米。无木棺，无骨架，无随葬品（图一七〇）。

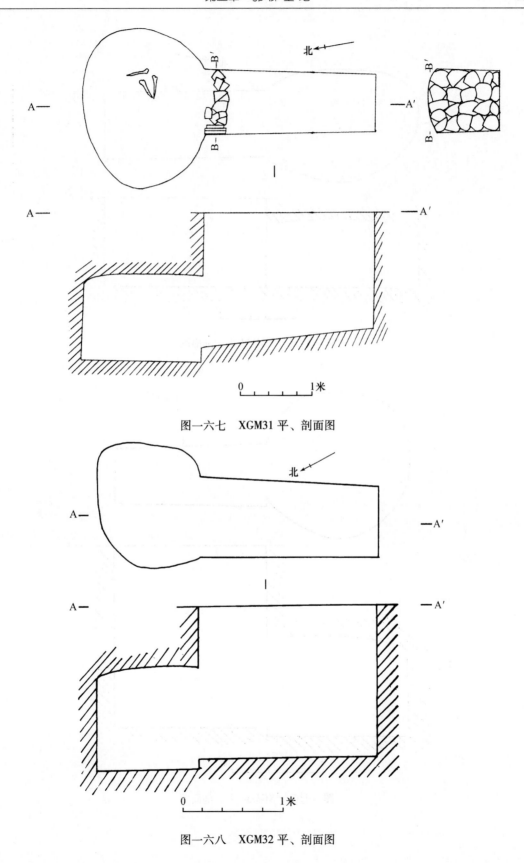

图一六七　XGM31 平、剖面图

图一六八　XGM32 平、剖面图

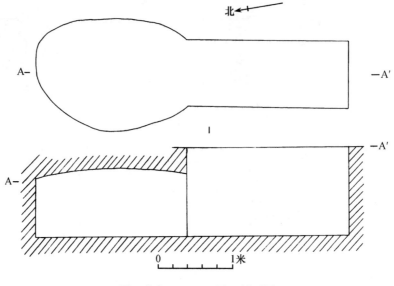

图一六九　XGM33 平、剖面图

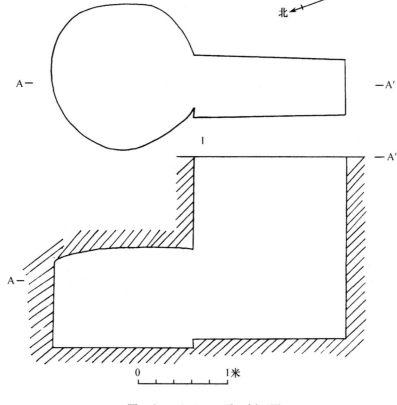

图一七〇　XGM34 平、剖面图

2006XGM35

1. 墓葬形制

土洞墓，方向170度。

墓道位于墓室南端，开口于地表下0.4米。平面为长方形，竖穴土圹，直壁，底部斜坡。长2、宽0.9、深1.3米。无封门痕迹。

墓室为土洞，洞口即为墓门，顶部由南向北渐低。平面为圆角长方形，直壁，底稍斜坡，底部低于墓道底部0.3米。长2.8~3、宽1.3米，南端高1.3、北端高1米。在墓室西部发现一层青灰土（似为棺痕），长1.5、宽0.4~0.5、厚0.03~0.05米。无骨架。在青灰土上发现铜耳环2件（图一七一）。

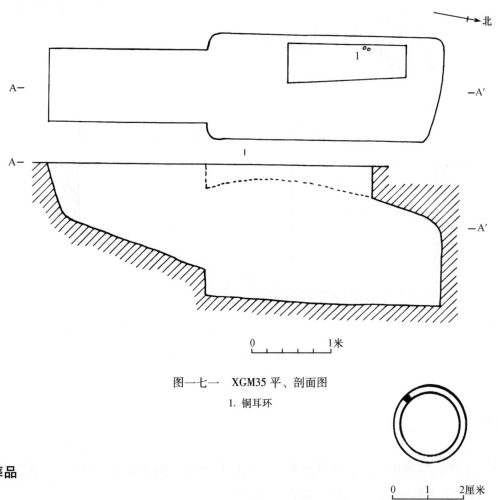

图一七一 XGM35平、剖面图

1. 铜耳环

图一七二 XGM35出土铜耳环

（XGM35∶1）

2. 随葬品

铜耳环 2件，形制大小均相同。XGM35∶1，环形，直径2、环径0.1厘米（图一七二）。

2006XGM36

1. 墓葬形制

　　土洞墓，单葬，方向180度。

　　墓道位于墓室南端，开口于地表下0.4米。平面为长方形，竖穴土圹，直壁，底部斜坡。长2.5、宽0.9、深0.6~1.3米。无封门痕迹。

　　墓室为土洞，洞口即为墓门，洞顶已被破坏。平面近椭圆形，直壁，平底。长径2.2、短径1.3、现存高1.3米。仅发现几块碎骨，似为二次葬。墓室东北角发现铁铲一件（图一七三）。

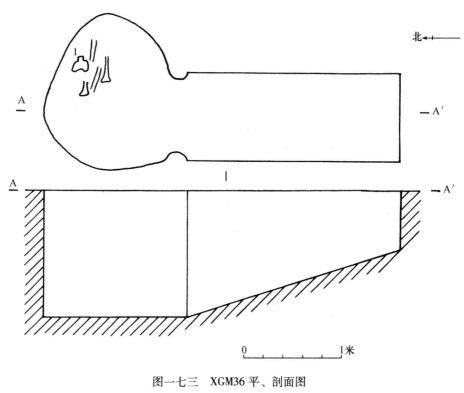

图一七三　XGM36平、剖面图

1. 铁铲

2. 随葬品

　　铁铲　1件。XGM36∶1，平面呈梯形，仅残存其上部，柄端完整，中空，肩部呈圆弧形。宽11.5、残长7.5厘米（图一七四；彩版一六，4）。

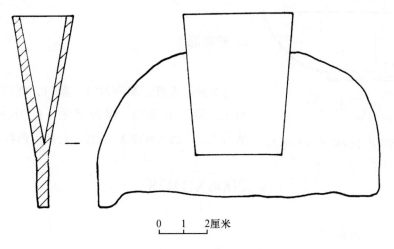

0　1　2厘米

图一七四　XGM36 出土铁铲（XGM36：1）

2006XGM37

1. 墓葬形制

土洞墓，方向 200 度。

墓道位于墓室南端，开口于地表下 0.4 米。平面为长方形，竖穴土圹，直壁，平底。长 1.7、宽 1.1、深 1.1 米。有石块封门，现存封门高 0.8 米。

墓室为土洞，洞口即为墓门，洞顶已被破坏。平面近圆形，直壁，平底。长径 1.6、短径 1.5、现存高 1.1 米。无骨架。在墓室西南角发现瓷碗 1 件（图一七五）。

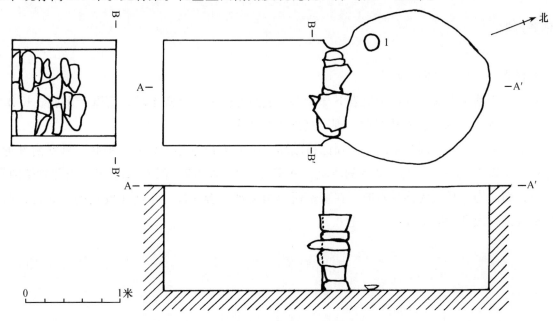

0　　　　　1米

图一七五　XGM37 平、剖面图

1. 瓷碗

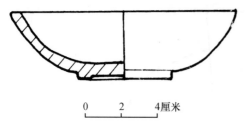

0   2   4厘米

图一七六　XGM37 出土瓷碗（XGM37∶1）

2. 随葬品

瓷碗　1件。XGM37∶1，敞口，弧壁，圈足底。胎成灰色，器表施半釉，器内满釉，釉为白色。口径 12.4、底径 5.2、高 3.6 厘米（图一七六；彩版一九，5）。

2006XGM38

土洞墓，合葬，方向 200 度。

墓道位于墓室南端，开口于地表下 0.4 米。平面为长方形，竖穴土圹，直壁，平底。长 1.2、宽 2.4、深 2.1 米，在墓道北壁掏出两个土洞墓室。封门由石块堆砌而成。

西墓室为土洞，洞口即为墓门，呈圆拱形，宽 0.8、高 1.1 米。墓室平面为长方形，顶部为穹隆顶，直壁，平底。长 1.6、宽 1.1、洞高 1.3 米。内葬骨架两具，头向西，面向上，为二次葬。无随葬品。

东墓室为土洞，洞口即为墓门，墓门呈圆拱形。高 1、宽 0.8 米。平面为多边形，顶部为穹隆顶，直壁，平底。长 1.8、宽 1.3、洞高 1.2 米。内葬骨架两具，头向西，面向上，为二次葬。无随葬品（图一七七）。

2006XGM39

1. 墓葬形制

土洞墓，合葬，方向 200 度。

墓道位于墓室南端，开口于地表下 0.3 米。平面为梯形，竖穴土圹，直壁，平底。长 2.8、宽 0.8 ~ 1、深 1.9 米。有石块封门，现存高度为 0.3 米。

墓室为土洞，洞口即为墓门，洞顶已被破坏。平面为长方形，直壁，平底。墓室南部近墓门处有一长 2.7、宽 0.7、深 0.2 米的浅坑。墓室长 2.7、宽 2.2、深 2 ~ 2.2 米。内葬骨架两具，头向西，面向南，葬式为仰身直肢。在墓室西南角发现瓷碗一件，东南角发现陶瓶 3 件，西北部发现铜镜一面和铜簪 1 件（图一七八）。

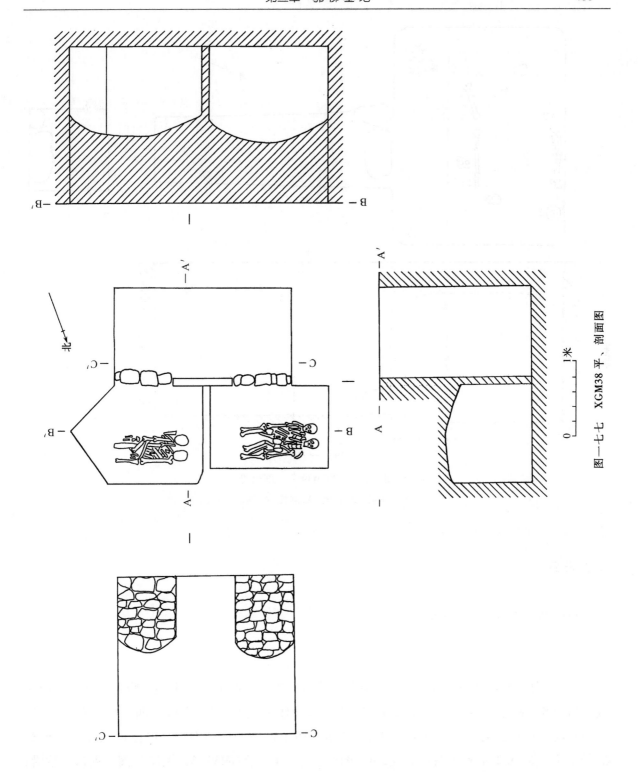

图一七七 XGM38 平、剖面图

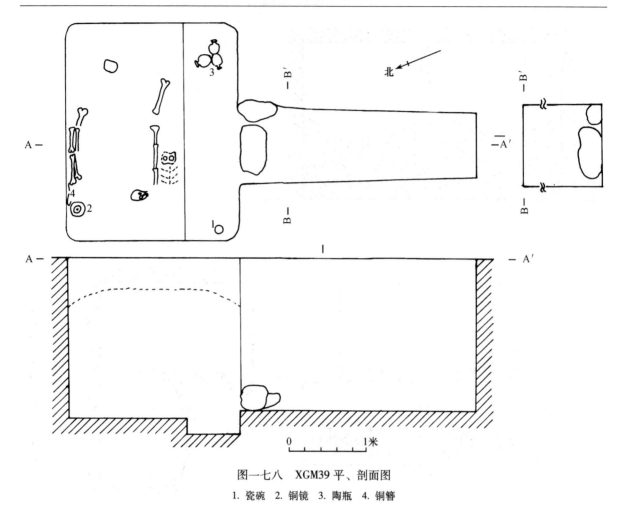

图一七八　XGM39 平、剖面图

1. 瓷碗　2. 铜镜　3. 陶瓶　4. 铜簪

2. 随葬品

有陶器、瓷器、铜器共6件。

（1）陶器

瓶　3件。XGM39:3，泥质灰陶。翻沿，圆唇，束颈，圆鼓腹，平底。腹上部饰四周圆涡纹。口径8、腹径18.4、底径7.8、高25.7厘米（图一七九，3；图版三四，4）。XGM39:5，泥质灰陶。敞口，尖圆唇，束颈，鼓腹，平底。腹上部饰四周圆涡纹。口径8.1、腹径16.8、底径9.5、高23.2厘米（图一七九，4；图版三五，1）。XGM39:6，泥质灰陶。敞口，翻沿，尖圆唇，鼓腹，平底。腹上部饰四周圆涡纹。口径7.2、腹径16.4、底径7.6、高22.4厘米（图一七九，6；图版三五，2）。

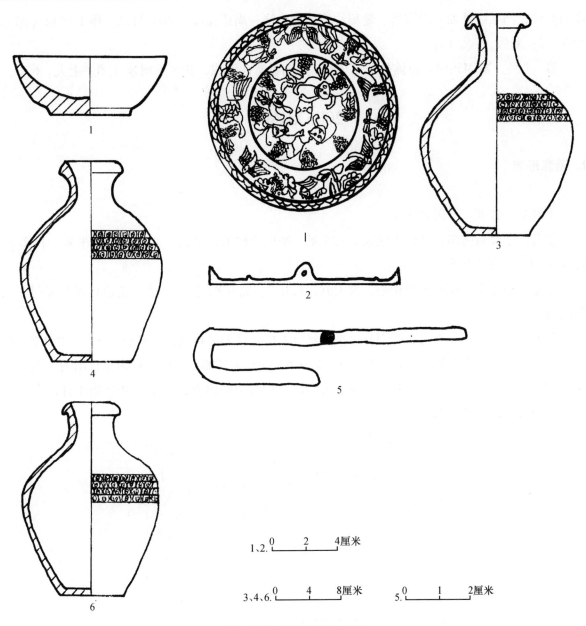

图一七九　XGM39 出土器物

1. 瓷碗（XGM39：1）　2. 铜镜（XGM39：2）　3、4、6. 陶瓶（XGM39：3、XGM39：5、XGM39：6）　5. 铜簪（XGM39：4）

（2）瓷器

碗　1件，XGM39：1。敞口，圆唇，斜壁，假圈足。胎成灰色，器表无釉，器内满釉，釉色为红褐色。口径9.2、底径4.2、高3.4厘米（图一七九，1；彩版一五，3）。

（3）铜器

镜　1件，XGM39：2。平面呈圆形，器表镀锡，镜面光滑明亮，镜缘较厚，镜背整体向内凹，中间为纽，呈蟾蜍匍匐状，中间穿孔，孔径0.4厘米。纽周饰四兽及葡萄纹饰，向外饰一周凸弦纹，凸弦纹外饰一周飞鸟、葡萄纹饰，镜边饰一周连弧纹。直径11.2、厚1厘米（图一七九，2；彩版一六，1）。

簪　1件，XGM39:4。整体呈"U"形，用铜棍弯曲而成，长8.1厘米（图一七九，6）。

2006XGM40

1. 墓葬形制

土洞墓，合葬，方向210度。

墓道位于墓室南部，开口于地表下0.5米。平面为梯形，竖穴土圹，直壁，平底。长2.3、宽0.8~1.3、深1.9米。

墓道和墓室交接处有甬道相连，为土洞，长0.2、宽0.9、高1.5米。甬道口即为墓门，无封门痕迹。

墓室为土洞，平面为可分两部分，平面略呈方形，顶部平略圆拱，总长2.3、最宽2.8、最高1.7米。在墓室前半部正中有一长0.9、宽0.8、深0.1米的小方坑，疑为祀祭用的。在墓室北部有两具骨架已扰乱，疑为仰身直肢，头向西。在骨架南出有铜钱2枚和陶罐1件，在骨架西出有瓷盂1件（图一八〇）。

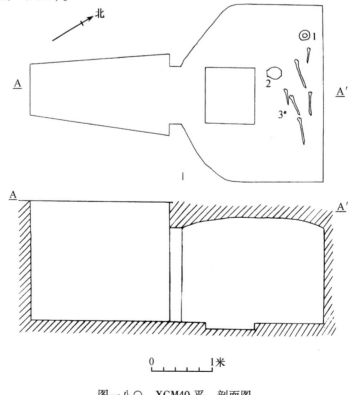

图一八〇　XGM40 平、剖面图

1. 瓷盂　2. 陶大口罐　3. 铜钱

2. 随葬品

有陶器、瓷器、铜器共 17 件。

陶大口罐　1 件。XGM40:2，泥质灰陶。翻沿，圆唇，鼓腹，下腹微曲，平底。口径 12.8、腹径 20、底径 9.6、高 20.4 厘米（图一八一，2；图版三三，2）。

瓷盂　1 件。XGM40:1，翻沿、圆唇，圆鼓腹，假圈足。胎质为土黄色，器表施半釉，器内釉不均匀，釉为黑色。口径 8.8、腹径 15.2、底径 6.8、高 12 厘米（图一八一，1；彩版一八，3）。

铜钱　15 枚。XGM40:3:①，天圣元宝，7 枚。隶书，旋读。直径 2.4、穿径 0.6、肉厚 0.1 厘米，重量 3.7 克（图一八一，3）。XGM40:3:②，开元通宝，8 枚，正书，直读。直径 2.4、穿径 0.7、肉厚 0.1 厘米，重量 3.1 克（图一八一，4）。

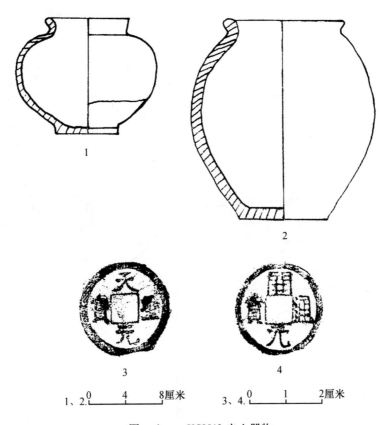

图一八一　XGM40 出土器物

1. 瓷盂（XGM40:1）　2. 陶大口罐（XGM40:2）　3、4. 铜钱（XGM40:3:①、XGM40:3:②）

2006XGM41

1. 墓葬形制

　　土洞墓，墓道窄于墓室，合葬，方向190度。

　　墓道位于墓室南部，开口于地表下0.5米。平面为梯形，竖穴土圹，直壁，平底。长2.4、宽0.8～1.1、深1.1米。无封门痕迹。

　　墓室为土洞，洞已塌，高度不明。平面为椭圆形，直壁，平底。长径2.4、短径2、现存高1.1米。底部低于墓道0.1米。无木棺痕迹。内葬骨架两具，仰身直肢，头向西，面向上。在墓室西半部出有三彩炉1件、三彩注1件，陶罐、瓷碗、瓷盏、铜镜各1件（图一八二；彩版一四，1）。

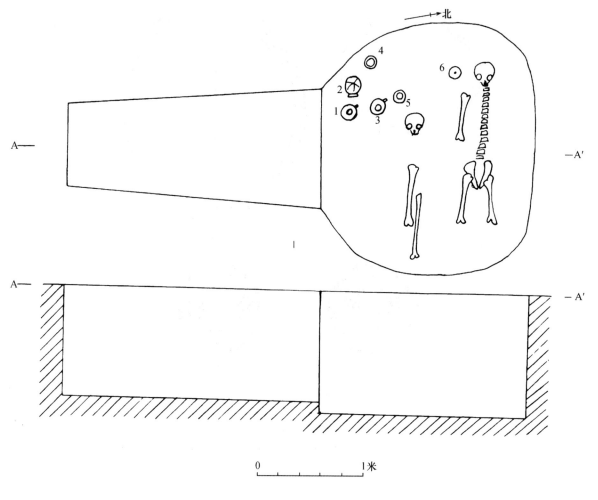

图一八二　XGM41 平、剖面图

1. 三彩炉（XGM41:1）　　2. 陶双系罐（XGM41:2）　　3. 三彩注子（XGM41:3）　　4. 瓷碗（XGM41:4）　　5. 瓷盏（XGM41:5）
6. 铜镜（XGM41:6）

2. 随葬品

有三彩器、陶器、瓷器、铜器等共6件。

三彩炉　1件。XGM41:1，翻沿，圆唇，圆鼓腹，圜底微平，三足已残。胎质为土黄色，器表施半釉，口沿器内黄釉，器内施釉不均匀。器表釉以绿色釉为主，点缀有白色斑点，施釉部分下半部为黄釉，三足均为黄釉。肩部饰有两周凹弦纹。口径 12.5、腹径 18.7、底径 8.5、残高 12.5 厘米（图一八三，3；彩版一七，1）。

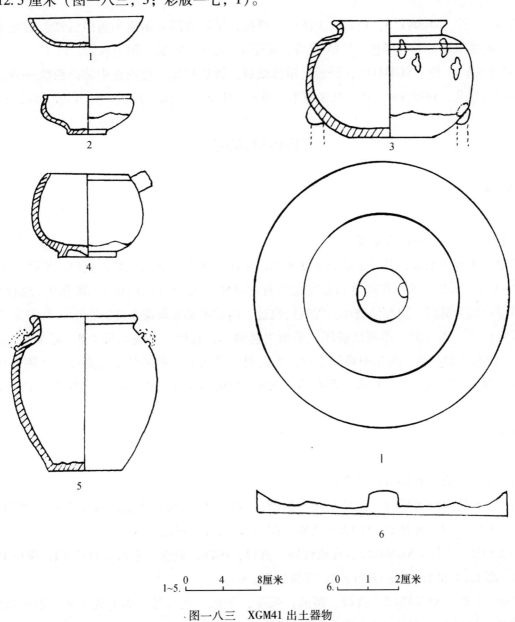

1~5. 0　4　8厘米　　6. 0　1　2厘米

图一八三　XGM41 出土器物

1. 瓷盏（XGM41:5）　2. 瓷碗（XGM41:4）　3. 三彩炉（XGM41:1）　4. 三彩注子（XGM41:3）

5. 陶双系罐（XGM41:2）　6. 铜弦纹镜（XGM41:6）

三彩注子　1件。XGM41:3，敛口尖唇，圆鼓腹，圈足底。胎质为土黄色，器表施釉不到底，器内无釉，釉为绿色、黄色两种，器表釉部分脱落，一侧有短鋬。口径9.8、腹径12.2、底径6.5、高9厘米（图一八三，4；彩版一七，2）。

陶双系罐　1件。XGM41:2，卷沿，圆唇，鼓腹，平底，器内底部不平。口下有两耳，已残。口径12、底径8、腹径16、高16厘米（图一八三，5；图版三五，4）。

瓷碗　1件。XGM41:4，直口，圆唇，弧壁，假圈足。胎较厚，胎质为黄中泛红色，器表施半釉，器内满釉，釉为黄色。口径10.2、底径4.4、高4.2厘米（图一八三，2；彩版一五，3）。

瓷盏　1件。XGM41:5，直口，尖圆唇，弧壁，平底微凹。胎质为黄中泛红，器表施釉不到底，器内施满釉，釉为黑色。口径12.5、底径6、高3.7厘米（图一八三，1）。

铜弦纹镜　1件。XGM41:6，圆形，镜面微鼓，镜边较厚，镜内正中饰凸弦纹一周，球形纽，中间有穿孔，直径8.4、边厚0.8厘米，重量201.2克（图一八三，6；彩版一六，2）。

2006XGM42

1. 墓葬形制

土洞墓，合葬，方向200度。

墓道位于墓室南端，开口于地表下0.4米。平面为梯形，竖穴土圹，直壁，平底。长0.8、宽0.9~1.1、深0.6米。在墓道和墓室之间有一甬道，为土洞，长0.4、宽0.9、现存高0.6米。甬道口即为墓门，顶部已破坏。无封门痕迹。甬道中部置陶罐1件。

墓室横置，为土洞，顶部已破坏。平面为椭圆形，直壁，平底。长1.8、宽1.5、现存高0.6米。内葬骨架两具，为集中堆积摆放，头向西，面向上。南侧骨架为男性，北侧骨架为女性。在头骨前出铜镜1件，在墓室西南部置陶罐和瓷碗各1件（图一八四；图版二六，2）。

2. 随葬品

有陶器、瓷器、铜器等，共4件。

陶瓶　1件。XGM42:1，泥质灰陶。翻沿，圆唇，圆鼓腹，平底。腹上部饰三周圆涡纹。口径6、腹径13.4、底径8、高17.6厘米（图一八五，1；图版三五，4）。

陶大口罐　1件。XGM42:2，泥质红陶。直口，圆唇，鼓腹，平底。口径10、腹径15、底径9.2、高12.4厘米（图一八五，2；图版三五，6）。

瓷碗　1件。XGM42:3，直口，圆唇，弧壁，平底。灰白胎，器表施半釉，器内施满釉，釉为酱色。口径10、底径4.8、高4厘米（图一八五，3）。

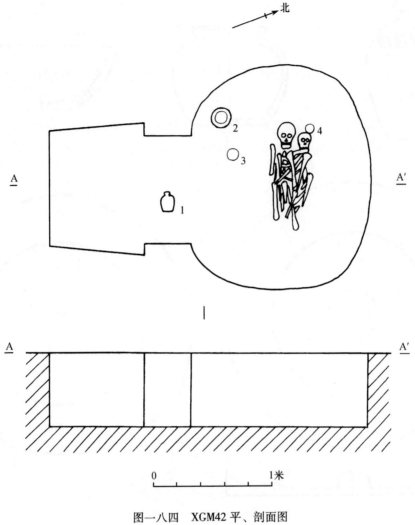

图一八四 XGM42 平、剖面图

1. 陶瓶 2. 陶大口罐 3. 瓷碗 4. 铜镜

弦纹铜镜 1件。XGM42:4，圆形。镜面微鼓，镜边较厚，镜内正中饰凸弦纹一周，球形纽中间有孔。直径8.4、边厚0.8厘米，重154.5克（图一八五，4；图一八五，5；彩版一六，3）。

2006XGM43

1. 墓葬形制

土洞墓，方向190度。

墓道位于墓室南端，开口于地表下0.3米。平面为梯形，竖穴土圹，直壁，平底。长2.3、宽0.94~1.04、深0.9米。无封门痕迹。

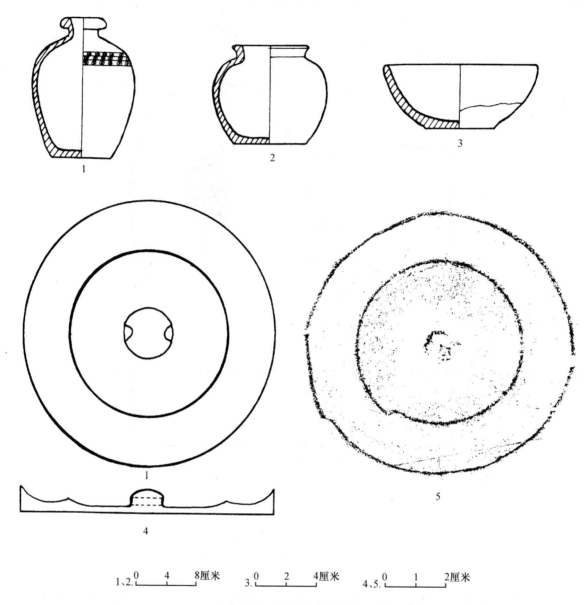

图一八五　XGM42 出土器物

1. 陶瓶（XGM42:1）　2. 陶大口罐（XGM42:2）　3. 瓷碗（XGM42:3）　4. 弦纹铜镜（XGM42:4）

5. 弦纹铜镜拓片（XGM42:4）

墓室为土洞，顶部已破坏。平面为不规则椭圆形，直壁，平底。长径 2.2、短径 1.6、现存高 0.9 米。无骨架，无棺痕。在墓室的西南角置放瓷大口罐 1 件（图一八六）。

2. 随葬品

瓷大口罐　1 件。XGM43:1，翻沿，尖唇，鼓腹，圈足底。灰白胎，器表施半釉，器内无釉，釉为黑色。口径 7.2、腹径 11.6、底径 6、高 8.4 厘米（图一八七；彩版一八，4）。

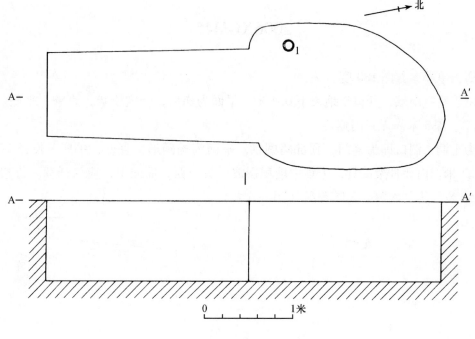

图一八六 XGM43 平、剖面图
1. 瓷大口罐

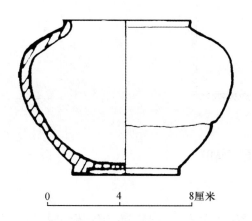

图一八七 XGM43 出土瓷大口罐（XGM43:1）

2006XGM44

土洞墓，单葬，方向190度。

墓道位于墓室南部，开口于地表下0.5米。平面为长方形，竖穴土圹，直壁，平底。长2.4、宽1.2、深3.2米。无封门痕迹。

墓室为土洞，洞口即为墓门，顶部圆拱形，门高1.5米。墓室平面为弧边长方形，平顶、平底。长1.9、宽2.6、高1.6米。无木棺痕迹。有骨架一具，已扰乱，仅见几根乱骨。无随葬品（图一八八）。

2006XGM45

土洞墓，单葬，方向180度。

墓道位于墓室南端，开口于地表下0.4米。平面为梯形，竖穴土圹，直壁，平底。长2.1、宽0.8~1.2、深3米。无封门痕迹。

墓室为土洞，洞口即为墓门，顶部略圆拱。平面为椭圆形，直壁，平底。长径1.6、短径1、洞高1.7米。内葬骨架一具，为集中堆积摆放，头向西，面向上，应为迁葬。骨架为男性，年龄约在50岁，为二次葬。无随葬品（图一八九）。

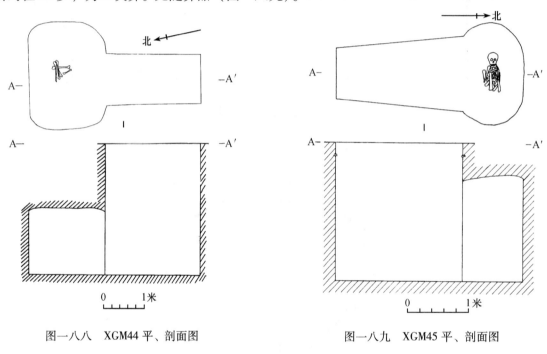

图一八八　XGM44 平、剖面图　　　　　图一八九　XGM45 平、剖面图

第二节　墓葬的类型分析

新乡郭柳墓地共有编号墓葬45座，分属于汉、唐、宋、清等时代。按墓葬形制又可分为土洞墓、砖室墓、竖穴土坑墓三类。下面按时代先后对这些墓葬进行类型分析（参见附表二）。

一、汉　代

仅有1座，XGM11，为单室砖墓。墓道为长方形斜坡加台阶式土圹墓道。墓门用砖垒砌，顶部已破坏。封门用平砖成弧形封堵。墓室平面呈长方形，南壁和全部壁砖及顶部均遭破坏，仅存部分铺地砖。

二、唐 代

全部为土洞墓，共 12 座。均为竖井式墓道，可分为 A、B 两型。

A 型 5 座。墓道平面形状为梯形（或楔形），可分为两个亚型。

Aa 型 2 座。长方形墓室，墓室横置。有 XGM4、XGM39。其中 XGM4 有土洞甬道，XGM39 墓室分前后两个部分，前半部分低于后半部的 0.2 米，前半部分葬随葬品，后半部分葬骨架。

Ab 型 3 座。为椭圆形墓室，墓室横置。有 XGM30、XGM41、XGM42。其中 XGM42 有土洞甬道。

B 型 7 座。墓道平面形状为长方形，可分为三个亚型。

Ba 型 1 座。XGM9，长方形墓室。

Bb 型 4 座。方形墓室。有 XGM5、XGM6、XGM7、XGM8。其中 XGM5 墓道墓室交接处底部有一浅方坑，墓室后半部有熟土棺床。XGM6 有土洞甬道，墓室东壁有侧室一个。XGM7 墓道接墓室处有封门槽。XGM8 墓道两壁有脚窝。

Bc 型 2 座。椭圆形墓室。有 XGM3、XGM29。其中 XGM3 有土洞甬道。XGM29 墓室分前后两部分，前半部分低于后半部分 0.2 米。前半部分置随葬品，后半部分葬骨架。

三、宋 代

全部为土洞墓，共 31 座。均为竖井式墓道，可分为 A、B 两型。

A 型 19 座。墓道平面形状为梯形（或楔形），可分为三个亚型。

Aa 型 2 座。不规则长方形墓室。XGM12、XGM13。墓室均低于墓道 0.2 米，其中 XGM12 用石块封门。

Ab 型 2 座。不规则方形墓室。XGM14、XGM40。均有甬道，其中 XGM40 墓室前部有一方形浅坑。XGM14 用石块封门。

Ac 型 15 座。椭圆形墓室。XGM15、XGM17、XGM18、XGM19、XGM20、XGM21、XGM22、XGM25、XGM26、XGM27、XGM31、XGM32、XGM34、XGM43、XGM45。其中 14 座墓室横置，1 座墓室顺置，4 座有土洞甬道，8 座用石块或石板封门，8 座墓室低于墓道 0.1~0.2 米。

B 型 12 座。墓道平面形状为长方形，可分为三个亚型。

Ba 型 3 座。长方形墓室。XGM10、XGM28、XGM35。其中 XGM28 墓室横置、用石块封门，XGM10 底部倾斜、合葬。

Bb 型　8 座。椭圆形墓室。XGM1、XGM2、XGM23、XGM24、XGM33、XGM36、XGM37、XGM44。其中 7 座墓室横置，1 座顺置，其中 4 座有土洞甬道，2 座墓室低于墓道 0.1～0.25 米。XGM2 墓室分前后两部分，前半部分低于后半部分 0.06 米。5 座用石块或石板封门。

Bc 型　1 座。XGM38，多室墓。在墓道北侧对称开两个墓室，用石头封门。两个墓室均横置、合葬。

四、清　　代

仅有 1 座，XGM16，为土洞墓。墓道为梯形竖井式，用石块封门。墓室平面呈长方形，单葬。

第三节　墓葬出土主要器物的型式分析

新乡郭柳墓地 45 座墓葬中有 19 座无随葬品，所余 26 座墓葬共出土陶、三彩、瓷、铜、铁、金器等各类器物 108 件。分属于汉、唐、宋、清等时代。下面按时代先后对墓葬出土器物进行型式分析（参见附表五）。

一、汉　　代

1. 陶器

共 1 件。

小釉陶壶　1 件。XGM11：2。翻沿，圆唇，折肩，斜腹微曲，平底。器表施酱红釉。

2. 铜器

共 1 件，另有铜钱 22 枚。

铜镜　1 件。XGM11：3。平面为圆形，镜面鼓。镜背中心置圆纽有孔。纽外围饰一组盘绕龙纹，再向外饰一周芒纹。镜边较宽厚，由一周弦纹将镜边分为内外两部分，内侧饰一周锯齿纹。

铜钱　均为五铢，共 22 枚。分三型。

A 型　1 枚。XGM30：1：②，"五"字交笔稍直，"铢"字的"朱"字头方折。

B 型　20 枚。XGM11：1，"五"字交笔弯曲，"铢"字的"朱"字上下圆折。

C 型　1 枚。XGM9：1：②，剪轮五铢。

二、唐　代

1. 陶器

共12件。

大口罐　2件。XGM4:2，直口，圆唇，鼓腹，平底。XGM42:2，直口，圆唇，鼓腹，平底。

盖罐　2件。XGM6:1，母口，鼓腹，平底。带盖，为子口，板状，正中有一圆柱形纽。XGM7:1，口部圆唇，内置母口，鼓肩，圆腹弧壁，平底。带盖，平面呈圆形，上部中心置圆柱形纽。盖下为为子口。

双系罐　3件。分A、B、C三型。

A型　1件。造型矮胖，XGM8:6，直口，折肩，鼓腹，平底。肩上对置两耳，已残，素面。

B型　1件。造型匀称，XGM5:2，小翻沿，圆唇，鼓腹，平底。沿下两侧各有一耳，素面。

C型　1件。造型瘦高，XGM41:2，卷沿，圆唇，鼓腹，平底，器内底部不平。口下有两耳，已残。

瓶　4件。分A、B两型。

A型　1件。整体造型矮胖。XGM42:1，翻沿，圆唇，圆鼓腹，平底。腹上部饰三周圆涡纹。

B型　3件。整体造型匀称。XGM39:3，泥质灰陶。翻沿，圆唇，束颈，圆鼓腹，平底。腹上部饰四周圆涡纹。XGM39:5，泥质灰陶。敞口，尖圆唇，束颈，鼓腹，平底。腹上部饰四周圆涡纹。HBM39:6，泥质灰陶。敞口，翻沿，尖圆唇，鼓腹，平底。腹上部饰四周圆涡纹。

陶砚　1件。XGM8:4，平面呈铲形，四边均有弧度，前后外弧，两侧内弧。前端开口，两侧及后部起沿。沿较直，略有弧度，平底，底部近口处下置两柱形足，一足残。

2. 三彩器

共2件。

炉　1件。XGM41:1，翻沿，圆唇，圆鼓腹，圜底微平，三足已残。胎质为土黄色，器表施半釉，口沿器内施黄釉，器内施釉不均匀。器表釉以绿色釉为主，点缀有白色斑点，施釉部分下半部为黄釉，三足均为黄釉。肩部施有两周凹弦纹。

注子　1件。XGM41:3，敛口尖唇，圆鼓腹，圈足底。胎质为土黄色，器表施釉不到底，器内无釉，釉为绿色、黄色两种，器表釉部分脱落，一侧有短鋬。

3. 瓷器

共 8 件。

碗　5 件。分 A、B、C 三型。

A 型　1 件。平底，XGM42：3，直口，圆唇，弧壁，平底。灰白胎，器表施半釉，器内施满釉，釉为酱色。

B 型　3 件。假圈足底。XGM41：4、XGM4：1，直口，圆唇，弧壁，假圈足。胎较厚，胎质为黄中泛红色，器表施半釉，器内满釉，釉为黄色。XGM39：1，敞口，圆唇，斜壁，假圈足。胎成灰色，器表无釉，器内满釉，釉色为红褐色。

C 型　1 件。圈足底。XGM29：5，敞口，斜壁，圈足底。灰白胎，白釉，器表施半釉，器内施满釉，碗内均匀分布有四片绿色釉斑。

双系罐　2 件。XGM29：4，直口微敛，鼓腹，圈足底。口下对置两耳，已残。上腹部有两周凹弦纹。胎色灰白泛红，器表圈足以上施釉，器内底部以上施釉，白釉。在耳周围施有绿釉斑。XGM29：6，直口，鼓腹，圈足底。口下对置两耳，已残。胎色灰白，器表、器内均施半釉，黑釉。

盏　1 件。XGM41：5，直口，尖圆唇，弧壁，平底微凹。胎质为黄中泛红，器表施釉不到底，器内施满釉，釉为黑色。

4. 铜器

共 62 件，另有铜钱 91 枚。

铜镜　3 件。分两型。

A 型　1 件。海兽葡萄纹镜，XGM39：2，平面呈圆形，器表镀锡，镜面光滑明亮，镜缘较厚，镜背整体向内凹，中间为纽，呈蟾蜍匍匐状，中间穿孔，孔径 0.4 厘米。纽周饰四兽及葡萄纹饰，向外饰一周凸弦纹，凸弦纹外饰一周飞鸟、葡萄纹饰，镜边饰一周连弧纹。

B 型　2 件。弦纹镜，圆形，镜面微鼓，镜边较厚，镜内正中施凸弦纹一周，球形纽，中间有穿孔。XGM41：6、XGM42：4。

鎏金革带饰件　1 套 7 件。XGM8：5，由带扣、带銙、铊尾三部分组成（三种）。带扣由扣面和套环用轴穿套而成，套环呈椭圆形环状，扣面平面呈近正方形，外侧有弧度，由两铜片用三个铆钉连接而成，三周密封，一面出舌头（扣钉），舌夹在两铜片中间，被轴穿套由铆钉固定，舌头套在环上。带銙分三种：第一种为近正方形，其中一边为弧形，共五块，由两铜片用三个铆钉连接而成，四周密封，上铜片两铆钉之间置一长方形透槽；第二种为正方形，共一块，由两铜片用四个铆钉连接而成，四周密封，上铜片两铆钉之间置一长方形透槽；第三种为正方形，共一块，由两铜片用四个铆钉连接而成，四周密封，上铜片两铆钉之间置一不规则椭圆形透槽。铊尾平面为长方形，尾部圆形，由两铜片用三个铆钉连接而成，四周密封。

铺首 1件。XGM8:2，平面呈桃形，塑人面图案，浓眉大眼，高鼻梁，厚嘴唇，口衔环，长须上曲，表情肃穆，有威严，脸两旁各有一小穿孔。长径4.8、短径4.6厘米。

锁样饰件 2件。XGM8:3，一式两件，形制大小均相同。由铺手和锁两部分构成。铺手2个，背部带纽，下部有钉，一铺手残。锁穿在铺手纽内，该铺手应为连接木质家具的锁样饰件。

泡钉 53件。分大小两种：大者直径7.2厘米，形制大小均相同，37件。平面呈梅花形（六瓣），外沿尖平，中间向上隆起呈弧形，背面正中有一短钉。XGM6:2（28件），XGM7:2（9件）。小者直径2.7厘米，XGM7:3（一式16件），平面呈六瓣梅花形，外沿尖平，中心向上隆起呈弧形，背面有一较长的钉。

簪 1件。XGM39:4，整体呈"U"形，用铜棍弯曲而成。

铜丝 1件。XGM29:3，呈"S"形弯曲。

铜钱 仅有开元通宝，共91枚。分两型。

A型 2枚。郭边较宽，正书，直读。XGM20:2:②（一式2件）。

B型 89枚。郭边较窄，正书，直读，形制大小均相同。XGM3:1，1枚。XGM4:4，1枚。XGM5:1，1枚。XGM6:3，4枚。XGM8:1，32枚。XGM9:1:①，6枚。XGM10:2:⑨，25枚。XGM15:2，3枚。XGM28:1，2枚。XGM29:1、2，共5枚。XGM30:1:①1枚。XGM40:3:②，8枚。

5. 铁器

共1件。

铁剪 1件。XGM4:3，由两个相等大小的刀形构件拼接而成，刀刃相对，柄部呈圆环形。

三、宋 代

1. 陶器

共1件。

大口罐 1件。XGM40:2，翻沿，圆唇，鼓腹，下腹微曲，平底。

2. 瓷器

共12件。

盂 4件，分两型。

A型 1件。假圈足底。XGM40:1，翻沿、圆唇，圆鼓腹，假圈足。胎质为土黄色，器表施半釉，器内釉不均匀，釉为黑色。

B 型　3件。圈足底，分两亚型。

Ba 型　2件。圆鼓腹，圈足较深。XGM17：2，翻沿，尖圆唇，圆鼓腹，圈足底。胎为白中泛红，器表施半釉，器内施满釉，釉为浅绿色。XGM17：3，翻沿，圆唇，鼓腹，圈足底。在腹部另有八道竖凹槽，将腹部分为八瓣，上腹部有二周凹弦纹。胎质白中泛红，器表施半釉，器内施满釉。釉色为乳白色。

Bb 型　1件。腹最大径在上部，圈足较浅。XGM43：1，翻沿，尖唇，鼓腹，圈足底。灰白胎，器表施半釉，器内无釉，釉为黑色。

碗　6件。分 A、B 两型。

A 型　4件。造型矮胖，弧壁，分两亚型。

Aa 型　1件。形制较小，深腹，XGM15：1，直口，尖圆唇，斜壁微鼓，圈足底。胎质为灰白色，器表施半釉，器内施满釉，釉为乳白色。

Ab 型　3件，形制稍大，浅腹，XGM17：4，敞口，圆唇，弧壁，圈足底。胎质白中泛红，器表施半釉，器内施全釉。釉色为乳白色。XGM17：5，敞口，圆唇，弧壁，圈足底。胎质白中泛红，器表施半釉，器内施全釉。釉色为乳白色。口径11.2、底径7、高3.6厘米。XGM37：1，敞口，弧壁，圈足底。胎成灰色，器表施半釉，器内满釉，釉为白色。

B 型　2件，造型稍高，斜壁，微弧。XGM17：1，敞口，尖圆唇，斜壁微鼓，圈足底。胎质为灰白色，器表施半釉，器内施全釉，釉色为乳白色。XGM20：1，平折沿，圆唇，弧壁，圈足底。胎质为白色。器表施半釉，器内施全釉，釉为白色。

梅瓶　2件。XGM14：1、XGM14：2，两件形制大小均相同。折沿，尖圆唇，小口，细颈，广肩，瘦长腹，平底。胎质为黄色，器表、器内均施满釉，釉为酱黑色，沿面未施釉。肩部以下至腹中部饰有瓦垅纹。

3. 铜器

共3件，另有铜钱137枚。

耳环　1式2件。XGM35：1，环形。

簪　1件。XGM10：1，整体呈"U"形，后端转折处扁宽，尖端较中间略粗，横断面为圆形。

铜钱　共17种，146枚。依时代先后分述于下：

太平通宝　2枚。正书，直读。XGM20：2：①。

至道元宝　1枚。行书，旋读。XGM20：2：③。

咸平元宝　1枚。正书，旋读。XGM10：2：⑫。

景德元宝　1枚。正书，旋读。XGM10：2：⑦。

祥符元宝　7枚。正书，旋读。XGM20：2：⑤。

天禧通宝　13 枚。正书，旋读。XGM10:2:③，XGM20:2:④，2 枚。

天圣元宝　23 枚。正书，旋读。XGM10:2:④，XGM40:3:①，7 枚。

嘉祐元宝　12 枚。正书，直读。XGM10:2:⑤。

治平元宝　2 枚，分两型。

A 型　1 枚。篆书，旋读。XGM16:2:①。

B 型　1 枚。正书，旋读。XGM16:2:④。

熙宁重宝　6 枚。正书，旋读。XGM10:2:⑧。

元丰通宝　6 枚。XGM10:2:⑩。

元祐通宝　18 枚。行书，旋读。XGM10:2:②。

绍圣元宝　2 枚，行书，旋读。XGM21:1:①。

元符通宝　18 枚，篆书，旋读，XGM10:2:⑪。

圣宋元宝　15 枚，行书，旋读。XGM10:2:⑥。

崇宁重宝　4 枚，隶书，直读，XGM10:2:①。

宣和通宝　15 枚，正书，直读。XGM10:2:⑬。

4. 铁器

共 1 件。

铲　1 件。XGM36:1，面呈梯形，仅残存其上部，柄端完整，中空，肩部呈圆弧形。

5. 金器

共 2 件。

耳坠　1 式 2 件。XGM10:3，用一根金条弯成钩状。

四、清　代

1. 瓷器

共 1 件。

盂　1 件。XGM16:1，翻沿，圆唇，鼓腹，圈足底。在腹部有五道竖凹槽将腹部分为五瓣。胎质白中泛红，器表施半釉，器内施满釉，釉色白中泛青。

2. 铜器

共 1 件。另有铜钱 2 枚。

簪　1件。XGM16:3，整体呈圆棍状。断为数截，无法复原。

铜钱　共2种，2枚。依时代先后分述于下：

顺治通宝　1枚。正书，直读。XGM16:2:③。

康熙通宝　1枚。正书，直读。XGM16:2:②。

第四节　墓葬分期与年代

一、汉　代

仅1座，XGM11。为单室砖墓，出有酱釉小陶壶1件，龙纹铜镜1件，B型五铢钱20枚。该墓出土的龙纹铜镜与洛阳烧沟汉墓第六期（东汉晚期）第十三型的三兽镜[1]相似，与传世的东汉晚期龙虎纹镜[2]也比较接近。酱釉小陶壶与东汉晚期的酱釉小玩具陶壶相近似。故该墓的年代应为东汉晚期。

二、唐　代

郭柳墓地共有唐代墓葬12座，根据墓葬形制、演变和出土器物组合及型式演变，将其分为三期。

1. 第一期

墓葬共有5座：XGM4、XGM5、XGM7、XGM8、XGM9。墓葬形制中有1座为Aa型土洞墓，1座为Ba型土洞墓，3座为Bb型土洞墓。Bb型墓葬在本期的6座墓中有3座，占60%，应为第一期的主要墓葬形制。出土器物组合主要有陶大口罐、盖罐、双系罐、砚和瓷碗等。其中有2座墓各出A、B型陶双系罐，1座墓出陶盖罐，1座墓出陶大口罐，1座墓出陶砚，1座墓出B型瓷碗。另有4座墓同出B型开元通宝铜钱，1座墓出铜泡钉，1座墓同出铜铺首、革带饰件、锁样饰件，1座墓出铜簪，1座墓出铁剪。该期出土的A、B型陶双系罐与郑州巩义芝田88HGZM38:5号陶双系罐[3]形制相同；XGM4:2号陶罐与郑州巩义芝田92HGM35:16号Ba型Ⅰ式无系瓷罐形制也基本相同[4]。巩义芝田88HGZM38的年代为700～720年之间，巩义芝田92HGM35的年代为650～675年之间。另外该期出土的黄釉碗（XGM4:1）造型矮胖、胎厚釉厚、平底微凸的特征明显具有唐代早期瓷器的造型特点。所以第一期的年代应为唐代早期，绝对年代当在650～711年之间。

2. 第二期

　　墓葬共有 3 座：XGM39、XGM41、XGM42。墓葬形制中有一座为 Aa 型土洞墓，两座为 Ab 型土洞墓。出土器物组合有陶大口罐、双系罐、瓶，三彩炉、注子、瓷盏、瓷碗，铜镜等。其中 2 座墓各出 A、B 型陶瓶和 A、B 型瓷碗，1 座墓出 A 型铜镜，2 座墓出 B 型铜镜，1 座墓共出 C 型陶双系罐、三彩炉、三彩注子、瓷盏，1 座墓出大口罐，1 座墓出铜簪。该期出土的 A、B 型陶瓶与新乡市第二人民医院 M3:1 号Ⅱ式瓶的口沿及造型基本相同[5]；三彩注子、三彩炉分别与巩义黄冶窑ⅢT4H23②:56 号三彩注子（釉色稍有差别，黄冶窑以蓝色为主，郭柳以绿色为主）和ⅢT1H37:1 号三彩炉形制相同[6]。新乡市第二人民医院 M3 的年代为盛唐，巩义黄冶窑Ⅲ区的年代为盛唐以后，故第二期的年代当为盛唐至中唐时期，绝对年代当在 712～827 年之间。

3. 第三期

　　墓葬共有 4 座：XGM3、XGM6、XGM29、XGM30。墓葬形制中有 1 座为 Ab 型土洞墓，1 座为 Bb 型土洞墓，2 座为 Bc 型土洞墓。其中有 2 座未出随葬品，1 座共出陶盖罐、铜泡钉，1 座共出 C 型瓷碗、瓷双系罐、铜丝等。4 座墓同出 B 型开元通宝铜钱。该期出土的白釉绿彩瓷双系罐、黑釉瓷双系罐和 C 型白釉绿彩瓷碗等，其造型和釉色均具唐代晚期特征。另该期 XGM6 出土墓志有明确纪年，为大中元年，即 847 年。所以第三期的年代应为唐代晚期后段，绝对年代当在 847～907 年之间。

三、宋　代

　　郭柳墓地共有宋代墓葬 31 座，根据墓葬形制、演变和出土器物组合及型式演变，将其分为前、后两期。

1. 第一期

　　墓葬共有 5 座：XGM12、XGM13、XGM14、XGM20、XGM40。墓葬形制均为 A 型土洞墓，其中有 2 座为 Aa 型土洞墓，2 座为 Ab 型土洞墓，1 座为 Ac 型土洞墓。该期墓中有 2 座（XGM20、XGM40）同出器物和铜钱，1 座仅出器物（XGM14），2 座无随葬品。出土器物有陶大口罐 1 件，A 型黑釉瓷盂 1 件，B 型白釉瓷碗 1 件，酱釉瓷梅瓶 2 件。出土铜钱共 21 枚，其中最早的为太平通宝（976～984 年），最晚的为天圣元宝（1023～1032 年）。依据铜钱年代并参考墓葬形制和出土器物，第一期的年代可定为宋代前期，绝对年代当在 976～

1032 年之间。

2. 第二期

　　墓葬共有 26 座：XGM1、XGM2、XGM10、XGM15、XGM17、XGM18、XGM19、XGM21、XGM22、XGM23、XGM24、XGM25、XGM26、XGM27、XGM28、XGM31、XGM32、XGM33、XGM34、XGM35、XGM36、XGM37、XGM38、XGM43、XGM44、XGM45。墓葬形制中有 14 座为 Ac 型土洞墓，3 座为 Ba 型土洞墓，8 座为 Bb 型土洞墓，1 座为 Bc 型土洞墓。该期墓中有 1 座（XGM10）同出器物和铜钱，6 座仅出器物（XGM15、XGM17、XGM35、XGM36、XGM37、XGM43），1 座仅出铜钱（XGM21）。余 18 座无随葬品。出土器物中均为瓷器，有 Aa 型白釉碗 1 件，Ab 型白釉碗 3 件，B 型白釉碗 1 件，Ba 型白釉盂 2 件，Bb 型黑釉盂 1 件。另有铜簪 1 件，铜耳环 2 件，铁铲 1 件，金耳坠 2 件。XGM15 还出土石棺 1 件，有阴刻题记"政和元年葬"（1111 年）字样。出土铜钱共 125 枚，其中 XGM10 年代最晚的为宣和通宝（1120～1126 年），XGM21 年代最晚的为绍圣元宝（1094～1098 年）。依据铜钱年代并参考墓葬形制、出土器物和 XGM15 石棺阴刻题记年代，第二期的年代可定为宋代后期，绝对年代当在 1033～1126 年之间。

四、清　　代

　　仅有墓葬 1 座，XGM16。墓葬形制为土洞墓。出土器物有白釉瓷盂 1 件，铜簪 1 件，治平元宝 2 枚，顺治通宝和康熙通宝各 1 枚。根据铜钱的年代推断，该墓年代应为清代早期。

第五节　小　　结

一、墓地范围、分布、性质

　　郭柳墓地位于太行山前的一片开阔地带，向北 5 公里有太行山余脉。此次发掘是在东西长 325、南北宽 100 米的范围内进行的。根据发掘结果推测，墓地范围要稍大于此次发掘范围。墓地西边为一宽近百米的断崖，已无墓葬分布；南北两边经文物钻探也未发现墓葬（但在西段北部发现有商代遗迹灰坑，发现有陶鬲足、罐、瓮、盆、碗残片和石器等，说明此地有商代遗址）；东部向东为一公路，再向东仍有墓葬分布，也应该属于该墓地的分布范围，但此次未能发掘。在墓葬的分布上，基本是按时代先后由西向东按顺序埋葬的，其西部除有一座为东汉墓葬外，其余多为唐代墓葬，中、东部则为宋代墓葬。但在最东部又出现了一批唐代墓葬。在一个小的区域内，同时代的墓葬方向基本一致，无打破和叠压现象。由此看，当时墓地是有规划和制度的，每一个小的区域应是一处家族墓地。

二、墓葬形制演变、葬俗

该墓地时代从东汉至宋代，墓葬形制除一座东汉墓为砖室外，其余均为土洞墓。土洞墓在唐宋时期既有相同处又略有变化，如墓道均为竖井式。墓室唐代以方形或长方形为主，有部分圆形或椭圆形。宋代则以圆形或椭圆形居多，有一部分方形或长方形。在葬俗上，唐代均为一次葬，宋代则多为二次葬（迁葬），并出现三人合葬。随葬品在唐代数量较多，并有一座墓随葬唐三彩。宋代随葬品数量较少，只有一两件瓷盂、瓶或碗，但大多数墓内随葬有铜钱。值得提出的是宋代有 2 座墓骨架有火烧过的痕迹，其中一座墓（XGM19）为合葬，东骨架经过火烧；另一座墓（XGM21）为三人葬，中间一具经过火烧。这种现象是如何形成的、是否为火葬尚待研究。

三、有关的几个问题

1. 唐代墓志

在 XGM6 甬道内发现青石墓志一合，时代为唐宣宗大中元年（公元 847 年）。其墓志所反映的问题有如下三个方面：①"亦楚之胤，尔来随官家于新乡"。说明程公（俌）是由楚地随官迁至新乡。即楚地之人迁至中原落户，并在此地繁衍生息数代。②"祖讳婴，前左金吾卫大将军"，说明程公（俌）之祖（祖父）曾经在军中担任过大将军一职，官位较为显赫。③"宅地斯辰，攒兹玄寝，爰于卫州新乡县贵德乡王明村之分西北二里，南占孟水，北望方山，西邻共邑，东接白岗。地势盘龙，岗形偃月，岐峰逶迤，西望太行。"墓志将其阴阳两宅的所在地的地望问题交代的很清楚，更是对晚唐时期新乡北部的贵德、王明等行政乡村以及孟水、方山、共邑，白岗、太行等地理名称做了详细的交代。为研究新乡古代地名沿革提供了实物资料。

2. 宋代石棺

在 XGM15 墓室正中发现石棺一具，有棺盖、棺身、棺底座三部分组成。石棺正面雕刻有房子一座，棺盖上及两侧阴刻有牡丹花、云纹等。棺身两侧刻有十二孝图（二十四孝中的十二孝）。棺底座正面雕刻一台基，四角各浮雕有四个力士像，两侧各雕一组有云纹和犬相间的图案。时代为政和元年（1111 年）。

此次在郭柳发现的宋代石棺，体积硕大，造型纹饰繁缛精美，属于大型规格的石棺，就目前新乡的考古资料看，为该地区首次发现。20 世纪 80 年代在该地区曾发现过一些宋代石棺，造型纹饰虽亦精美，但都体积较小，并且棺内骨骼无章，尽属二次迁葬。而在此次的郭柳石棺中，主人骨骼为仰身直肢，属一次葬。

该石棺造型硕大厚重，纹饰繁缛，满饰其上，圆雕、浮雕、线刻等技法尽显其中，镌刻技术娴熟流畅，充分展示了当时民间工匠艺人们的审美意识及高超的技法。二十四孝图在该地区宋代石棺上的出现，也尚属首次，反映了在当时社会上崇敬孝道之理念及中华民族传统的美德。

从其美学的角度上看，此棺毕竟为民间造物，华美中稍有粗犷，而画面布局的略略凌乱为其美中不足的缺陷。

3. 唐三彩的窑口问题

经过对比分析，该墓地出土的唐三彩注子、三彩炉分别与巩义黄冶窑Ⅲ T4H23②：56 号三彩注子和Ⅲ T1H37：1 号三彩炉形制极为相近[7]，其造型、胎质颜色、窑温以及施釉方法等都基本相同，虽然釉色稍有差别，黄冶窑以黄蓝色为主，郭柳以黄绿色为主，但这种以黄绿釉为基本釉色的三彩器，在以巩义黄冶窑为中心的豫北和豫西一带却大量的存在。这就为该墓地及以前新乡地区出土的唐三彩找到了确切的窑口，即新乡地区墓葬内出土的唐三彩器大部分应属于巩义的黄冶窑产品系列。

注　释

[1]　中国科学院考古研究所编：《洛阳烧沟汉墓》，172 页，图七七，6 ，M1035：11，科学出版社，1959 年。

[2]　韩欣主编：《中国青铜器收藏与鉴赏全书·下卷》，528 页下，天津古籍出版社，2005 年。

[3]　郑州市文物考古研究所：《巩义芝田晋唐墓葬》，图一七八：4，图版五五：3，科学出版社，2003 年。

[4]　同［3］，图一七六：4。

[5]　新乡市文物工作队：《河南新乡市唐代墓葬发掘报告》，图八：8，《华夏考古》2004 年第 3 期。

[6]　河南省文物考古研究所等：《黄冶窑考古新发现》，108、92 页，大象出版社，2005 年。

[7]　同［6］。

第三章 山彪墓地

第一节 墓葬基本资料

卫辉山彪墓地共有编号墓葬 28 座，其中 2 座为井或废弃井，WSM27 改为 WSJ1，实有墓葬 25 座。分属于汉、唐、宋、清等时代。下面依墓葬序号将墓葬形制与随葬品介绍如下（参见附表三、附表六）：

2007WSM1

多室砖墓，方向 25 度。

墓道位于墓室北端，开口于地表下 1.1 米。平面为梯形，直壁，底部斜坡。长 6.8、宽 0.7~1、深 0.7~2.9 米。

接墓道后有甬道，为土洞，长 0.9、宽 1、高 1.9 米。甬道口即为墓门。用立砖斜垒交叉封堵，现仅存 5 层。

墓室呈长方形，由前室与后室组成。墓室为先挖出土圹，然后砌砖而成，壁砖已全部破坏。现存土圹为直壁，平底。总长 6、宽 2.5、高 3.1 米。墓室中间偏西有生土隔梁将墓室分为前后室，土隔梁残存高 0.5、长 0.9、宽 0.36 米。前室长 2.52、宽 2.5、高 3.1 米；后室长 3.04、宽 2.5、高 3.1 米。在后室东西两壁各有一小龛，形状大小一样，距底部 1.1、进深 0.1、高 0.4 米。由于盗扰严重，铺地砖仅剩几块，无法辨别其摆放形状。在墓门处发现一头骨，并在头骨周围发现大量淤积土，说明头骨是在墓室进水后漂移至墓门处的。无随葬品（图一九〇）。

2007WSM2

为一废弃墓道，开口于地表下 1.1 米。平面呈长方形，直壁，底部斜坡。长 11.4、宽 0.8、深 1.4~3.5 米。在墓道底部及壁上有大量的砾姜块。无墓室，无骨架，无随葬品。

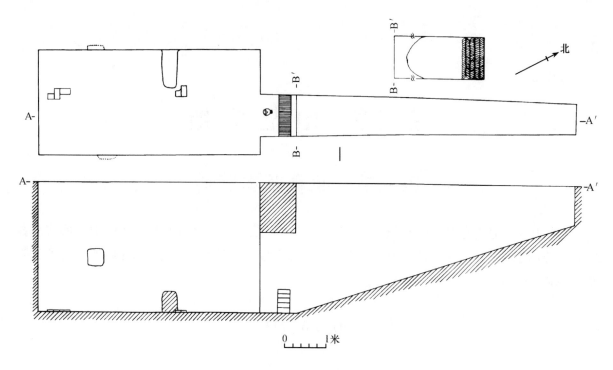

图一九〇　WSM1 平、剖面图

2007WSM3

1. 墓葬形制

单室砖墓，单葬，方向35度。

墓道位于墓室北部，开口于地表下2.2米。平面为长方形，直壁，两壁及底部为土筑，底呈斜坡状。长5.6、宽0.8、深0~2.2米。墓道与墓室之间有甬道相连，为券顶，用单砖平砌垒筑，券顶已塌，现存券门土圹宽0.8、高1.6米。甬道长0.7米。墓门用青砖顺置斜立交叉封堵。

墓室呈长方形，外有土圹，墓壁用单砖平砌垒筑。顶部已塌，从残存痕迹推测，应为券顶。长3.8、宽1.74、现存高1米。墓室底部用青砖呈"人"字形铺底。无木棺痕迹，无骨架。在墓室的西北角出有陶大口罐、奁、长盒各1件，在墓室的入口处出有圆盒一件。另有数件陶器散置于墓室各处，计有大口罐3件，奁、长盒、圆盒、狗、鸡、案、猪圈、井、灶、勺、仓各1件，耳杯、盘、魁各2件，陶盆口沿2件，铜钱10枚（图一九一）。

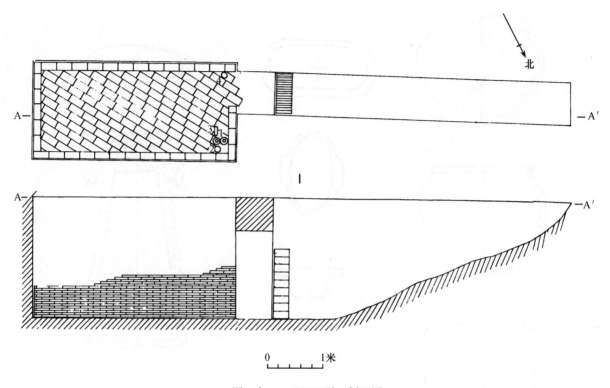

图一九一 WSM3 平、剖面图

1. 陶大口罐（2 个）   2. 陶奁   3. 陶长盒   4. 陶圆盒（另出一包陶片）

2. 随葬品

有陶器、铜器等，共 32 件（种）。

大口罐 3 件。均泥质灰陶。WSM3：1，直口，圆唇，鼓腹，下腹微曲，平底，素面。口径 11.2、腹径 16.8、底径 9.6、高 14 厘米（图一九二，1；图版三八，3）。WSM3：19，直口，圆唇，鼓腹，下腹微曲，平底，素面。口径 11.2、腹径 16.8、底径 10.4、高 13.5 厘米（图一九二，2）。WSM3：18，直口，圆唇，鼓腹，下腹微曲，平底，素面。口径 13、腹径 26、底径 13、高 22 厘米（图一九四，1）。

耳杯 2 件，均泥质灰陶。WSM3：10，泥质灰陶，平面呈椭圆形，口部两侧有对称的耳。直口，弧壁，圈足底。长径 11、短径 9、高 3.2 厘米（图一九二，7；图版三七，5）。WSM3：21，泥质灰陶，平面呈椭圆形，口部两侧有对称的耳，直口，弧壁，平底。长径 13、短径 10、高 3.5 厘米（图一九二，5）。

盘 2 件，均泥质灰陶。WSM3：12，直口，方唇，弧壁，平底。口下有折痕。口径 16.8、底径 8.6、高 4.4 厘米（图一九三，3）。WSM3：16，直口，方唇，弧壁，平底。口下有折痕。口径 17.8、底径 9、高 3.2 厘米（图一九三，4；图版三七，6）。

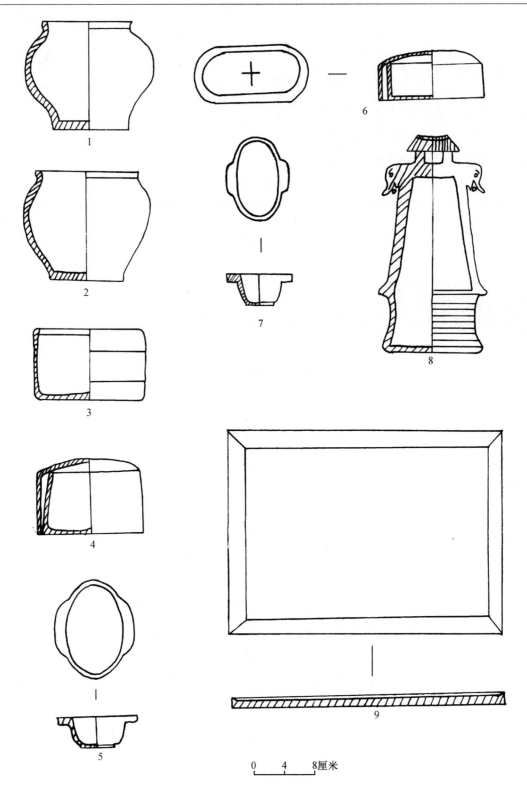

图一九二　WSM3 出土陶器

1、2. 大口罐（WSM3：1、WSM3：19）　3. 奁（WSM3：2）　4. 圆盒（WSM3：4）　5. 耳杯（WSM3：21）　6. 长盒（WSM3：3）

7. 耳杯（WSM3：10）　8. 井（WSM3：9）　9. 案（WSM3：7）

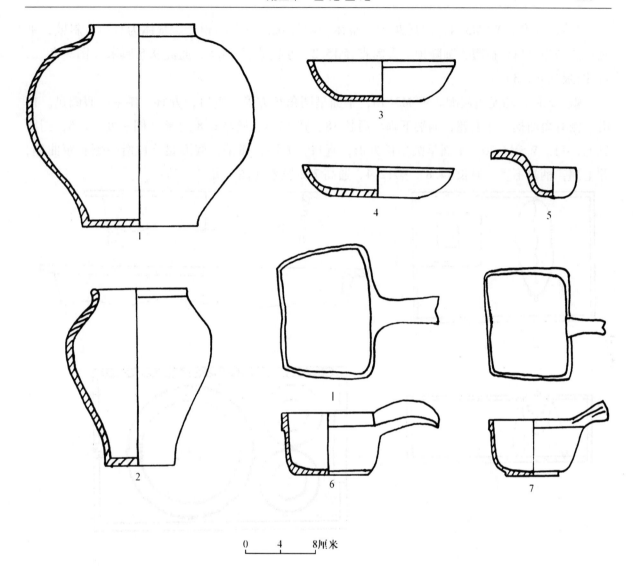

图一九三 WSM3 出土陶器

1. 大口罐（WSM3：18）   2. 仓（WSM3：14）   3、4. 盘（WSM3：12、WSM3：16）
5. 勺（WSM3：13）   6、7. 魁（WSM3：15、WSM3：20）

盆 2件，均泥质灰陶。WSM3：22，宽折沿，方唇，斜腹，底残。口径38.2、残高5.8厘米（图一九四，3）。WSM3：23，宽折沿，方唇，沿上有一周凹槽，斜腹，底残。口径51.2、高5.6厘米（图一九四，4）。

奁 1件。WSM3：2，泥质灰陶。直口，方唇，直腹，平底。腹上部、下部各饰一周凹弦纹。口径15.8、通高9.5厘米（图一九二，3；图版三七，1）。

长盒 1件。WSM3：3，泥质灰陶，平面呈椭圆形，有盒体和盒盖两部分组成，盒体套在盒盖内。盒体为直口，直腹，平底。盒盖为直口，折腹，圆隆顶。盒顶部边缘有一周凹弦纹，盖顶有一突起的"十"字形。盒盖长径14、短径7、通高6厘米（图一九二，6；图版三七，2）。

　　圆盒　1件。WSM3：4，泥质灰陶。整体呈圆筒状，一大小相套。盒体为直口，斜壁，平底。盒盖为直口，折腹，圆隆顶。大筒直径15.2、小筒直径14.8、通高9.5厘米（图一九二，4；图版三九，3）。

　　魁　2件，均泥质灰陶。WSM3：15，平面呈圆角长方形，直口，方唇，弧壁，假圈足。口沿一侧有短曲柄，并上翘，柄端下垂。通长18、宽14.4、通高6.8厘米（图一九三，6；图版三七，4）。WSM3：20，平面呈圆角长方形，直口，方唇，弧壁，假圈足。口沿一侧有短曲柄，并上翘，柄端下垂。通长14.8、宽12.4、通高7.2厘米（图一九三，7）。

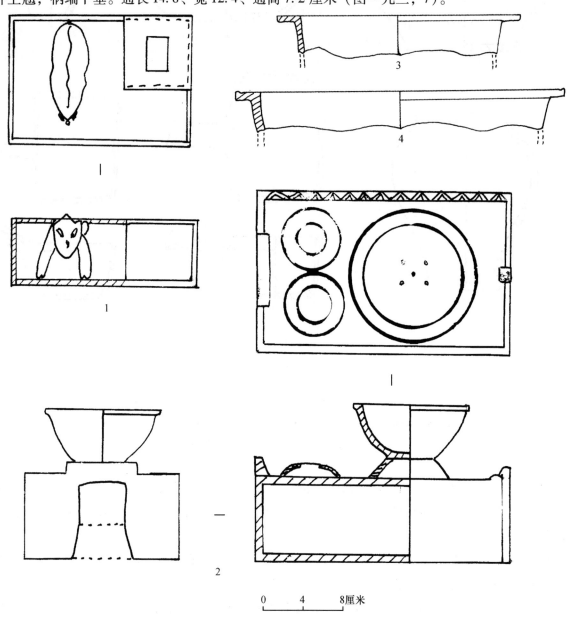

0　　　4　　　8厘米

图一九四　WSM3 出土陶器

1. 猪圈（WSM3：8）　　2. 灶（WSM3：11）　　3、4. 盆（WSM3：22、WSM3：23）

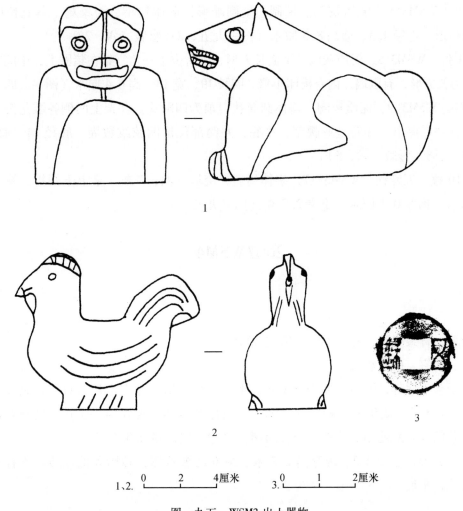

图一九五 WSM3 出土器物
1. 陶狗（WSM3：5）　2. 陶鸡（WSM3：6）　3. 铜钱（WSM3：17）

案　1 件。WSM3：7，泥质灰陶。长方形板状，边较厚，周边上折。长 37、宽 26.5、厚 12 厘米（图一九二，9）。

勺　1 件。WSM3：13，泥质灰陶。勺体呈椭圆形，直口，弧壁，圜底，弧形柄。通长 12、通高 4 厘米（图一九三，5）。

仓　1 件。WSM3：14，泥质灰陶。直口，圆唇，鼓腹，下腹微曲，平底，素面。口径 11.4、腹径 16.5、底径 8.4、高 19.8 厘米（图一九三，2；图版三七，3）。

灶　1 件。WSM3：11，泥质灰陶。整体呈长方形，一侧正中有半个挡火墙，挡火墙下有进火口，为圆拱形。另一侧有出烟口。灶面上刻画有连续三角形纹。灶面上有三个连体釜，两小一大，大的釜上有一个甑，甑为平折沿，尖圆唇，弧壁，平底，底部中心有五个箅孔。甑口径 12、底径 4.3、高 4.8 厘米。灶体长 26、宽 16、高 8.2 厘米（图一九四，2）。

狗　1 件。WSM3：5，泥质灰陶。模制，呈圆雕形，蹲坐状，卷尾，底座呈长方形，底座长 10、宽 7、通高 9.2 厘米（图一九五，1；彩版二六，1）。

　　鸡　1件。WSM3:6，泥质灰陶。模制，呈圆雕形，形体较小，为雄鸡，高冠长尾，站立状，底座为圆形。直径4.3、通高8.5厘米（图一九五，2；彩版二六，2）。

　　猪圈　1件。WSM3:8，泥质灰陶。平面长方形，厕所位于一角，架在猪圈上，中间有一长方形厕孔。圈为长方形，有围墙，内有模印小猪。圈长19、宽13、高6.4厘米（图一九四，1）。

　　井　1件。WSM3:9，泥质灰陶。连体圆筒状，顶为四阿式。井架上两侧各雕龙头一个，井架为竖条状，井栏突出。井筒呈亚腰型，平底，井筒部位饰凹弦纹数周。底径14、通高28厘米（图一九二，8；彩版二六，5）。

　　铜钱　10枚。五铢钱。WSM3:17，字体稍瘦，交笔弯曲，"朱"字上下圆折，篆书。直径2.3、穿径1.9、肉厚0.1厘米，重量2.7克（图一九五，3）。

2007WSM4

1. 墓葬形制

　　多室砖墓，骨架凌乱，葬式不清，方向30度。

　　由墓道、前室、后室组成。

　　墓道位于墓室北部，开口于地表下1米。平面为长方形，竖穴土圹，直壁，底部从开口处即开始斜坡。长6.5、宽0.9、深0~2.2米。墓门已被破坏，现存为一土圹，宽与墓道同，高度不详。距墓门0.4米处用顺砖斜立交叉封堵，仅存三层，残高0.4米。

　　前室为正方形，边长2.2、现存高2.2米。顶部已被破坏，砖墙和铺地砖均不存在，现存为土圹，直壁，平底。

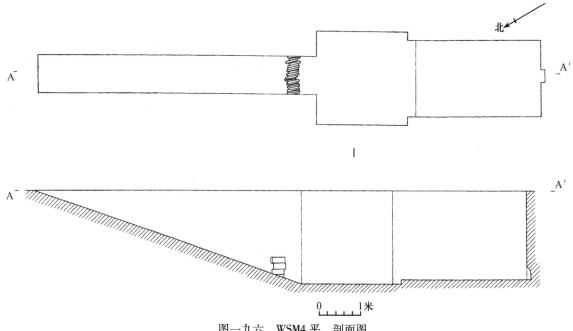

图一九六　WSM4平、剖面图

后室在前室南部，平面为长方形，长3.2、宽1.8、现存高2米。顶部已被破坏，砖墙和铺地砖均不存在，现存为土圹，直壁，平底。在与前室交接处向南0.2米处开始，底部高于前室0.1米。在南壁中部有一长0.3、进深0.1、高0.5米的小龛。因盗扰严重，无砖墙，无骨架。在填土中出有陶器碎片，可辨器型大致有猪圈、灶、井、盒等（图一九六）。

2. 随葬品

均为陶器，共4件。

猪圈　1件。WSM4：1，泥质灰陶。一厕一圈，圈平面呈长方形，厕位于圈的一角，厕墙已不存，仅余屋顶，顶为四阿式。长22、宽15.6、圈体高7.2厘米（图一九七，1）。

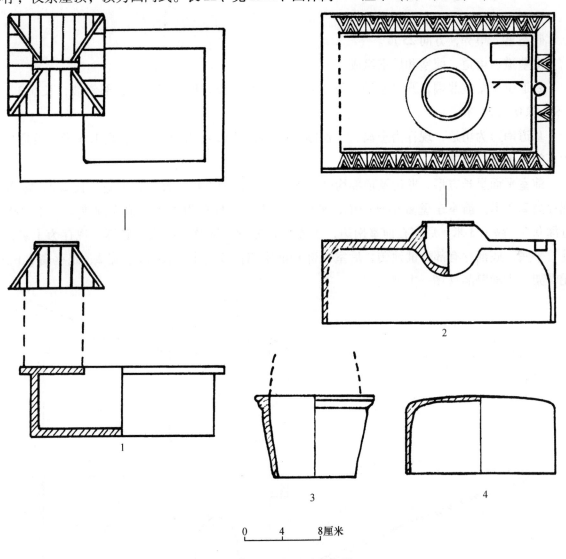

0　　4　　8厘米

图一九七　WSM4 出土陶器

1. 猪圈（WSM4：1）　2. 灶（WSM4：2）　3. 井（WSM4：3）　4. 盒（WSM4：4）

灶　1件。WSM4:2，泥质灰陶。泥质灰陶。灶体呈箱形，平面为长方形，灶面上有一个连体釜。釜周围饰有（为与灶体一并模制上的）小桌、案等各类与生活有关的主题图案，其外围边沿边缘饰一周菱形纹或对角三角形纹饰。灶体一端已残，另一端有出烟口。灶体残长23、宽16、通高10厘米（图一九七，2）。

井　1件。WSM4:3，泥质灰陶。仅存井筒，井栏部分突出，斜腹，无底。口径12.8、底径8.8、现存高8.5厘米（图一九七，3）。

盒　1件。WSM4:4，泥质灰陶。仅存盒盖，直口，直壁，圆拱顶，微平，现存素面。直径16、高8厘米（图一九七，4）。

2007WSM5

砖室墓，单葬，方向25度。

由墓道、甬道、前室和后室组成。

墓道位于墓室北端，开口于地表下1.4米。平面呈长方形，直壁，底部斜坡，长5.3、宽0.9、深0~2.1米。

墓道南边为甬道，现存为土洞，平面略呈梯形，长0.4、宽1~1.6、高1.6米。甬道口即为墓门，无封门痕迹。

前室平面呈长方形，壁砖及顶部均已被破坏，现存为土圹，直壁，平底。长2.2、宽2.4、现存高2.2米。前室东壁置小龛一个，平面为长方形，现存为土圹，顶为圆拱形。宽约0.9、进深0.6、高1.3米。后室在前室南边，平面呈长方形，壁及顶部均被破坏，现存为土圹，直壁，平底，底部存有部分铺地砖，后室底部较前室略高0.1米。长2.8、宽2、现存高1.6米。无骨架，无随葬品（图一九八）。

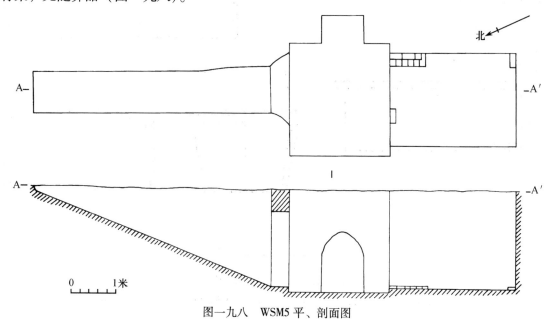

图一九八　WSM5 平、剖面图

2007 WSM6

1. 墓葬形制

砖室墓，骨架凌乱，葬式不清，方向 20 度。

由墓道、前室、后室组成。

墓道位于墓室北部，开口于地表下 0.9 米。平面为长方形，竖穴土圹，直壁，底部从开口处即开始斜坡。长 4.3、宽 0.9、深 0~1.8 米。墓门已被破坏，无封门痕迹。

接墓道后有一甬道，现存为土圹，长 1.1、宽 1.2、现存高 1.8 米。顶部已被破坏，砖墙和铺地砖均不存在，直壁，平底。

墓室平面为长方形，长 2.5、宽 1.4、现存高 1.8 米。顶部已被破坏，砖墙和铺地砖均不存在，现存为土圹，直壁，平底。无骨架，无随葬品。在填土中发现有陶器碎片，可辨器型有陶束颈罐 1 件和铜钱 6 枚（图一九九）。

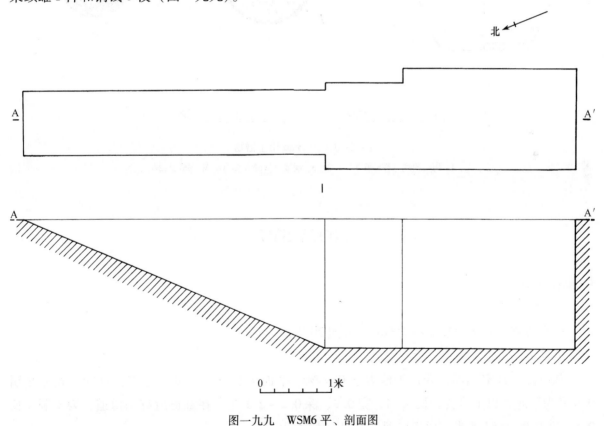

0 ___ 1米

图一九九 WSM6 平、剖面图

2. 随葬品

陶束颈罐　1件。WSM6:1，泥质灰陶。仅存口底部分，翻沿，方唇，束颈，平底。近底部有凹旋纹一周。口径12、底径10、残高16.5厘米（图二〇〇，1）。

铜钱　6枚。WSM6:2，为方便记录和描述，在WSM6:2后又编小号①、②。WSM6:2:①，一式5枚，五铢，"五"字交笔弯曲，"朱"字上下均圆折。直径2.5、穿径1、肉厚0.1厘米，重2.2克（图二〇〇，2）。WSM6:2:②，1枚，剪轮五铢，"五"字残，"铢"字的"金"字残，"朱"字上下均圆折。直径2.1、穿径1、肉厚0.05厘米，重1.5克（图二〇〇，3）。

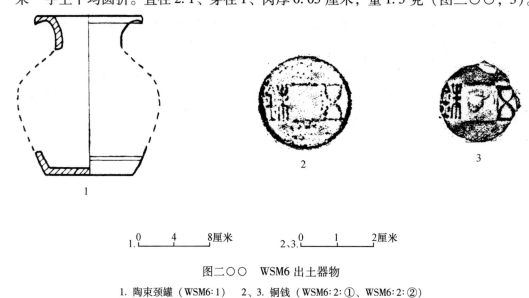

图二〇〇　WSM6 出土器物

1. 陶束颈罐（WSM6:1）　　2、3. 铜钱（WSM6:2:①、WSM6:2:②）

2007WSM7

1. 墓葬形制

多室砖墓，骨架凌乱，葬式不清，方向20度。

由墓道、甬道、前室、后室组成。

墓道位于墓室北部，开口于地表下0.9米。平面为长方形，竖穴土圹，直壁，底部北端0.6米为平底，以下斜坡。长5.74、宽0.9、深0.2~2.1米。在墓道后有一甬道，为土洞，长0.5、宽0.9、高1.5米。甬道口即为墓门，无封门痕迹。

前室为近正方形，长2.7、宽2.5、现存高2.1米。顶部已被破坏，砖墙和铺地砖均不存在，现存为土圹，直壁，平底。

后室在前室南部，平面为长方形，长3.2、宽2.3、现存高2米，底部高于前室0.1米。顶部已被破坏，砖墙和铺地砖均不存在，现存为土圹，直壁，平底。无骨架和随葬品。在墓室填土中出有碎陶片，可辨器型有灶、案、耳杯等（图二〇一）。

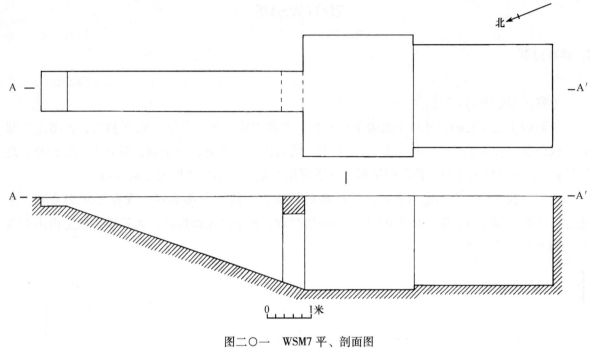

图二〇一　WSM7 平、剖面图

2. 随葬品

陶灶　1 件。泥质灰陶。整体呈箱形，灶面有一灶孔，现存灶面无图案，一端有出烟口，一端下方有圆拱形进火口（已残），长 20、宽 14、高 7.2 厘米（图二〇二）。

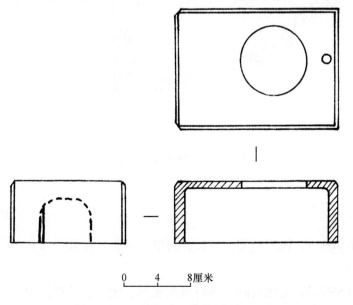

图二〇二　WSM7 出土陶灶（WSM7∶1）

陶案、耳杯，均为碎片，无法复原。

2007 WSM8

1. 墓葬形制

单室砖墓，方向25度。

墓道位于墓室北端，开口于地表下0.8米。平面为长方形，直壁，底部斜坡，在墓道中部有三级台阶。长4.2、宽1.05、深0~2.1米。接墓道后有甬道，为土洞，长0.5、宽1.05、高1.2米。甬道口即为墓门，顶呈圆拱形。其下部用石块、上部用砖横置平砌封堵。

墓室呈长方形，为先挖出土圹，然后砌砖而成，壁砖已全部破坏。现存土圹为直壁，平底。长3.65、宽2.4、现存高2.05米。因盗扰严重，墓室内无铺地砖，无骨架。填土内出有陶奁、陶井各1件（图二〇三）。

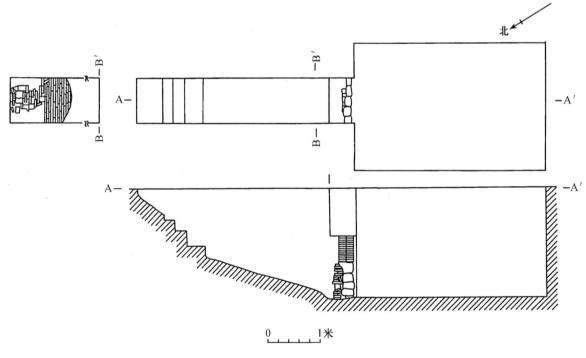

图二〇三　WSM8 平、剖面图

2. 随葬品

陶奁　1件。WSM8：1，泥质灰陶。直口，斜壁，平底，微鼓。口径15.2、底径16、高7.2厘米（图二〇四，1）。

陶井　1件。WSM8：2，泥质灰陶。井筒呈亚腰形，无底，井栏凸出，井架与井栏相连，无顶。底径10.4、通高16.8厘米（图二〇四，2）。

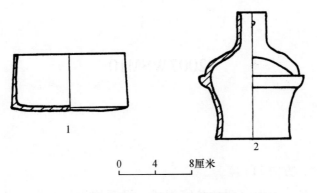

0　　　　4　　　　8厘米

图二〇四　WSM8 出土陶器

1. 盉（WSM8:1）　　2. 井（WSM8:2）

2007WSM9

1. 墓葬形制

竖穴土坑墓，方向 110 度。

开口于地表下 0.85 米，为就地挖坑而建。平面呈长方形，直壁，平底。长 2.4、宽 1.5、深 2.1 米。未见骨架。在填土中出有铜钱 2 枚（图二〇五）。

2. 随葬品

铜钱　2 枚。WSM9:1，顺治通宝，正书，直读。直径 2.7、肉厚 0.1、穿径 0.5 厘米（图二〇六，1）。WSM9:2，康熙通宝，正书，直读。直径 2.8、肉厚 0.1、穿径 0.7 厘米（图二〇六，2）。

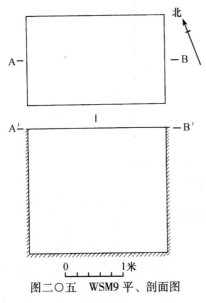

0　　　　1米

图二〇五　WSM9 平、剖面图

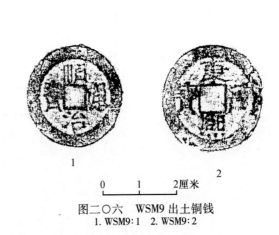

0　　1　　2厘米

图二〇六　WSM9 出土铜钱

1. WSM9:1　2. WSM9:2

2007WSM10

1. 墓葬形制

竖穴土坑墓，合葬，方向115度。

开口于地表下0.8米，由南北两个墓室组成，平面均为长方形，竖穴土圹，直壁，平底。北墓室长2.2、宽0.7、深1.5米。在墓室西壁中间有小龛一个，宽0.2、进深0.1米，内置瓷双系罐1件。南墓室长2、宽0.8、深1.5米。在墓室西壁中间有小龛一个，宽0.2、进深0.1米，内置瓷双系罐1件。两墓室内均未见骨架（图二〇七）。

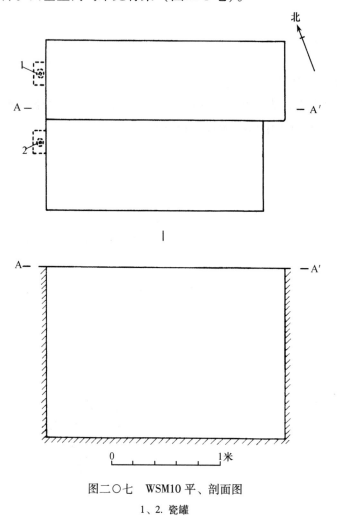

图二〇七　WSM10 平、剖面图

1、2. 瓷罐

2. 随葬品

瓷双系罐　2件。WSM10:1，直口，圆唇，鼓腹，圈足。口下两侧各置一耳，耳残。灰白胎，器表施半釉，器内施满釉，釉为酱褐色。口径8.8、腹径12、底径7.2、高11.6厘米（图二〇八，1；彩版二八，3）。WSM10:2，直口，圆唇，鼓腹，圈足。口下两侧各置一耳，耳残。灰白胎，器表施半釉，器内施满釉，釉为酱褐色。口径8.8、腹径12、底径7.2、高11.6厘米（图二〇八，2；彩版二八，4）。

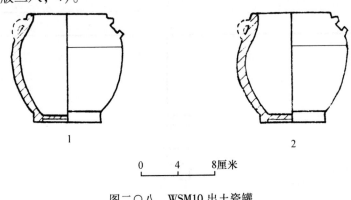

图二〇八　WSM10 出土瓷罐
1. WSM10:1　2. WSM10:2

2007WSM11

1. 墓葬形制

单室砖墓，骨架凌乱，葬式不清，方向25度。

墓道位于墓室北端，开口于地表下1米。平面为长方形，竖穴土圹，直壁，底部斜坡。长3、宽0.7、深1.4~2.2米。墓道后有掏洞甬道，长0.3、宽0.7、高1.2米。甬道口即为墓门，顶为圆拱形，用石块封堵。

墓室现存为土圹，壁砖及顶部均已被破坏。平面为长方形，土圹长3、宽1.8、现存高2.2米。墓室底部现存部分铺地砖，无骨架。在墓室填土中出有几块碎陶片，可辨器型有陶灶、瓮、铁削等（图二〇九；彩版二二，1）。

2. 随葬品

有陶器、铁器等、共3件。

陶灶　1件。WSM11:3，泥质灰陶，仅残存一部分，整体呈长方体，现存灶面有一大灶孔。现存长14、宽14、高8厘米。灶孔直径9.2厘米（图二一〇，3）。

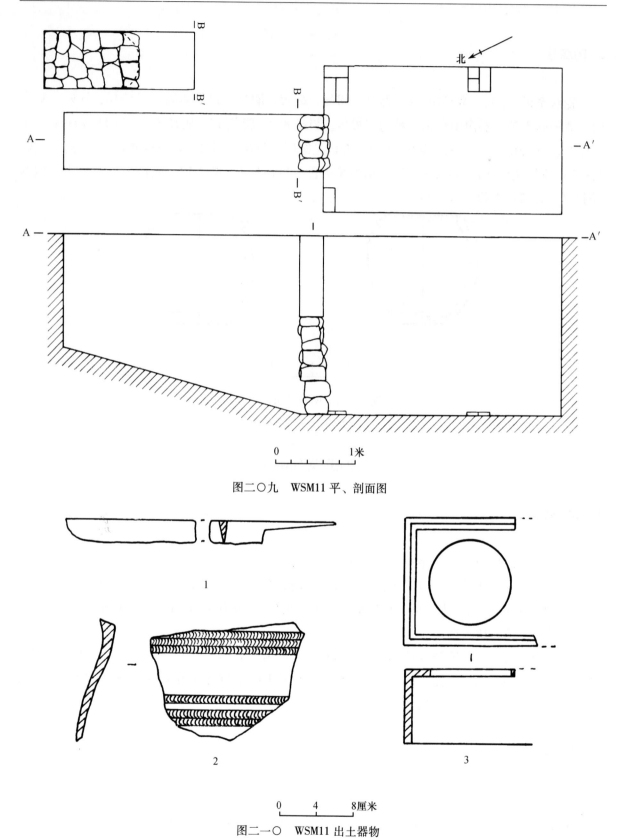

图二〇九　WSM11 平、剖面图

0　　　　4　　　　8厘米

图二一〇　WSM11 出土器物

1. 铁削（WSM11:1）　2. 陶瓮（WSM11:2）　3. 陶灶（WSM11:3）

陶瓮　1件。WSM11:2，泥质灰陶，残存颈腹部残片，沿面残，约为翻沿，鼓腹，现存残片上下各饰一组有三周连续刻印"<<<<<<<<"的纹饰带。现存长16.5、高13厘米（图二一〇，2）。

铁削　1件。WSM11:1，中间已断，直背弧刃，为双面刃，柄端呈尖状，原应有木或其他质地的柄。残长30、宽2.5、背厚0.8厘米（图二一〇，1）。

2007WSM12

1. 墓葬形制

单室砖墓，方向20度。

墓道位于墓室北端，开口于地表下0.8米。平面为长方形，竖穴土圹，直壁，底部斜坡。长4.8、宽0.9、深1.9米。用石块封门，宽0.32、残高0.7米。

墓室现存为土圹，壁砖及顶部均已被破坏。平面为长方形，直壁，平底。长3.7、宽2.1、现存高1.9米。在墓室南底部只剩有4块铺地砖。墓室南壁中间有一土洞小龛，进深0.2、宽0.5、高0.6米。无完整骨架，只有极少碎骨块。在墓室填土中出有部分陶片，经修复器型有瓿、耳杯、案等（图二一一）。

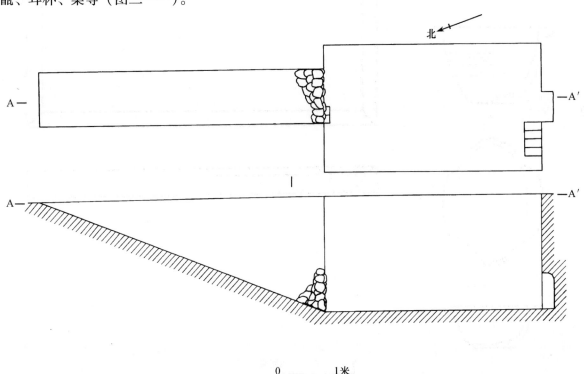

图二一一　WSM12平、剖面图

2. 随葬品

有陶器3件。

甑　1件。WSM12：1，泥质灰陶。平折沿，方唇，弧腹，平底。底部有三个箅孔，腹部有七周凸弦纹。口径13.4、底径5、高8厘米（图二一二，1；图版三九，1）。

耳杯　1件。WSM12：2，泥质灰陶。平面呈椭圆形，直口，方唇，弧壁，假圈足。口部两侧有对称的耳。长径13.2、短径11.2、高4.4厘米（图二一二，2）。

案　1件。WSM12：3，泥质灰陶。长方形板状，周边凸起。长38.4、宽28、边厚2.8厘米（图二一二，3）。

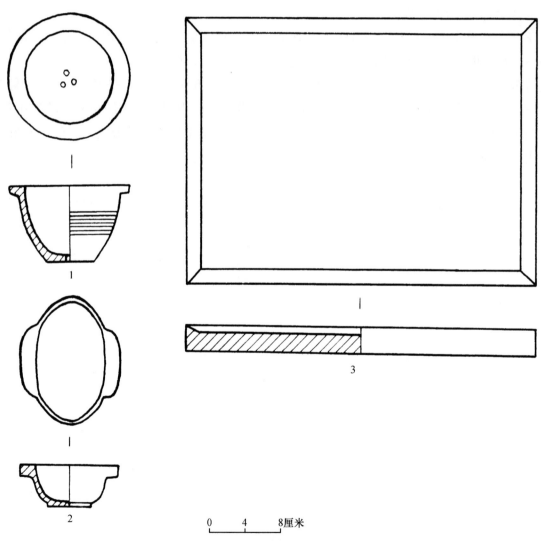

图二一二　WSM12 出土陶器

1. 甑（WSM12：1）　2. 耳杯（WSM12：2）　3. 案（WSM12：3）

2007WSM13

土洞墓，合葬，方向30度。

墓道位于墓室北端，开口于地表下0.9米。平面为长方形，竖穴土圹，直壁，平底。长1.5、宽0.9、深2.7米。墓道后有一甬道，长0.1、宽0.7、高0.7米。甬道口即为墓门，用石块封门，宽约0.7、高0.7米。

墓室为土洞，顶部圆拱。平面为不规则椭圆形，直壁，平底，底部低于墓道0.1米。长径1.2、短径0.96、洞高0.8米。内葬骨架两具，为集中堆积摆放，头向东，面向上，应为二次葬。无随葬品（图二一三）。

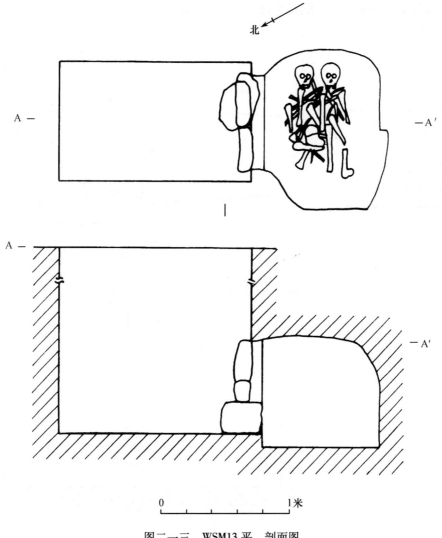

图二一三　WSM13平、剖面图

2007WSM14

1. 墓葬形制

土洞墓，单葬，方向 10 度。

墓道位于墓室北端，开口于地表下 1.8 米。平面为梯形，竖穴土圹，直壁，平底。在东壁和西壁上有脚窝数个。长 1.6、宽 0.8~1、深 2 米。用石块封门，石块下有熟土台，宽 0.26、高 0.24 米。

墓室横直，为土洞，洞口即为墓门，顶部由北向南渐低。平面为不规则长方形，直壁，平底。最长 1.7、最宽 1.3 米，北端高 1.3、南端高 0.4 米。内葬骨架一具，已乱，头约向西，面向上。骨架周围置放瓷碗 1 个，铜钱 5 枚（图二一四）。

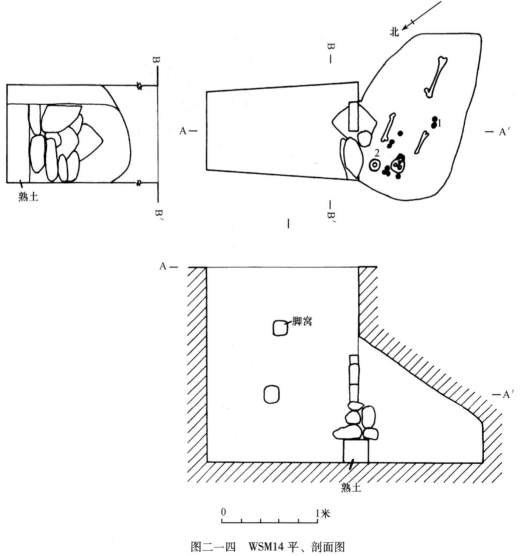

图二一四　WSM14 平、剖面图

1. 铜钱　2. 瓷碗

2. 随葬品

有瓷器、铜器等，共6件。

瓷碗 1件。WSM14：2，直口，弧壁，圈足底。口沿下有一折痕，下腹有三周凹弦纹。胎质灰白，器表施半釉，器内施满釉，白釉。釉面有开片，开片较小。口径12、底径6.4、高8.2厘米（图二一五，1；彩版二八，1）。

铜钱 8枚。WSM14：1，为方便记录和描述，在WSM14：1后又编小号①~⑤。WSM14：1：①，治平元宝，1枚，篆书，旋读。直径2.3、穿径0.6、肉厚0.1厘米，重2.8克（图二一五，2）。WSM14：1：②，元丰通宝，2枚，篆书，旋读。直径2.5、穿径0.7、肉厚0.1厘米，重3.1克（图二一五，3）。WSM14：1：③，熙宁元宝，2枚，正书，旋读。直径2.5、穿径0.7、肉厚0.1厘米，重2.9克（图二一五，4）。WSM14：1：④，开元通宝，1枚，正书，直读。直径2.4、穿径0.7、肉厚0.1厘米，重3.4克（图二一五，5）。WSM14：1：⑤，皇宋通宝，2枚，正书，直读。直径2.4、穿径0.7、肉厚0.1厘米，重3.1克（图二一五，6）。

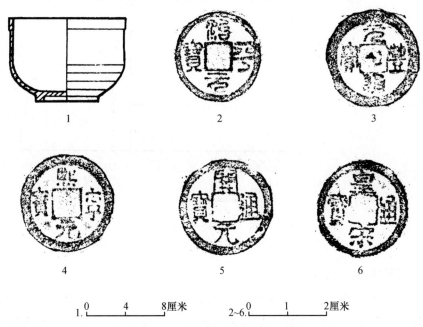

图二一五 WSM14 出土器物

1. 瓷碗（WSM14：2） 2~6. 铜钱（WSM14：1：①、WSM14：1：②、WSM14：1：③、WSM14：1：④、WSM14：1：⑤）

2007WSM15

土洞墓，合葬，方向35度。

墓道位于墓室北端，开口于地表下0.9米。平面为长方形，竖穴土圹，直壁，平底。长1.7、宽0.8、深2.8米。接墓道后有土洞甬道，长0.2、宽0.56、高0.7米。甬道口即为墓门，

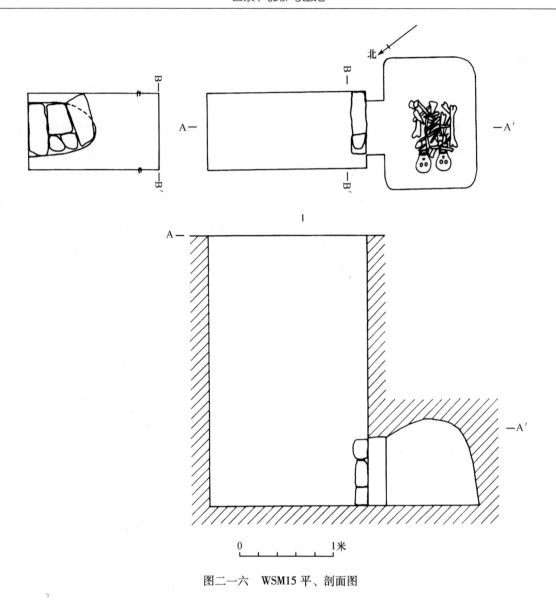

图二一六　WSM15 平、剖面图

用石块封堵。封门宽 0.14、高 0.7 米。

　　墓室为土洞，顶部圆拱。平面为圆角长方形，直壁，平底。长 1.36、宽 0.98、洞高 0.9 米。内葬骨架两具，为集中堆积摆放，头向西，面向上，应为二次葬。无随葬品（图二一六；彩版二五，1）。

2007WSM16

　　土洞墓，合葬，方向 10 度。

　　由墓道、墓室、侧室三部分组成。

　　墓道位于墓室北部，开口于地表下 0.8 米。平面为长方形，直壁，平底。长 1.6、宽 1、深

3米。墓道东壁上下有五个脚窝。用石块封门。

墓室为土洞，洞口即为墓门，顶部为圆拱形，宽0.75、高0.8米。平面为圆形，顶部圆拱，直壁，平底。直径1.1、洞高0.9米。有骨架两具，为集中摆放，应为二次葬。无随葬品。

侧室在墓道东壁，为土洞，洞口即为墓门，顶部圆拱形，宽0.4、高0.6米。侧室平面为椭圆形，顶部自西向东渐高，直壁，平底。长径1.1、短径0.8、高0.6~0.7米。有骨架一具，为集中摆放，应为二次葬。无随葬品（图二一七）。

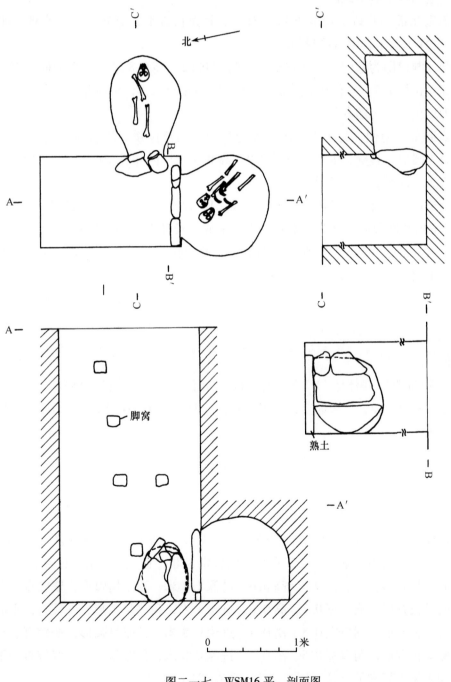

图二一七　WSM16平、剖面图

2007WSM17

1. 墓葬形制

土洞墓，合葬，方向 330 度。

由墓道、墓室和两个侧室组成。

墓道位于墓室北部，开口于地表下 0.8 米。平面为长方形，竖穴土圹，直壁，平底。长 1.5、宽 0.9 ~ 1、深 3.1 米。用石块封门。

墓室为土洞，洞口即为墓门，顶部圆拱。墓门宽 0.62、高 0.8 米。平面为椭圆形，顶部圆拱，直壁，平底。长径 1.7、短径 0.9、高 1.2 米。内葬骨架三具，头向北，面向上，并列，为堆积摆放，应为二次葬。无随葬品。

东侧室在墓道东壁南侧，为土洞，洞口即为墓门，顶部圆拱。用石块封门。墓门宽 0.5、高 0.7 米。平面为圆形，直壁，平底。直径 0.9、高 0.9 米。内葬骨架两具，头向西，面上向，为堆积摆放，应为二次葬，无随葬品。

西侧室在墓道西壁中部，为土洞，洞口即为墓门，顶部圆拱。用石块封门。墓门宽 1、高 0.7 米。平面为不规则椭圆形，直壁，略有弧度，平底。长径 1.4、短径 0.9、高 1 米。底部高于墓道 0.1 米。内葬骨架两具，头向北，面向上，为堆积摆放，应为二次葬。在头骨附近发现铜簪 1 件，铜钱 1 枚（图二一八）。

2. 随葬品

有铜器 2 件。

铜簪　1 件。WSM17:1，整体呈"U"形，用铜棍弯曲而成。长 16、直径 0.2 厘米（图二一九，1）。

铜钱　1 枚。WSM17:2，皇宋通宝，篆书，直读。直径 2.4、穿径 0.7、肉厚 0.1 厘米，重 3.2 克（图二一九，2）。

2007WSM18

洞室墓，由墓道和四个洞室组成，方向 260 度。

墓道开口于地表下 0.8 米，平面形状近长方形，长 1.8、宽 0.8、深 3.3 米。

墓室共有四个，东室为Ⅰ室，北二室自东至西分别为Ⅱ、Ⅲ室，南室为Ⅳ室。

Ⅰ室，平面呈长方形，洞口宽 0.5、高 0.6、进深 1.2 米，顶略呈弧形，壁较直，平底。

Ⅱ室，平面呈长方形，洞口宽 0.7、高 0.6、进深 1 米，顶略呈弧形，壁较直，平底。

Ⅲ室，平面呈长方形，洞口宽 0.5、高 0.4、进深 0.8 米，顶略呈弧形，壁较直，平底。

Ⅳ室，平面呈长方形，洞口宽 0.5、高 0.4、进深 0.6 米，顶略呈弧形，壁较直，平底。

在各墓室均未见骨架和随葬品（图二二〇；彩版二四，1）。

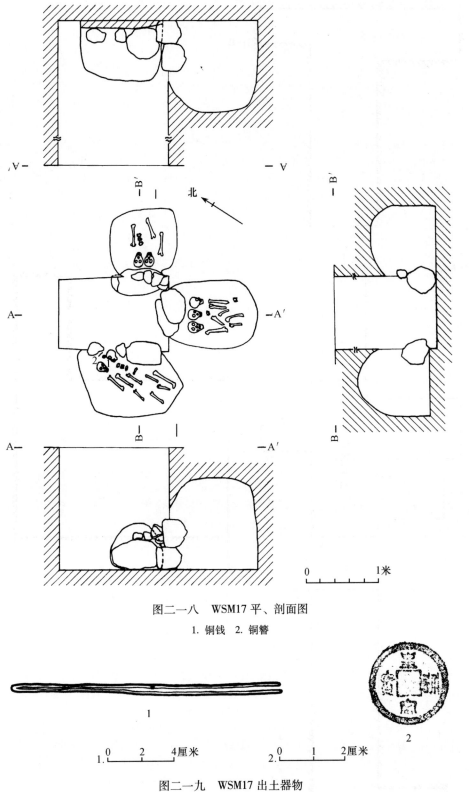

图二一八　WSM17 平、剖面图

1. 铜钱　2. 铜簪

图二一九　WSM17 出土器物

1. 铜簪（WSM17:1）　2. 铜钱（WSM17:2）

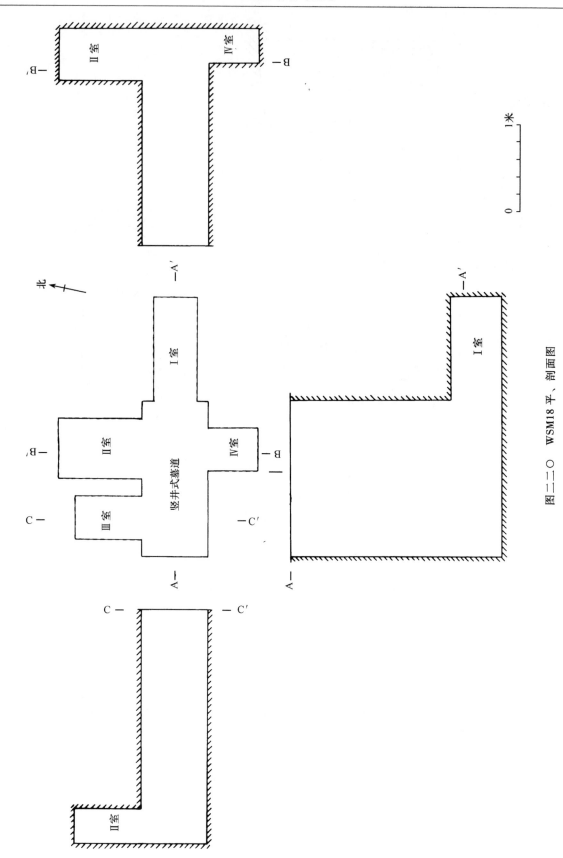

图二二〇　WSM18 平、剖面图

2007WSM19

1. 墓葬形制

土洞墓，单葬，方向210度。

墓道位于墓室南端，开口于地表下0.9米。平面为梯形，竖穴土圹，直壁，底部南端有四级台阶，以下斜坡。长2.7、宽0.6~0.9、深0~2.4米。接墓道后有甬道，为土洞。长0.6、宽0.6、高0.9米。甬道口即为墓门，无封门痕迹。

墓室为土洞，顶部圆拱。平面为椭圆形，直壁，平底。长2.3、宽1.3、高1.1米。内葬骨架一具，仰身直肢，头向北，面向上。在墓室西北部置放陶大口罐1件，陶瓶1件，瓷碗1件（图二二一；彩版二三，1）。

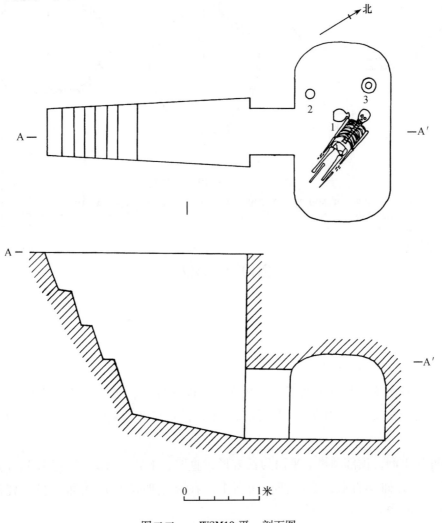

图二二一 WSM19平、剖面图

1. 瓷碗 2. 陶瓶 3. 陶大口罐

2. 随葬品

有陶器、瓷器等，共3件。

陶瓶　1件，均泥质灰陶。WSM19：1，翻沿，圆唇，圆鼓腹，小平底。腹上部饰六周凹弦纹。口径5.8、腹径14、底径6.4、高18厘米（图二二二，2；图版四〇，3）。

陶大口罐　1件。WSM19：3，翻沿，圆唇，鼓腹，平底。腹下部微曲，素面。口径11.2、腹径16.4、底径10、高11.6厘米（图二二二，3；图版四〇，1）。

瓷碗　1件。WSM19：2，敞口，圆唇，弧壁，腹下部微曲，平底。胎质灰白泛红色，胎较厚。器表施半釉，器内施满釉，釉为酱色。口径11.5、底径5.4、高4.6厘米（图二二二，1；彩版二七，1）。

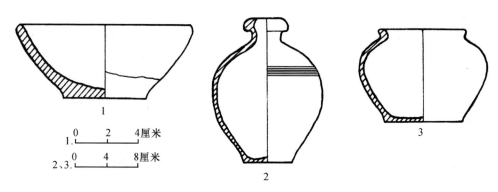

图二二二　WSM19 出土器物

1. 瓷碗（WSM19：2）　　2. 陶瓶（WSM19：1）　　3. 陶大口罐（WSM19：3）

2007WSM21

1. 墓葬形制

土洞墓，合葬，方向210度。

墓道位于墓室南端，开口于地表下0.9米。平面为梯形，竖穴土圹，直壁，底部为斜坡，中部有六级台阶。长3.9、宽0.7～1.3、深2.9米。甬道口即为墓门，长0.4、宽1、高1.1米，无封门痕迹。

墓室横置为土洞，顶部圆拱。平面为长方形，直壁，平底。长2.3、宽1.3、高1.3米。内葬骨架两具，均为仰身直肢，头向西，面向上。在墓室西部置放陶瓶3件，瓷碗1件（图二二三；彩版二四，2）。

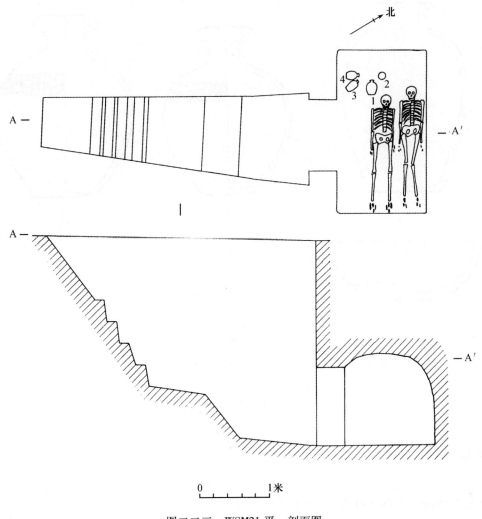

图二二三　WSM21 平、剖面图
1、3、4. 陶瓶　2. 瓷碗

2. 随葬品

有陶器、瓷器等，共4件。

陶瓶　3件。均泥质灰陶。WSM21：1，翻沿，圆唇，鼓腹，平底。口径7.2、腹径14、底径8.4、高21厘米（图二二四，1；彩版二七，4）。WSM21：4，翻沿，圆唇，圆鼓腹，平底。腹上部饰四周圆涡纹。口径6.4、腹径14.4、底径7.6、高18.4厘米（图二二四，2；彩版二七，3）。WSM21：3，翻沿，圆唇，圆鼓腹，平底。腹上部饰四周圆涡纹。口径7.2、腹径15.2、底径7.2、高20厘米（图二二四，3；图版四〇，4）。

瓷碗　1件。WSM21：2，敞口，圆唇，弧壁，平底。胎质灰白泛红色。器表施半釉，器内施满釉，釉为酱色。口径8.8、底径4.4、高3.2厘米（图二二四，4；彩版二七，2）。

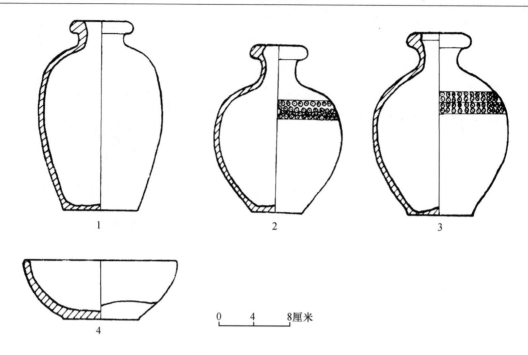

图二二四　WSM21 出土器物

1～3. 陶瓶（WSM21：1、WSM21：4、WSM21：3）　4. 瓷碗（WSM21：2）

2007WSM22

1. 墓葬形制

土洞墓，单葬，方向 190 度。

墓道位于墓室北部，开口于地表下 1 米。平面为长方形，竖穴土圹，直壁，底部南端有五级台阶，以下平底。长 3.4、宽 0.6、最深 1.5 米。无封门痕迹。

墓室横置，为土洞，洞口即为墓门，顶部为圆拱形，宽 0.6、高 0.7 米。墓室平面为长方形，顶为圆拱形，直壁，平底。长 1.8～2、宽 1.2、高 1.05 米。底部低于墓道 0.1 米。内葬骨架一具，头骨已不存，仰身屈肢，根据现存骨架推测，应为头向西，女性。在骨盆西侧有铜钱 2 枚，铜钩 1 件，墓室西南角置放有大、小蚌壳各 1 件，陶双系罐、瓷瓶各 1 件（图二二五；彩版二三，2）。

2. 随葬品

有陶器、瓷器、铜器、蚌器等，共 7 件。

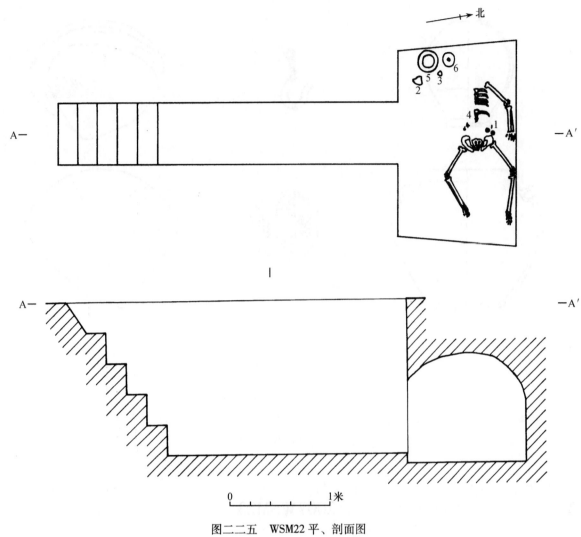

图二二五 WSM22 平、剖面图
1. 铜钱 2. 大蚌壳 3. 小蚌壳 4. 铜钩 5. 陶双系罐 6. 瓷瓶

陶双系罐 1件。WSM22:5，泥质灰陶，直口，圆唇，广肩，鼓腹，平底。肩上对置两耳，已残。口径12、肩径19.2、底径8.8、高16.8厘米（图二二六，2；图版四〇，2）。

瓷瓶 1件。WSM22:6，口残，鼓腹，假圈足。器表施半釉，器内施满釉，黑釉。腹径11.2、底径6、残高12.8厘米（图二二六，1；彩版二七，5）。

蚌壳 2件。WSM22:2，一式两件，上下相扣，扇形，为自然花纹。长约9.6、宽约8厘米（图二二六，6）。WSM22:3，一式两件，上下相扣，扇形，为自然花纹。长约4.2、宽约3.6厘米（图二二六，5）。

铜钩 1件。WSM22:4，用铜条弯制而成，为"J"形，尾端卷成环状，钩柄上缠绕有细密铜丝。应为鱼钩。钩长1.8、宽1厘米（图二二六，3）。

铜钱 2枚。WSM22:1，一式两枚，为"开元通宝"，正书，直读。直径2.4、穿径0.7、肉厚0.1厘米（图二二六，4）。

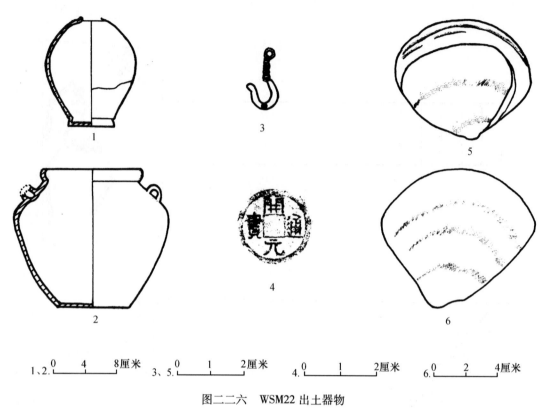

1、2. ⌞0___4___8厘米⌟　3、5. ⌞0___1___2厘米⌟　4. ⌞0___1___2厘米⌟　6. ⌞0___2___4厘米⌟

图二二六　WSM22 出土器物

1. 瓷瓶（WSM22：6）　2. 陶双系罐（WSM22：5）　3. 铜钩（WSM22：4）　4. 铜钱（WSM22：1）　5、6. 蚌壳
（WSM22：3、WSM22：2）

2007WSM23

1. 墓葬形制

土洞墓，单葬，方向 30 度。

墓道位于墓室北端，开口于地表下 0.9 米。平面为梯形，竖穴土圹，直壁，平底。长 1.8、
宽 0.7 ~ 0.8、深 2.3 米。用石块封门。

墓室横置，为土洞，洞口即为墓门，顶部圆拱略平，门高 1 米。平面为不规则椭圆
形，直壁，平底。底部低于墓道 0.14 米。长径 2.06、短径 1.14、高 1.34 米。内葬骨架
一具，仰身直肢，头向东，面向上。在椎骨、手骨旁出有铜钱 8 枚，在墓室东部置放瓷盂
1 个（图二二七）。

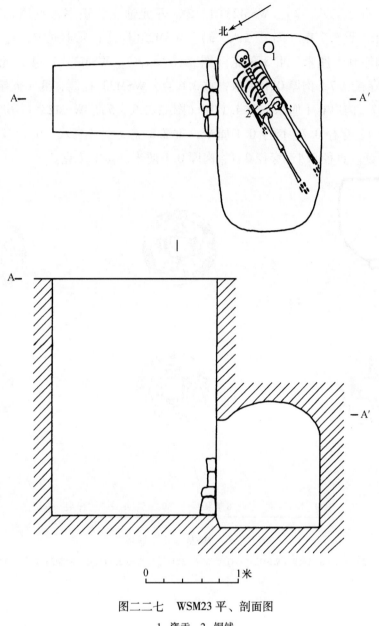

图二二七　WSM23 平、剖面图
1. 瓷盂　2. 铜钱

2. 随葬品

有瓷器、铜器等，共8件。

瓷碗　1件。WSM23:2，直口，尖唇，弧壁，圈足。白胎，器表器内均施满釉，釉为灰白色。口径11.2、腹径12、底径6.6、高8厘米（图二二八，1；彩版二八，2）。

铜钱　8枚。WSM23:1:①，祥符元宝，2枚，正书，旋读。直径2.5、穿径0.7、肉厚0.1

厘米，重3.3克（图二二八，2）。WSM23：1：②，开元通宝，正书，直读。直径2.2、穿径0.7、肉厚0.1厘米，重3.7克（图二二八，3）。WSM23：1：③，元丰通宝，行书，旋读。直径2.5、穿径0.7、肉厚0.1厘米，重3.3克（图二二八，4）。WSM23：1：④，元丰通宝，行书，旋读。直径2.5、穿径0.7、肉厚0.1厘米，重3.6克。WSM23：1：⑤，熙宁元宝，正书，旋读。直径2.5、穿径0.7、肉厚0.1厘米，重4.1克（图二二八，5）。WSM23：1：⑥，熙宁元宝，篆书，旋读。直径2.4、穿径0.7、肉厚0.1厘米，重2.8克（图二二八，6）。WSM23：1：⑦，开元通宝，正书，直读。直径2.4、穿径0.7、肉厚0.1厘米，重1.7克。

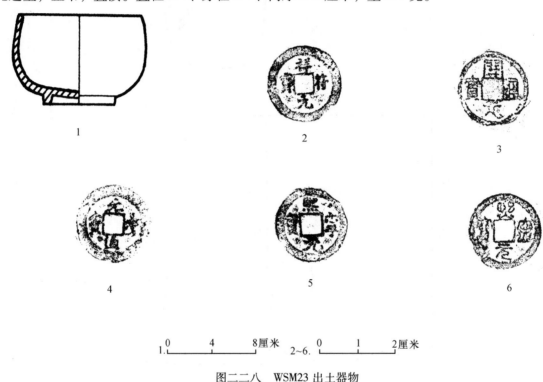

图二二八　WSM23 出土器物

1. 瓷碗（WSM23：2）　　2～6. 铜钱（WSM23：1：①、WSM23：1：②、WSM23：1：③、WSM23：1：⑤、WSM23：1：⑥）

2007WSM24

1. 墓葬形制

土洞墓，合葬，方向70度。

墓道位于墓室东端，开口于地表下0.9米。平面为长方形，竖穴土圹，直壁，平底。长1.4、宽0.9、深3米。

墓室为土洞，洞口即为墓门，顶部圆拱略平。墓门宽0.8、高0.9米，用石块封门。平面为长方形，直壁，平底。长1、宽0.8、洞高1.06米。内葬骨架一具，为集中堆积摆放，头向北，面向西，应为迁葬。在骨架上覆盖有铁板1块。

　　在墓道南壁有侧室一个，为土洞，洞口即为墓门，顶部圆拱略平，宽0.7、高0.8米，用石块封门。平面为长方形，直壁，平底。长0.9、宽0.7、洞高0.9米。内葬骨架一具，为集中堆积摆放，头向东，面向上，应为迁葬（图二二九；彩版二五，2）。

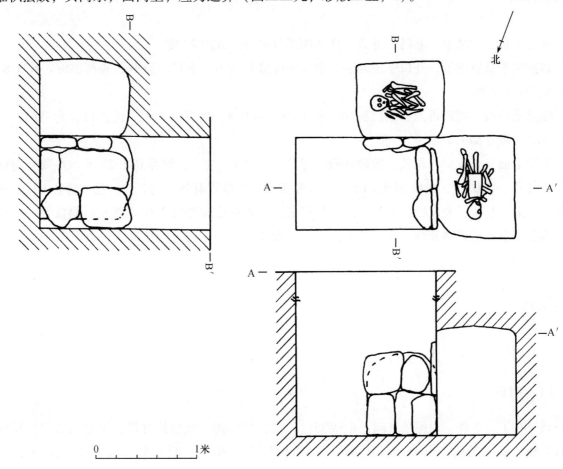

图二二九　WSM24 平、剖面图

1. 铁板

2. 随葬品

　　铁板　1件。WSM24:1，长方形板状，用途不明。长23.6、宽14.4、厚0.3厘米（图二三〇；彩版二八，3）。

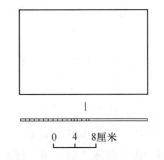

图二三〇　WSM24 出土铁板（WSM24:1）

2007WSM25

1. 墓葬形制

单室砖墓，由墓道、墓门、甬道、墓室四部分组成，方向 20 度。

墓道位于墓室南端，开口于地表下 1 米。平面呈长方形，土圹，直壁，底部斜坡。长 3.8、宽 0.8、深 1.2 米。

接墓道后有一砖砌甬道，顶已破坏。长 1.28、宽 0.8、残高 1.2 米。甬道口即为墓门，用小砖封堵，现存高 1.1 米。

墓室平面呈长方形，顶残，砖砌四壁，平底。长 3.6、宽 2、现存高 1.25 米。在墓室南壁正中下部开一长 0.18、宽 0.24 米的小龛。在墓室进口处放置有魁、勺 2 件，盘、奁各 1 件，耳杯 3 件，案、长盒、大口罐、鸡各 1 件。墓室东侧放置有灶和井各 1 件。墓室西侧放置一大口瓮。墓室南壁处放置圆套盒、耳杯各 1 件，大口罐 2 件。小龛内置陶猪圈 1 件（图二三一；彩版二二，2）。

2. 随葬品

有陶器、铜器等，共 23 件。

（1）陶器

魁（勺）　2 件，均泥质灰陶。WSM25：1，魁、勺配套。魁呈长方形，平底假圈足，长柄略曲上翘，柄头弯钩，长 15.2、宽 10、高 8、柄长 5 厘米；勺呈圆形，圜底，长柄略曲，长 12.8、柄长 7 厘米（图二三二，1；图版三八，1）。WSM25：2，魁、勺配套。魁呈长方形，平底假圈足，长柄略曲上翘，柄头弯钩，长 13.6、宽 10、高 8、柄长 5 厘米；勺呈圆形，圜底，长柄略曲，长 9.6、柄长 6 厘米（图二三二，2）。

长盒　1 件。WSM25：3，泥质灰陶。内外套装。平面呈椭圆方形。直壁，平底。外盒长 14.4、宽 8、高 6 厘米。内盒长 12、宽 5.6、高 4.8 厘米（图二三二，3；图版三九，4）。

耳杯　6 件，均泥质灰陶。WSM25：4，椭圆形口较直，圆唇，浅弧腹，平底假圈足。口沿两侧各有一半月形耳。口长 10.4、宽 8 厘米，底长 3.6、宽 2.4 厘米，高 3.2 厘米（图二三二，4）。WSM25：5，椭圆形口较直，圆唇，浅弧腹，平底假圈足。口沿两侧各有一半月形耳。口长 13.2、宽 10.4 厘米，底长 6、宽 4 厘米，高 3.6 厘米（图二三二，5；图版三八，2）。WSM25：6，椭圆形口较直，圆唇，浅弧腹，平底假圈足。口沿两侧各有一半月形耳。口长 10.8、宽 8.4 厘米，底长 4.8、宽 3.2 厘米，高 3.2 厘米（图二三二，6）。WSM25：10，椭圆形口较直，

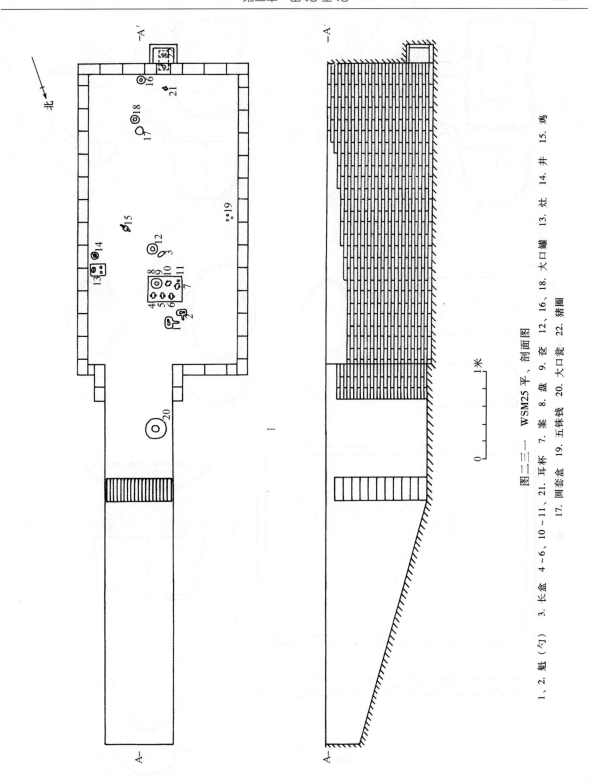

图二三一 WSM25 平、剖面图

1、2. 魁（勺） 3. 长盒 4~6、10~11、21. 耳杯 7. 案 8. 盘 9. 盏 12、16、18. 大口罐 13. 灶 14. 井 15. 鸡
17. 圆套盒 19. 五铢钱 20. 大口瓮 22. 猪圈

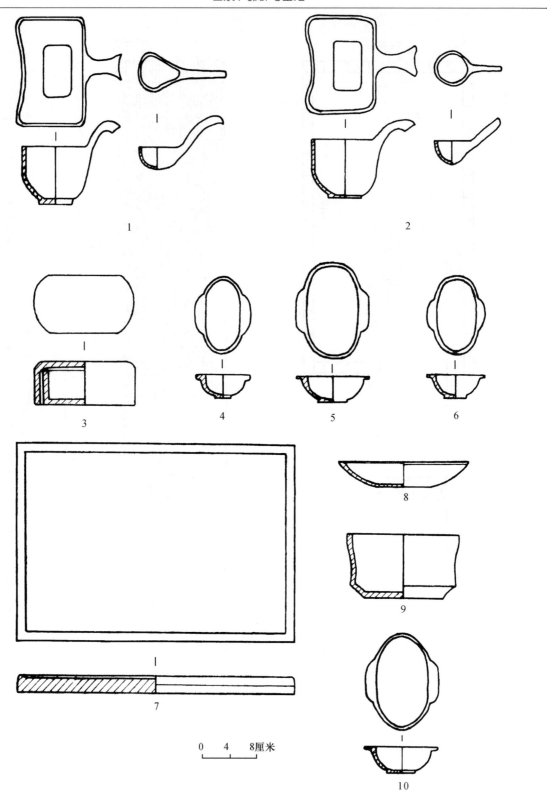

图二三二　WSM25 出土陶器

1、2. 魁（WSM25：1、WSM25：2）　3. 长盒（WSM25：3）　4～6、10. 耳杯（WSM25：4、WSM25：5、WSM25：6、WSM25：10）　7. 案（WSM25：7）　8. 盘（WSM25：8）　9. 奁（WSM25：9）

圆唇，浅弧腹，平底假圈足。口沿两侧各有一半月形耳。口长13.2、宽10.4、底长6、宽4、高3.6厘米（图二三二，10）。WSM25：11，椭圆形口较直，圆唇，浅弧腹，平底假圈足。口沿两侧各有一半月形耳。口长11.2、宽8.4、底长4.8、宽3.2、高3.2厘米（图二三三，1）。WSM25：21，椭圆形口较直，圆唇，浅弧腹，平底假圈足。口沿两侧各有一半月形耳。口长10.4、宽8.4、底长4.8、宽3.2、高3.2厘米（图二三四，1）。

案 1件。WSM25：7，泥质灰陶。呈长方形平板状，四周外缘略凸起。长40、宽27.2、厚2.4厘米（图二三二，7）。

盘 1件。WSM25：8，泥质灰陶。敞口方唇，弧腹内收，平底。口径18.4、底径6.4、高3.6厘米（图二三二，8）。

瓮 1件。WSM25：9，泥质灰陶。口部微敞，方唇，曲折腹下部内收，平底。口径16、腹最大径15.2、底径11.2、高8.8厘米（图二三二，9；图版三九，2）。

大口罐 3件。WSM25：12，泥质灰陶。直口方唇，鼓肩斜腹内收，平底。口径12、肩径17.6、底径8.8、高16厘米（图二三三，2；图版三八，4）。WSM25：16，泥质灰陶。直口方唇，鼓肩斜腹内收，平底。口径12、肩径17.6、底径9.6、高16.4厘米（图二三三，6；图版三八，5）。WSM25：18，泥质灰陶。直口方唇，鼓肩斜腹内收，平底。口径10.4、肩径16.8、底径8、高14.8厘米（图二三三，7；图版三八，6）。

灶 1件。WSM25：13，泥质灰陶。灶体呈箱形，平面略呈方形。灶面上有三个圆形与灶体相连的釜，一大两小。灶门呈方形，灶门上设半挡火墙。灶体长22、宽16、高9.2厘米。大灶孔上置一甑，甑为敞口平沿方唇，斜腹内收，平底，底部中心有一箅孔。甑口径12、底径4.8、高6.8厘米（图二三三，3；彩版二六，3）。

井 1件。WSM25：14，泥质灰陶。由井体和上部井架两部分组成。下部井体井沿为圆唇折沿，腹部井壁呈弧形向下至底部外扩，平底。上部井架仿古建筑风格，架梁上设四阿顶瓦垄，残。架梁两端有垂龙头饰件，井架与井沿相连接。井体口径14.4、腹径9.6、底径11.2厘米，井通高23.2厘米，其中井架高16、井体高7.2厘米（图二三三，4；彩版二六，6）。

鸡 1件。WSM25：15，泥质灰陶。为公鸡，高冠，昂首，尾巴上翘。中空。高16、长20、宽10厘米（图二三三，9）。

圆套盒 1件。WSM25：17，泥质灰陶。内外套装。平面呈圆形。壁近直，平底。外盒直径16、高8厘米；内盒直径12、高7.2厘米（图二三三，5）。

瓮 1件。WSM25：20，泥质灰陶。直口圆唇，广肩圆腹，腹下部斜向内收，平底。肩上部饰一周斜线纹和一周月牙纹。口径43.2、腹径41.6、底径42.4、高30厘米（图二三三，8）。

猪圈 1件。WSM25：22，泥质灰陶。整体呈箱形，四面围墙环绕，一侧置猪窝，猪窝上置一厕，四阿顶，上有瓦垄，厕正面开圆形拱门。猪圈中央置一陶猪模型，其呈站姿。长约19.2、宽13.2、通高19.2厘米，其中猪圈围墙高约6.8厘米（图二三四，2；彩版二六，4）。

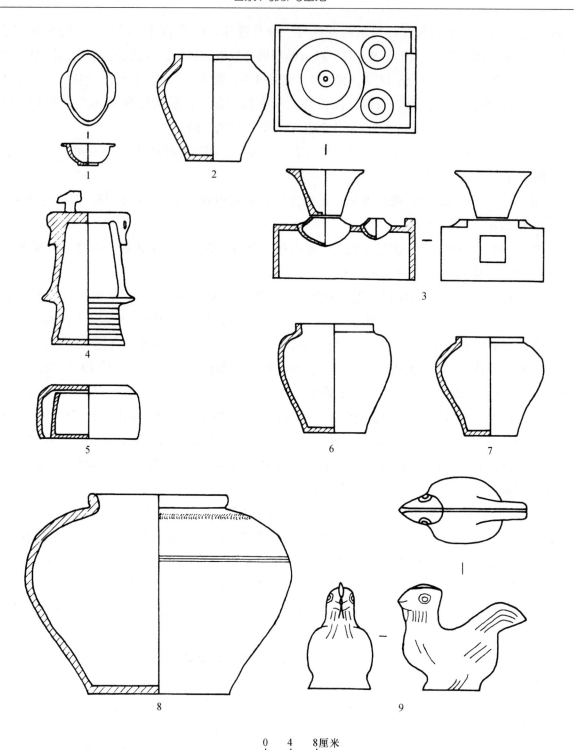

图二三三　WSM25 出土陶器

1. 耳杯（WSM25:11）　　2、6、7. 大口罐（WSM25:12、WSM25:16、WSM25:18）　　3. 灶（WSM25:13）　　4. 井（WSM25:14）

5. 圆套盒（WSM25:17）　　8. 瓮（WSM25:20）　　9. 鸡（WSM25:15）

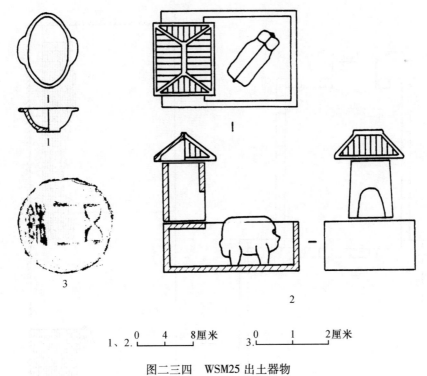

图二三四　WSM25 出土器物

1. 陶耳杯（WSM25:21）　2. 陶猪圈（WSM25:22）　3. 铜钱（WSM25:23）

（2）铜器

铜钱　2 枚。WSM25:19，五铢，篆书。直径 2.6、肉厚 0.1、穿径 0.9 厘米（图二三四，3）。

2007 WSM26

多室砖墓，由墓道、甬道、墓门、前室、侧室和后室组成，方向 25 度。

墓道位于墓室东边，开口于地表下 1 米，平面呈长方形，直壁，底部斜坡，长 4.4、宽 0.9、深 2.3、底坡长 4.7 米。

甬道长约 1.3、宽 0.9 米。甬道中间砖砌封门，封门宽 0.9、高 0.9 米。

前室与后室相接，平面呈长方形，长 3、宽 2.8 米；前室东侧置侧室，宽 1.2、进深 0.6 米。后室平面呈长方形，长 2.5、宽 2.2 米。后室底部用白灰及黄土掺杂碎砖铺垫一层，较前室底部高约 0.2 米。各室壁、底均以砖砌而成，顶部采用砖券，现残损严重。未见骨架及随葬品（图二三五）。

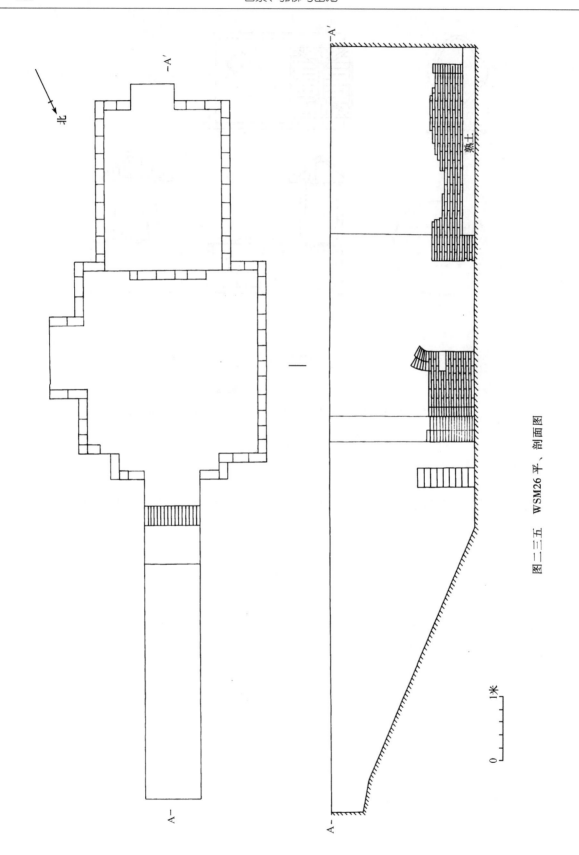

图二三五　WSM26 平、剖面图

2007WSM28

多室砖墓，由墓道、甬道、前室和后室组成，方向20度。

墓道位于墓室北边，开口于地表下1.1米，平面呈长方形，土圹，直壁，底部斜坡，长5.4、宽1、深0～2.2米。

墓道后有一甬道，长0.5、宽1、高1.9米。

前室平面呈长方形，顶部已塌，直壁，平底。长3.3、宽3.1、高2.2米。无骨架，无随葬品。前室与后室交接处有一甬道，长0.3、宽1.3米。后室平面呈长方形，顶部已塌，长2.9、宽2.3、高2米，后室底部较前室高约0.2米。各室壁、底均以砖砌而成，顶部采用砖券，现残损严重。无骨架及随葬品（图二三六）。

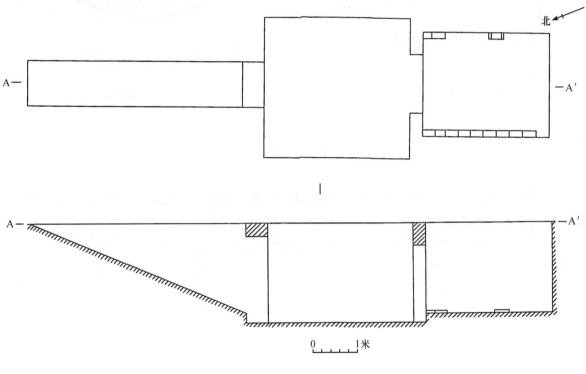

图二三六　WSM28平、剖面图

2007WSJ1

J1开口于地表下0.8米。平面为圆形，直壁，平底，整体呈圆筒状。直径2.5、深1米（图二三七）。

在J1的填土中发现少量陶片，以陶罐的口沿、底、腹为主。另有一带釉板瓦片，泥质灰陶，平面呈直角梯形，正面施白色釉，长12.4、宽8～10、厚1.6厘米（图二三八）。

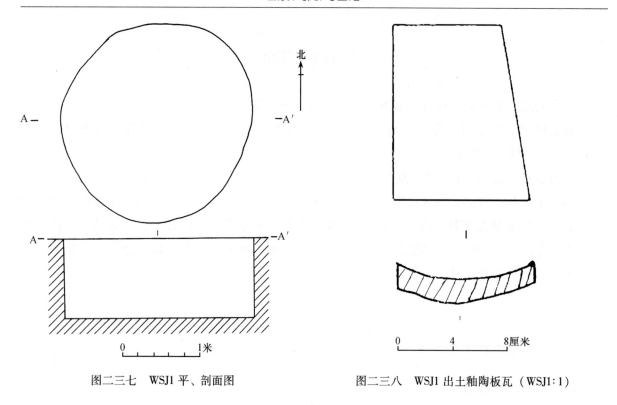

图二三七　WSJ1 平、剖面图　　　　　　图二三八　WSJ1 出土釉陶板瓦（WSJ1∶1）

2007WSJ2

J2 开口于地表下 1.2 米。平面为近半圆形，底部为四边形，上部向外坍塌。长 2.16、宽 2.22、深 2 米（图二三九）。

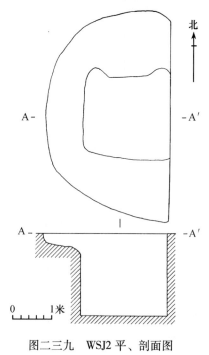

图二三九　WSJ2 平、剖面图

第二节　墓葬的类型分析

卫辉山彪墓地共有编号墓葬 28 座，其中 2 座为井或废弃井（WSM27 改为 WSJ1），实有墓葬 25 座。分属于汉、唐、宋、清等时代。按墓葬形制又可分为土洞墓、砖室墓、竖穴土坑墓三类。下面按时代先后对这些墓葬进行类型分析（参见附表三）。

一、汉　代

均为砖室墓。共 12 座。分 A、B 两型。

A 型　6 座，单室砖墓。分为两个亚型。

Aa 型　5 座。斜坡墓道。WSM3、WSM6、WSM11、WSM12、WSM25。其中 2 座为砖封门。2 座用石块封门。3 座为土洞甬道。1 座为砖砌甬道。

Ab 型　1 座。WSM8。台阶加斜坡墓道。

B 型　6 座。多室砖墓。WSM1、WSM4、WSM5、WSM7、WSM26、WSM28。均为斜坡土圹墓道，前后室墓。前室多为方形，后室多为长方形。其中 3 座用砖封门，3 座为土洞甬道，2 座前室一侧有小龛，2 座后室底端有小龛。

二、唐　代

均为土洞墓。共 3 座。分为 A、B 两型。

A 型　2 座。墓道平面为梯形，台阶加斜坡式。WSM19、WSM21。均有土洞甬道，墓室横置。其中 WSM19 墓室为椭圆形，WSM21 墓室为长方形。

B 型　1 座。WSM22。墓道平面为长方形，台阶加平底式，墓室横置。

三、宋　代

均为土洞墓，竖井式墓道。共 8 座。分为 A、B 两型。

A 型　3 座。墓道平面呈梯形。分为两个亚型。

Aa 型　2 座，单室。墓室均横置，用石块封门。WSM14、WSM23。其中 WSM14 墓道有脚窝。

Ab 型　1 座，多室。WSM17。在墓道南侧和东西两侧各辟一个墓室，平面为椭圆形。其中南墓室葬骨架 3 具，其他二室各葬骨架 2 具，均为迁葬，用石块封门。

B 型　5 座。墓道平面呈长方形，分为两个亚型。

Ba 型　单室。2 座。WSM13、WSM15。均有土洞甬道，墓室平面略为椭圆形，均为合葬、迁葬，用石块封门。

Bb 型　多室。3 座。WSM16、WSM18、WSM24。其中 WSM16、WSM24 各有两个墓室，平面略为椭圆形，均用石块封门。WSM18 在墓道东南两侧各辟有一个墓室，在墓道北侧辟有两个墓室，墓室平面均为长方形。

四、清　代

均为竖穴土坑墓。共 2 座。WSM9、WSM10。墓室平面均为长方形，其中 WSM10 为合葬，墓道西壁辟有两个小龛，内各置瓷罐 1 件。

第三节　墓葬出土主要器物的型式分析

卫辉山彪墓地 26 座墓葬中有 7 座无随葬品，所余 19 座墓葬共出土陶、瓷、铜、铁、石、蚌等各类器物 90 件。分属于汉、唐、宋、清等时代。下面按时代先后对墓葬出土器物进行型式分析（参见附表六）。

一、汉　代

1. 陶器

共 69 件。器型有大口罐、束颈罐、盆、盘、瓮、仓、圆盒、长盒、奁、魁、勺、案、耳杯、灶、井、猪圈、狗、鸡等。

大口罐　6 件。分 A、B 两型。

A 型　3 件。直口，鼓腹，平底。WSM25：12、WSM25：16、WSM25：18。

B 型　3 件。翻沿，尖圆唇，鼓腹，平底。分两亚型。

Ba 型　2 件。造型矮胖。WSM3：1、WSM3：19。

Bb 型　1 件。造型稍高，球形腹。WSM3：18。

束颈罐　1 件。WSM6：1，仅存口底部分，翻沿，方唇，束颈，平底。近底部有凹弦纹一周。

盆　2 件。折沿，方唇，弧壁，底残。WSM3：22、WSM3：23。

盘　3 件。直口，弧壁，平底。WSM3：12、WSM3：16、WSM25：8。

瓮　2 件。翻沿，圆唇，鼓腹，平底。WSM25：20、WSM11：2（仅存腹部残片）。

仓　1 件。WSM3：14，翻沿，圆唇，鼓腹，小平底。

圆盒　3 件。平面呈圆形，一大一小相套。WSM3：4、WSM4：4、WSM25：15。

长盒　2 件。平面呈椭圆形，一大一小相套。WSM3：3、WSM25：3。

盒 3件。分二型。

A型 2件。直腹，平底。WSM3：2、WSM8：1。

B型 1件。WSM25：9，折腹，平底。

魁、勺 4件。魁、勺配套使用。分两型。

A型 2件。平面呈椭圆形，假圈足底，整体造型较高。WSM25：1、WSM25：2。

B型 2件。造型矮胖，分两亚型。

Ba型 1件。WSM3：20，假圈足底。

Bb型 1件。WSM3：15，平底。

案 3件。平面长方形，周边突起。WSM3：7、WSM12：3、WSM25：7。

耳杯 9件。分两型。

A型 4件。整体造型较大。WSM3：21、WSM12：2、WSM25：5、WSM25：10。

B型 5件。整体造型较小。WSM3：10、WSM25：4、WSM25：6、WSM25：11、WSM25：21。

灶 5件。分两型。

A型 2件。灶面上有一个灶孔。WSM7：1、WSM11：3。

B型 3件。釜与灶连体。分两亚型。

Ba型 1件。WSM4：2，灶面上有一个连体釜。

Bb型 2件。灶面上有一大两小三个连体釜。WSM3：11、WSM25：13。

井 4件。分三型。

A型 2件。连体圆筒状，顶为四阿式。井架上两侧各雕龙头一个，井架为竖条状，井栏突出。井筒呈亚腰形，平底，井筒部位饰凹弦纹数周。WSM3：9、WSM25：14。

B型 1件。WSM8：2，井筒呈亚腰形，无底，井栏突出，井架与井栏相连，无顶。

C型 1件。WSM4：3，仅存井筒，井栏部分突出，斜腹，无底。

猪圈 3件。一厕一圈，圈平面呈长方形，厕位于圈的一角，厕墙已不存，仅余屋顶，顶为四阿式。WSM3：8、WSM4：1、WSM25：22。其中WSM3：8和WSM25：22圈内有肥猪一头。

狗 1件。WSM3：5，模制，呈圆雕形，蹲坐状，卷尾，底座呈长方形。

鸡 2件。模制，呈圆雕形，形体较小，为雄鸡，高冠长尾，站立状，底座为圆形。WSM3：6、WSM25：15。

2. 铜器

仅有铜钱，共4枚。

五铢 共18枚。分两型。

A型 17枚。"五"字交笔弯曲，"铢"字的"朱"字上下均圆折。WSM3：17，10枚。WSM6：1：①，5枚。WSM25：19，2枚。

B型 1枚。剪轮五铢。WSM6：1：②。

3. 铁器

共 1 件。

铁削　1 件。WSM11:1，中间已断，直背弧刃，为双面刃，柄端呈尖状，原应有木或其他质地的柄

二、唐　　代

1. 陶器

共 6 件。

双系罐　1 件。WSM22:5，直口，圆唇，广肩，鼓腹，平底。肩上对置两耳，已残。

大口罐　1 件。WSM19:3，翻沿，圆唇，鼓腹，平底。

瓶　4 件。分两型。

A 型　1 件。WSM21:1，整体造型矮胖，颈较短。

B 型　3 件。整体造型匀称，颈稍长。WSM19:1、WSM21:3、WSM21:4。

2. 瓷器

共 3 件。

瓶　1 件。WSM22:6，口残，鼓腹，假圈足。器表施半釉，器内施满釉，黑釉。

碗　2 件。WSM19:2，敞口，圆唇，弧壁，腹下部微曲，平底。胎质灰白泛红色，胎较厚。器表施半釉，器内施满釉，釉为酱色。WSM21:2，敞口，圆唇，弧壁，平底。胎质灰白泛红色。器表施半釉，器内施满釉，釉为酱色。

3. 铜器

共 1 件。另有铜钱 7 枚。

钩　1 件。WSM22:4，用铜条弯制而成，为"J"形，尾端卷成环状，钩柄上缠绕有细密铜丝。应为鱼钩。

铜钱　仅有开元通宝，共 5 枚。正书，直读。WSM14:1:④，1 枚。WSM22:1，2 枚。WSM23:1:②、WSM23:1:⑦，2 枚。

4. 蚌器

共4件。

蚌壳　4件。均为一式2件，上下相扣，扇形，有自然花纹。WSM22∶2、WSM22∶3。

三、宋　　代

1. 瓷器

共2件。

碗　2件。分两型。

A型　1件。WSM23∶2，直口，尖唇，弧壁，圈足。白胎，器表器内均施满釉，釉为灰白色。

B型　1件。WSM14∶2，直口，弧壁，圈足底。口沿下有一折痕，下腹有三周凹弦纹。胎质灰白，器表施半釉，器内施满釉，白釉。釉面有开片，开片较小。

2. 铜器

共1件。另有铜钱14枚。

簪　1件。WSM17∶2，体呈"U"形，用铜棍弯曲而成。

铜钱　共5种，14枚。依时代先后分述于下：

祥符元宝　2枚。WSM23∶1∶①（一式2枚）。正书，旋读。

皇宋通宝　3枚。分两型。

A型　2枚。WSM14∶1∶⑤（一式2枚）。正书，直读。

B型　1枚。WSM17∶2，篆书，直读。

治平元宝　1枚。WSM14∶1∶①，篆书，旋读。

熙宁元宝　4枚。分两型。

A型　3枚。正书，旋读。WSM23∶1∶⑤，1枚。WSM14∶1∶③（一式2枚）。

B型　1枚。WSM23∶1∶⑥，篆书，旋读。

元丰通宝　4枚。分两型。

A型　2枚。篆书，旋读，WSM14∶1∶②（一式2枚）。

B型　2枚。行书，旋读。WSM23∶1∶③、WSM23∶1∶④。

3. 铁器

铁板　1件。WSM24∶1，长方形板状，用途不明。

四、清　代

1. 瓷器

共2件。

双系罐　2件。直口，圆唇，鼓腹，圈足。口下两侧各置一耳，耳残。WSM10∶1、WSM10∶2。

2. 铜钱

共2种，2枚。依时代先后分述于下：

顺治通宝　1枚。WSM9∶1，正书，直读。

康熙通宝　1枚。WSM9∶2，正书，直读。

第四节　墓葬的分期与年代

一、汉　代

山彪墓地共有汉代墓葬12座，根据墓葬形制、演变和出土器物组合及型式演变，将其分为两期。

1. 第一期

墓葬共有4座：WSM6、WSM7、WSM8、WSM11。墓葬形制中2座为Aa型砖室墓，1座为Ab型砖室墓，1座为B型砖室墓。A型砖室墓在此期的4座墓中有3座，占67%，应为第一期的主要墓葬形制。出土陶器器物组合已不全，为零散陶器。其中2座墓同出A型灶，1座墓出束颈罐，1座墓出瓮，1座墓出A型奁，1座墓出B型井。另有1座墓同出A、B（剪轮五铢）型五铢。此期的墓葬形制有三座为A型砖室墓，即单室长方形墓室。一座为B型砖室墓，即前后室墓。这两种墓葬形制在新乡地区多为东汉前期出现，中期流行[1]。出土器物中的A型灶为有火眼灶，这与洛阳烧沟汉墓中东汉晚期的附釜火眼灶不同，一般流行于东汉中期以前[2]。所以第一期的年代应为东汉中期或中期偏晚阶段。

2. 第二期

墓葬共有 8 座：WSM1、WSM3、WSM4、WSM5、WSM12、WSM25、WSM26、WSM28。墓葬形制中 3 座为 Aa 型砖室墓，1 座为 Ab 型砖室墓，5 座为 B 型墓。B 型墓在此期的 9 座墓中有 5 座，占 55%，应为第二期的主要墓葬形制。出土陶器器物组合主要为大口罐、盆、瓮、灶、井、猪圈、魁、勺、案、盒、耳杯等。其中 4 座墓同出井，3 座墓同出 B 型灶、猪圈和耳杯，2 座墓出大口罐，2 座墓出案，2 座墓出魁、勺，2 座墓出圆陶盒、长陶盒，2 座墓出鸡、狗，1 座墓出奁，1 座墓出瓮，1 座墓出盆，1 座墓出盘。另有 2 座墓同出 A 型五铢。4 座墓无随葬品。此期器物中的井、奁、案、耳杯、灶和魁、勺等分别与辉县百泉墓地汉代第一期出土的 A 型井、A 型 I 式奁、A 型案、A 型耳杯、I 式灶、魁、勺等器物型式相同或相似[3]。百泉墓地汉代第一期的时代为东汉晚期前段，考虑到本墓地墓葬形制发展序列和器物型式演变，可以将第二期的年代定为东汉晚期前段或稍后。

二、唐 代

山彪墓地共有唐代墓葬 3 座，根据墓葬形制、演变和出土器物组合及型式演变，将其分为两期。

1. 第一期

墓葬共有 1 座，WSM22。墓葬形制为 B 型土洞墓，即墓道平面为长方形，结构为台阶加平底式，墓室横置。出土器物有陶双系罐、瓷瓶、蚌壳、铜钩等。本期出土的陶双系罐与三门峡庙底沟唐墓 M228:3 号 I 式陶罐[4]造型基本相同；瓷瓶与新乡机电专科学校 M2:4 号 II 式瓷瓶[5]相同。三门峡庙底沟唐墓 M228 和新乡机电专科学校 M2 的年代均为盛唐，考虑到器物造型等特点，可以将第二期的年代定为盛唐初期。

2. 第二期

墓葬共有 2 座：WSM19、WSM21。墓葬形制为 A 型土洞墓，即墓道平面为梯形，结构为台阶加斜坡式。有土洞甬道，墓室横置。出土器物有陶大口罐，A、B 型陶瓶，瓷碗等。本期出土的 A、B 型陶瓶和瓷碗分别与新乡机电专科学校 M2:1 号 I 式陶瓶、M3:3 号 III 式陶瓶和 M2:5 号瓷碟[6]相同。新乡机电专科学校 M2、M3 的年代均为盛唐，所以第二期的年代也应与此同为盛唐时期。

三、宋　代

山彪墓地共有宋代墓葬 8 座，根据墓葬形制、演变和出土器物组合及型式演变，将其分为前、后两期。

1. 第一期

墓葬共有 5 座：WSM13、WSM14、WSM15、WSM17、WSM23。墓葬形制中有 2 座为 Aa 型土洞墓，1 座为 Ab 型土洞墓，1 座为 Ba 型土洞墓。该期墓中有 3 座（WSM14、WSM17、WSM23）同出器物和铜钱，余 2 座无随葬品。出土器物有 A 型灰白釉瓷碗 1 件、B 型白釉瓷碗 1 件和铜簪 1 件。出土铜钱共 14 枚，其中最早的为祥符元宝（1008～1017 年），最晚的为元丰通宝（1078～1086 年）。依据铜钱年代并参考墓葬形制和出土器物，第一期的年代可定为宋代前期，绝对年代当在 1008～1086 年之间。

2. 第二期

墓葬共有 3 座：WSM16、WSM18、WSM24。墓葬形制均为 Bb 型土洞墓。该期墓中几乎未出器物和铜钱，仅 WSM24 出土铁板 1 件。根据墓葬形制演变并参考第一期和郭柳同类型墓葬的时代，该期墓葬年代大体可定为宋代后期，其确切年代尚难断定。

四、清　代

山彪墓地共有清代墓葬 2 座：WSM9、WSM10，不分期。墓葬形制均为竖穴土坑墓。出土器物有酱釉瓷双系罐 2 件，顺治通宝、康熙通宝铜钱各 1 枚。根据铜钱的年代推断，该墓地清代墓葬的时代应为清代早期。

第五节　小　　结

一、墓地范围、分布、性质

山彪墓地位于太行山余脉孤山南麓前的一篇丘陵地带上，自然地势由西南向东北呈台地逐级降低，此次发掘是在由西南向东北长 140、宽 100 米的范围内进行的。由西向东最大落差约 20 米，即 WSM1 要高于 WSM28 约 20 米。发掘结果表明，该墓地约可分为西、中、东三个区。

西区东西长约30、南北宽约50米，集中埋葬有东汉砖室墓葬9座。这9座墓葬排列规整、方向一致，彼此无叠压打破现象，推测应为一小的家族墓地。该墓地向西与金灯寺汉代墓地相接，应为金灯寺汉代墓地的一部分。中区紧靠西区，其范围较小，东西长仅约15米、南北宽约50米，集中埋葬有唐宋土洞墓11座。其中三座唐墓在其南部，八座宋墓在北部，其分布排列也较规整，彼此无叠压打破现象，应各自为一个小的家族墓地。东区距离中区约60米，范围也较小，仅有东汉墓葬3座。在其周围约50米的范围内，经钻探未发现有其他墓葬。

二、墓葬形制演变、葬俗

该墓地有东汉、唐、宋、清四个时期，其墓葬形制和葬俗每个时期各有特点。东汉时期墓葬均为砖室墓，方向在20～30度之间（墓道向北）。第一期多为单室砖墓，第二期则以双室和多室墓为主。随葬品以陶器占大宗，有大口罐、束颈罐、盆、盘、瓮、仓、圆盒、长盒、奁、魁、勺、案、耳杯、灶、井、猪圈、狗、鸡和铜钱等。随葬品多置放于墓室前部或前室，铜、铁器和小件物品则放于骨架周围。唐代墓葬均为土洞墓，方向在190～210度之间（墓道向南）。斜坡或台阶墓道，长方形墓室。随葬品有陶瓶、双系罐、瓷瓶、碗和铜钱等。随葬品多置放于墓室前部和骨架周围。宋代墓葬也均为土洞墓，方向多在10～35度之间（墓道向北），少数为70度或在260～330度之间（墓道向东或向西）。多为竖井式墓道、圆形或椭圆形墓室，盛行多室墓和迁葬。随葬品很少，仅有一件瓷盂或碗，多数葬有铜钱。随葬品多置放于骨架周围。清代墓葬仅有两座，为竖穴土坑墓，头向110～115度（头向东）。长方形墓室。随葬品很少，仅有一件瓷双系罐和铜钱。随葬品多置放于头前，铜钱在骨架周围。

三、与山彪战国墓群的关系

本墓地南边紧邻河南省重点文物保护单位——山彪战国墓群，该墓群曾于1935年夏季，由原国立中央研究院历史语言研究所和河南省政府组成的河南古迹研究会进行过发掘。共发掘战国时期的大墓1座、小墓7座、车马坑1座。出土青铜器1447件、玉石器126件、陶器7件、骨角贝器3116件。著名的水陆攻战纹铜鉴即是此次发掘所获[7]。在其西边有金灯寺汉墓群[8]和凤凰山战国两汉墓地[9]。说明战国两汉时期此地人口密集，其墓葬沿太行山南麓东西一线连绵不断，是人们死后理想的埋葬之地。

注 释

[1] 参见刘习祥：《新乡凤凰山战国两汉墓地研究》，《中原文物》2008年第1期。

[2] 洛阳烧沟汉墓中前者为三型，后者为四型，参见《洛阳烧沟汉墓》231页。又见张勇《豫北汉代陶灶》《中原文物》2007年第5期。文中将前者列为第一大类B型Ⅳ式，将后者列为第一大类B型Ⅴ式，Ⅳ式年

　　　　代为东汉中期以前，Ⅴ式年代为东汉晚期。

[3]　　参见本书第一章，第四节。

[4]　　河南省文物考古研究所：《三门峡庙底沟唐宋墓葬》，大象出版社，2006 年，图一八一。

[5]　　新乡市文物工作队：《河南新乡市唐代墓葬发掘报告》，图九，2，《华夏考古》2004 年第 3 期。

[6]　　同［5］，图八，7、11；图九，2。

[7]　　郭宝均：《山彪镇与琉璃阁》，科学出版社，1959 年。

[8]　　南水北调中线总干渠文物调查发现，由郑州大学发掘。

[9]　　新乡市文物考古研究所：《新乡凤凰山墓地》，内蒙古人民出版社，2008 年。

第四章　结　语

本报告是将该地区三处墓葬群作以分别介绍，故在每一处墓地分析之后，都有专题小结。第四章的结语部分是将在考古发掘工作中发现的其他线索综合起来分出如下三个问题。

一、百泉、郭柳与山彪三处墓地葬俗的特点、共性与差异

百泉、郭柳与山彪三处墓地均位于太行山南麓一线，东西相距最远只有14公里，同处于一个纬度之上。其葬俗有许多相同之处，也略有差异。相同处有：①在墓葬形制上，唐代均为土洞墓，墓道有斜坡、台阶、竖井式三种，墓室多为方形和长方形，均为一次葬；宋代也均为土洞墓，墓道则全为竖井式，墓室以圆形和椭圆形为主，有部分长方形，多为二次葬；明清时期多为竖穴土坑墓，有部分土洞墓，墓葬形制均较小。②在随葬品上，东汉时期数量较多，且多为陶器，有少量铜、铁器如铜镜、铜钱、铁刀、剑等；唐代随葬品数量有所减少，一般不超过10件，多为一两件陶器加一两件瓷器加铜镜和铜钱；宋代随葬品数量更少，仅有一两件瓷器加陶瓦片（后一种仅百泉墓地有）和铜钱；明清时期与宋代基本相同。差别有：①在墓葬形制上，东汉时期百泉墓地多为土洞墓，有少量砖室墓。山彪和郭柳墓地则全为砖室墓，且砖室墓的形制也略有差别。百泉墓地砖室墓在前室两侧各开一个侧室，山彪墓地砖室墓大多无侧室。宋代三处墓地虽都为土洞墓，在形制上却略有区别。百泉和郭柳墓地大多为一个墓室，仅郭柳墓地有一座为两个墓室。山彪墓地多数为两个以上墓室，最多的有四个墓室。②在随葬品上，个别墓地出现了一些特有的现象，如唐代时郭柳墓地出现用三彩器随葬、宋代时百泉墓地出现用陶瓦符随葬的习俗。

二、新乡地区沿太行山南麓东西一线墓地分布情况及所反映的问题

新乡北部东西一线长达三十余公里，这个区域北依太行山东西线和南北线的大折背处，其余脉分别向南、向东绵延十余公里。南临卫河，地理位置北高靠山，南低临水，十分优越，自古以来就是人们生产、生活和繁衍生息的好地方，考古资料显示：从新石器时期中晚期开始，这里便开始大量的聚集部落和人群。其北端沿太行山南麓东西一线更是人们死后理想的埋葬场所。据不完全统计，新中国成立以来在这个区域内发现的古代墓葬多达数千余座。这次南水北

调中线总干渠工程共发现文物 14 处，自西而东有：孙村遗址（墓地）→百泉墓地→大官庄墓地→赵庄墓地→固围村墓地→毡匠屯墓地→郭柳墓地→王门墓地→老道井墓地→金灯寺窑址→金灯寺墓地→山彪墓地→大司马墓地→马林庄墓地。参加发掘的单位有中国社会科学院考古研究所、武汉大学等九个国家、省、市级考古单位和大学，发掘古代墓葬近 800 座，古文化遗址两处，收获颇丰。这些遗址和墓葬的年代从夏商一直延续到明清，中间基本无缺环。进一步说明这一区域自古以来自然生存条件优越，使得历代人群在这里生息繁衍、连绵不断，为我们研究该地的人类生产、生活和埋葬制度提供了珍贵的实物资料。

三、墓地与沿线城镇以及历史官道的联系

新乡北部沿太行山南麓东西一线历代大量墓地的存在，与这一区域自然条件、人口密度以及较多的城镇聚集有着密切关系。该地区南有黄河天险、北有太行屏障，山河之间水源充沛、土地肥沃，四季分明、气候宜人，天然间形成了一个物产丰美，易生易息之地。豫北平原广阔而平坦，交通方面应该十分便利。但在当时的条件下人们要向西翻越太行山，向南跨越黄河，应是一件较为困难的事情。因而人们便自然而然地顺太行山南麓→东麓→向北，绕过太行山到达华北，或向南向西达到陕西和山西，久之便形成一条较大而繁忙的东西之路。所以无论是商代时期由北到殷都，还是周秦、汉唐到长安，这里都应是必经之路。在历史条件下形成的一条天然的人间大道（牧野大战，周武王便是率师从孟津渡黄河经此道而向殷都进发）。古书称之为"河内之地，大路通京"。考古资料显示：这一带的商代遗址有辉县的丰城遗址、琉璃阁遗址、孟庄遗址和凤泉区的潞王坟遗址等，商代墓葬群集中在辉县的褚邱、百泉、琉璃阁和孟庄一线；战国墓葬群集中在辉县的赵固、固围、百泉、琉璃阁、孟庄以及卫辉的汲城、山彪一线，其中不乏大量的大型贵族墓葬及车马坑；而众多的汉代墓群分布在凤泉的五陵和王门以及辉县的广大地域。据此尚可推断：城镇聚集，人口众多之地，理应有便捷的道路。历史上，周武王伐纣自孟津渡口渡过黄河并会诸侯于牧野与殷商决战，之后的春秋战国诸侯多次在这一区域会盟，至秦代博浪沙张良击秦，秦始皇当时巡视天下也经此路。自两汉以后，渡过孟津经河内郡、卫郡至冀州，这条延伸在太行山前平原地带的古道就一直沟通着四面八方的交通。近年在新乡出土的《唐故张府君墓志铭并序》中记载："府君春秋八十有八，神枢先安卫北之原，今因夫人七十有九，归乎大夜，粤以大和元年丁未岁夏四月中旬十八日己酉，遂合祔迁窆于新乡县东十里之原，礼也。其地东临卫郡，西附新乡，南枕上村，却倚长安之官路。卜得此地，宅地千秋后恐山河陵替，故刊不朽之铭以为记也。"其中所提及的"新乡县东十里之原"、"却倚长安之官路"便应是这条官道具体的一段。官道两侧人口稠密，乡村、城镇、集市分布密集，应是人类生活中形成自然规划的习俗。而在此道两旁形成的比较大的聚居地或城址，自西向东有辉县的褚邱、丰城（有学者考证可能是商时的戚城，即牧野大战时周军"朝食于戚、暮宿于百泉"的戚城）、孟庄、凡城、共城、卫辉市的汲城、陈城（现卫辉市）等。这进一步说明自古以来人们建城的理念也是临路而择。当然，隋炀帝开凿大运河后、永济渠成为京都洛阳

通往全国南北其他运河段的主要连接线，新乡的卫河成为永济渠的一段，水上交通及漕运的便捷使新乡原来旱路之官道不再成为该区域内唯一的交通要道了。而旱、水两路的并驾齐驱。更凸显了这一区域在历史上的重要性。

四、人骨鉴定的有关问题

此次在三处墓地的考古发掘中，受自然条件限制，所获得的人类体质信息有限，只能提取一部分人骨进行分析鉴定。

附　　表

附表一　辉县市百泉墓地墓葬形制登记表

墓号	墓葬形制	方向（度）	墓道长×宽×深（米）	墓室长×宽×高（米）	小龛	人数	葬式	葬具长×宽（米）	分期	备注
HBM1	土洞墓，长斜坡墓道	230	3.1×0.65×0.4-2（"-"号为至多少距离）下同	2.25×1.33×1.3	无	4	东部2具，仰身直肢，另2具不详	无	宋、金二期	
HBM2	土洞墓，长斜坡墓道	280	6×0.86×0.4-3.6	前室1.5×1.8×3.6，侧室2.2×1.3×1.5	1	3	仰身直肢	木棺痕迹2×0.6（2个），木棺痕迹2.1×0.7	汉代一期	
HBM3	土洞墓，长斜坡墓道	290	6.38×0.76-0.94×0.4-3.3	4.1×1.7×3.3	无	1	仰身直肢	白灰痕迹2.1×0.54	汉代一期	
HBM4	土洞墓，长斜坡墓道	290	4.56×0.8×0.2-2.7	3.5×1.5×2.7	1	2	仰身直肢	不详	汉代一期	
HBM5	土洞墓，长斜坡墓道	230	5.4×1.1-1.2×2.3-3.4	2.7×1.2×1.3（0.5）（括号内为末端高度，下同）	无	3	仰身直肢	不详	宋、金一期	
HBM6	土洞墓，长斜坡墓道	220	3×1×0.6-1.4	2.4×1.4×1	无	无	无	无	宋、金一期	
HBM7	土洞墓，长斜坡墓道	290	3.8×0.9×1.65-3.6	4.2×1.5×1.8	无	1	仰身直肢	无	汉代一期	
HBM8	多室砖墓	230	10.3×1-0.6×4.9	前室2.8×1.8×1.6，后室2.8×1.6×1.78	无	无	无	无	汉代二期	破坏严重
HBM9	废弃墓道									
HBM10	多室砖墓	90	6.6×1×3	前室2×1.5×0.5，西侧室2×1.4×0.5，后室2.3×1.8×0.7	无	无	无	无	汉代二期	

墓号	墓葬形制	方向（度）	墓道长×宽×深（米）	墓室长×宽×高（米）	小龛	人数	葬式	葬具长×宽（米）	分期	备注
HBM11	多室砖墓	100	7×0.8×4	前室2.1×1.8×1.8，北侧室2.1×1.1×1.8，南侧室2.1×1.1×1.8，后室2.4×2×1.8	无	无	无	无	汉代二期	
HBM12	土洞墓，斜坡墓道加台阶式	180	2.5×0.9×1.6-2.6	2.2×0.8（0.6）×1.5（0.9）	无	无	无	无	宋、金一期	
HBM13	土洞墓，斜坡墓道加台阶式	180	4.5×1.1×4.7	前室2.1×2×1.2（1），西侧室1.86×0.78×0.6，东侧室1.95×0.76×0.6	无	3	不详	无	唐代二期	
HBM14	土洞墓，斜坡墓道	180	2.1×0.96-1×1.2-2.5	2.06×1.6×2.2	无	无	无	无	唐代一期	
HBM15	土洞墓，长斜坡墓道	200	3.6×0.8×0.5-2.2	2.6×0.76-1.4×1.4	无	1	不详	木棺痕迹1.74×0.34-0.7	宋、金一期	
HBM16	竖穴土坑墓，合葬	230		2×0.9-1.7×0.4	无	2	不详	无	清代一期	
HBM17	单室砖墓，穹隆顶	290	4×0.94-1.06×0.6-3.2	3.1×3.1×3.2	无	不详	不详	无	汉代三期	
HBM18	土洞墓，长斜坡墓道	235	4.4×1.2×1.65-2.1	2.8×1.7×2.1	无	无	无	无	宋、金二期	
HBM19	土洞墓，长斜坡墓道	300	3.8×0.88-1.2×1.56-3.3	4.3×1.6×1.74（1.46）	1	1	不详	无	汉代一期	
HBM20	竖穴土坑墓，单葬	180		1×0.5-0.72×0.5	无	1	不详	无	唐代二期	
HBM21	土洞墓，竖井式墓道	200	2.7×0.7-1.18×2.8	2.2×1.4-1.7×1.22	无	1	仰身直肢	白灰痕迹1.5×0.3-0.6	宋金一期	
HBM22	土洞墓，竖井式墓道	210	2.3×0.7-0.9×2.4	2.2×2.4×1.4（1.2）	无	3	东2具仰身直肢，西1具不详	无	清代一期	
HBM23	砖室墓，长斜坡墓道	190	5.6×0.6×0.2-3.2	3×1.88×1.96	无		不详	无	汉代一期	有乱骨

墓号	墓葬形制	方向（度）	墓道长×宽×深（米）	墓室长×宽×高（米）	小龛	人数	葬式	葬具长×宽（米）	分期	备注
HBM24	土洞墓，竖井式墓道	180	2.1×0.8-0.9×2.6	2.3×0.9-1×1.1	无	2	不详	无	宋、金一期	
HBM25	土洞墓，长斜坡墓道	190	4.9×0.6-0.7×1.9-3.2	2×2.2	2	1	仰身直肢	无	宋、金一期	
HBM26	窄竖穴土坑墓，单葬	20		2.3×0.8×1.6	无	1	仰身直肢	木棺痕迹1.8×0.64	清代二期	
HBM27	土洞墓，竖井式墓道	210	2.4×0.9-1.3×3.3	2.98×2.3×1.5	无	1	仰身直肢	白灰痕迹1.6×0.4-0.6，木棺痕迹1.7×0.4-0.6	宋、金二期	
HBM28	竖穴土坑墓，单葬	90		2×1.6×2.1	无	无	无	无	宋、金一期	
HBM29	土洞墓，斜坡加台阶式	200	3.1×0.6-1.2×1.2-3.5	2.4-3.2×2.5×1.8	无	无	无	无	唐代二期	
HBM30	土洞墓，竖井式墓道	190	2.5×0.8-1.14×2	1.9×1-1.2×1.36	无	1	仰身直肢	木棺痕迹1.8×0.4-0.5	宋、金一期	
HBM31	窄竖穴土坑墓，单葬	190		2.2×0.6-1×1.36	无	1	仰身直肢	木棺痕迹1.9×0.5-0.6	宋、金三期	
HBM32	废弃墙基									
HBM33	土洞墓，竖井式墓道	160	2.1×0.4-0.9×2.9	2.1×1.3-1.5×0.8-0.9	无	2	仰身直肢	西侧木棺痕迹1.9×0.4-0.6，东侧木棺痕迹1.9×0.4-0.6	明代	
HBM34	土洞墓，竖井式墓道	180	1.8×0.6×0.8	2.4×1-1.64×0.8	无	2	仰身直肢	东侧木棺痕迹1.7×0.3-0.6，西侧木棺痕迹1.7×0.3-0.6	清代二期	
HBM35	窄竖穴土坑墓，单葬	180		1.9×0.44-0.9×0.9	无	1	仰身直肢	无	清代一期	
HBM36	土洞墓，竖井式墓道	180	2×0.75×0.8-1	2.3×1.2×1-1.1	无	1	仰身直肢	无	宋、金二期	
HBM37	土洞墓，竖井式墓道	190	1.7×1.1×2.1	2.4×2.2×1	无	2	仰身直肢	2个木棺痕迹均为2.1×0.4-0.6	宋、金二期	

墓号	墓葬形制	方向（度）	墓道长×宽×深（米）	墓室长×宽×高（米）	小龛	人数	葬式	葬具长×宽（米）	分期	备注
HBM38	多室砖墓	180	7×1.2×3.7	前室3×3后室2.9×2.9，东侧室2.7×1.7，西侧室1.5×1.2	无	不详	不详	无	汉代二期	
HBM39	废弃墓（单室砖墓）	180	6×1.2×3.3	4×1.2	无	无	无	无		
HBM40	竖穴土坑墓，合葬	20		2×1.3－2×1.3	无	2	仰身直肢	无	清代二期	
HBM41	土洞墓，竖井式墓道	140	2×0.7－0.9×2.9	1.9×1.4×0.8（0.7）	无	2	仰身直肢	不详	清代一期	
HBM42	土洞墓，竖井式墓道	150	2×1×2.5	2.4×1.9×1	无	无	无	无	唐代三期	
HBM43	土洞墓，竖井式墓道	210	2.7×0.9－1.14×3.2	2.7×1.1－1.7×1.1	无	1	仰身直肢	木棺痕迹1.7×0.4－0.5	明代	
HBM44	土洞墓，斜坡加台阶式	200	3.8×1.1×0.9－3.6	2.9－3.2×0.9－2.2×1.5－1.6	无	无	无	无	宋、金一期	
HBM45	土洞墓，竖井式墓道	180	1.9×0.9×1.9	2×1.6×1.05	无	2	仰身直肢	无	宋、金一期	
HBM46	空号，无墓									
HBM47	窄竖穴土坑墓，合葬	19		2.4×1.06－1.8×1.15－1.3	无	2	仰身直肢	无	清代二期	
HBM48	窄竖穴土坑墓，合葬	19		2.5×1.2－1.7×0.35－0.85	无	2	西侧仰身直肢东侧不详	西侧木棺痕迹2.1×0.3－0.6，东侧木棺痕迹2×0.3－0.6	清代二期	
HBY1	为半地穴式	200		2.4×1.78×1.3						
HBY2	半地穴式	190		2.16×1－1.2						
HBY3	全地穴式	190		3.56×1.95－2.7×1.7						
HBH1	半地穴式			4.2×2.83×1.73						

附表二　新乡市郭柳墓地墓葬形制登记表

墓号	墓葬形制	方向（度）	墓道长×宽×深（米）	墓室长×宽×高（米）	小龛	人数	葬式	葬具长×宽（米）	分期	备注
XGM1	土洞墓，竖井式墓道	200	2×0.9×1.2－1.6	2.6×1.8×1.6	无	1	不详	无	宋代二期	
XGM2	土洞墓，竖井式墓道	195	1.8×1.1×1.7	1.8×1.7×1.4	无	1	不详	无	宋代二期	
XGM3	土洞墓，台阶式墓道	185	2.8×1.3×3.4	2.6×2×2.8	无	1	仰身直肢	木棺痕迹1.95×0.8	唐代三期	
XGM4	土洞墓，斜坡墓道	200	4×0.7－1.4×2.4－2.7	2.8×1.7×1.6	无	1	仰身直肢	木棺痕迹1.8×0.5－0.6	唐代一期	
XGM5	土洞墓，竖井式墓道	190	2.9×1.08×4.2	3.44×3.4×2.66	无	1	仰身直肢	无	唐代一期	
XGM6	土洞墓，竖井式墓道	190	2.8×1.3－1.5×4.6	2.9×2.8－3.3×2.5，侧室0.8×1.05	无	1	仰身直肢	木棺痕迹1.95×0.8－0.9	唐代三期	
XGM7	土洞墓，斜坡墓道	210	3.6×1.4×3.5－3.9	3.2×3×3.1	无	1	仰身直肢	木棺痕迹1.9×0.7	唐代一期	
XGM8	土洞墓，竖井式墓道	190	2.9×1.3×2.6	3.2－3.4×3.1	无	1	仰身直肢	木棺痕迹2.1×0.8	唐代一期	
XGM9	土洞墓，竖井式墓道	185	2.2×1.1×1.6	2×1.3×1.6	无	1	仰身直肢	无	唐代一期	
XGM10	土洞墓，短斜坡墓道	200	1.1×1.1×0.5－0.6	2.1×0.9×0.3	无	2	仰身直肢	西侧木棺痕迹1.78×0.65	宋代二期	
XGM11	单室砖墓，券顶	110	3×0.7×0.4－1.6	2.9×1.3×1.6	无	1	不详	无	汉代	
XGM12	土洞墓，竖井式墓道	190	1.7×0.7－0.8×1.3	1.6×1.2×0.7（1.2）	无		不详	西部木棺痕迹1.05×0.32－0.42	宋代一期	
XGM13	土洞墓，竖井式墓道	200	1.8×0.8－1×1.9	2×1.8×1.3（1）	无	无	无	无	宋代一期	
XGM14	土洞墓，竖井式墓道	200	1.7×1－1.2×2.2	1.9×1.8－2×1.7（1.5）	无	无	无	无	宋代一期	
XGM15	土洞墓，竖井式墓道	190	2.2×1.12－1.6×3.2－3.3	3.2×2.4×2.6	无	1	不详	无	宋代二期	
XGM16	土洞墓，竖井式墓道	210	2.3×0.9－1.1×2.6	2.5×1.9×1.8（1.24）	无	1	仰身直肢	木棺痕迹1.8×0.6	清代	
XGM17	土洞墓，短斜坡墓道	190	2.1×1－1.1×0.9－1.2	2.2×1.6×2.2	无	1	仰身直肢	木棺痕迹1.7×0.6	宋代二期	

墓号	墓葬形制	方向（度）	墓道长×宽×深（米）	墓室长×宽×高（米）	小龛	人数	葬式	葬具长×宽（米）	分期	备注
XGM18	土洞墓，短斜坡墓道	200	1.6×0.6-0.9×1-1.2	1.7×1.5×1.3	无	无	无	无	宋代二期	
XGM19	土洞墓，短斜坡墓道	200	2.2×0.8-1×0.8-1	1.64×1.3×1.2	无	2	集中摆放	无	宋代二期	
XGM20	土洞墓，短斜坡墓道	190	1.8×0.7-0.9×0.8-1	1.8×1.3×1.2	无	1	仰身直肢	无	宋代一期	
XGM21	土洞墓，竖井式墓道	200	1.6×0.7-0.9×1.1	2×1.3×1.3	无	3	集中摆放	无	宋代二期	
XGM22	土洞墓，竖井式墓道	210	1.6×0.8-0.9×1.1	1.9×1.6×1.1	无	2	集中摆放	无	宋代二期	
XGM23	土洞墓，竖井式墓道	190	1.5×1×1.2	1.4×1×0.74（1）	无	不详	二次葬	无	宋代二期	
XGM24	土洞墓，竖井式墓道	190	1.7×0.8×1.2	1.9×1.2×1（0.9）	无	2	不详	无	宋代二期	
XGM25	土洞墓，竖井式墓道	200	1.8×0.68-0.85×1.1	1.3-1.4×0.7（0.8）	无	2	二次葬	无	宋代二期	
XGM26	土洞墓，竖井式墓道	200	1.6×0.8-0.9×0.7	1.4×1.24×0.9	无	无	无	无	宋代二期	
XGM27	土洞墓，竖井式墓道	190	1.7×0.6-0.8×1	1.6×1.3×1.1	无	2	二次葬	无	宋代二期	
XGM28	土洞墓，竖井式墓道	210	2.5×0.9×0.8	2×1.3×0.8	无	1	不详	无	宋代二期	
XGM29	土洞墓，竖井式墓道	200	2.7×1×1.1	2.2×1.6×0.9	无	2	不详	无	唐代三期	
XGM30	土洞墓，竖井式墓道	190	2×0.6-1×1.6	2×1.5×1.6	无	2	仰身直肢	无	唐代三期	
XGM31	土洞墓，短斜坡墓道	190	2.4×0.9（0.8）×1.7-2	1.7×2.2×1.2	无	无	无	无	宋代二期	
XGM32	土洞墓，竖井式墓道	210	1.8×0.7-0.8×1.5	1.2×1	无	无	无	无	宋代二期	
XGM33	土洞墓，竖井式墓道	190	2.2×0.9×1.2	2.1×1.5×0.85	无	无	无	无	宋代二期	
XGM34	土洞墓，竖井式墓道	200	1.7×0.6-0.7×2	1.6×1.1	无	无	无	无	宋代二期	
XGM35	土洞墓，竖井式墓道	170	2×0.9×1.3	2.8-3×1.3×1.3（1）	无	无	无	无	宋代二期	

墓号	墓葬形制	方向（度）	墓道长×宽×深（米）	墓室长×宽×高（米）	小龛	人数	葬式	葬具长×宽（米）	分期	备注
XGM36	土洞墓，短斜坡墓道	180	2.5×0.9×0.6－1.3	2.2×1.3×1.3	无	不详	二次葬	无	宋代二期	
XGM37	土洞墓，竖井式墓道	200	1.7×1.1×1.1	1.6×1.5×1.1	无	无	无	无	宋代二期	
XGM38	土洞墓，竖井式墓道	200	1.2×2.4×2.1	西1.6×1.1×1.3 东1.8×1.3×1.2	无	2	二次葬	无	宋代二期	
XGM39	土洞墓，竖井式墓道	200	2.8×0.8－1×1.9	2.7×2.2×2－2.2	无	2	仰身直肢	无	唐代二期	
XGM40	土洞墓，竖井式墓道	210	2.3×0.8－1.3×1.9	2.3×2.8×1.7	无	2	仰身直肢	无	宋代一期	
XGM41	土洞墓，竖井式墓道	190	2.4×0.8－1.1×1.1	2.4×2×1.1	无	2	仰身直肢	无	唐代二期	
XGM42	土洞墓，竖井式墓道	200	0.8×0.9－1.1×0.6	1.8×1.5×0.6	无	2	集中摆放	无	唐代二期	
XGM43	土洞墓，竖井式墓道	190	2.3×0.94－1.04×0.9	2.2×1.6×0.9	无	无	无	无	宋代二期	
XGM44	土洞墓，竖井式墓道	190	2.4×1.2×3.2	1.9×2.6×1.6	无	无	无	无	宋代二期	
XGM45	土洞墓，竖井式墓道	180	2.1×0.8－1.2×3	1.6×1×1.7	无	1	二次葬	无	宋代二期	

附表三　卫辉市山彪墓地墓葬形制登记表

墓号	墓葬形制	方向（度）	墓道长×宽×深（米）	墓室长×宽×高（米）	小龛	人数	葬式	葬具长×宽（米）	分期	备注
WSM1	砖室墓，前后室墓	25	6.8×0.7−1×0.7−2.9	前室2.52×2.5×3.1，后室3.04×2.5×3.1	2	1	不详	无	汉代二期	
WSM2	废弃墓道		11.4×0.8×1.4−3.5							
WSM3	单室砖墓，券顶	35	5.6×0.8×2.2	3.8×1.74×1	无	无	无	无	汉代二期	
WSM4	砖室墓，前后室墓	30	6.5×0.9×2.2	前室2.2×2.2×2.2，后室3.2×1.8×2	1	无	无	无	汉代二期	
WSM5	砖室墓，前后室墓	25	5.3×0.9×2.1	前室2.2×2.4×2.2，后室2.8×2×1.6	1	无	无	无	汉代二期	
WSM6	砖室墓，前后室墓	20	4.3×0.9×1.8	前室1.1×1.2×1.8，后室2.5×1.4×1.8	无	无	无	无	汉代一期	
WSM7	砖室墓，前后室墓	20	5.74×0.9×0.2−2.1	前室2.7×2.5×2.1，后室3.2×2.3×2	无	无	无	无	汉代一期	
WSM8	单室砖墓，券顶	25	4.2×1.05×2.1	3.65×2.4×2.05	无	无	无	无	汉代一期	
WSM9	竖穴土坑墓	110		2.4×1.5×2.1	无	无	无	无	清代	
WSM10	竖穴土坑墓	115		北墓室2.2×0.7×1.5，南墓室2×0.8×1.5	1	无	无	无	清代	
WSM11	单室砖墓，券顶	25	3×0.7×1.4−2.2	3×1.8×2.2	无	无	无	无	汉代一期	
WSM12	单室砖墓，券顶	20	4.8×0.9×1.9	3.7×2.1×1.9	1	1	不详	无	汉代二期	
WSM13	土洞墓，竖井式墓道	30	1.5×0.9×2.7	1.2×0.96×0.8	无	2	二次葬	无	宋代一期	
WSM14	土洞墓，竖井式墓道	10	1.6×0.8−1×2	1.7×1.3×1.3（0.4）	无	1	不详	无	宋代一期	

墓号	墓葬形制	方向（度）	墓道长×宽×深（米）	墓室长×宽×高（米）	小龛	人数	葬式	葬具长×宽（米）	分期	备注
WSM15	土洞墓，竖井式墓道	35	1.7×0.8×2.8	1.36×0.98×0.9	无	2	二次葬	无	宋代一期	
WSM16	土洞墓，竖井式墓道	10	1.6×1×3	1.1×0.9	无	1	二次葬	无	宋代二期	
WSM17	土洞墓，竖井式墓道，椭圆形墓室	330	1.5×0.9-1×3.1	墓室1.7×0.9×1.2 东室0.9×0.9 西室1.4×0.9×1	无	4	二次葬	无	宋代一期	
WSM18	土洞墓，竖井式墓道，多室	260	1.8×0.8×3.3	I室0.5×0.6×1.2 II室0.7×0.6×1 III室0.5×0.4×0.8 IV室0.5×0.4×0.6	无	无	无	无	宋代二期	
WSM19	土洞墓，斜坡加台阶式墓道	210	2.7×0.6-0.9×2.4	2.3×1.3×1.1	无	1	仰身直肢	无	唐代二期	
WSM20	废弃井									
WSM21	土洞墓，斜坡加台阶式墓道	210	3.9×0.7-1.3×2.9	2.3×1.3×1.3	无	2	仰身直肢	无	唐代二期	
WSM22	土洞墓，台阶式墓道	190	3.4×0.6×1.5	1.8-2×1.2×1.05	无	1	仰身直肢	无	唐代一期	
WSM23	土洞墓，竖井式墓道，不规则形墓室	30	1.8×0.7-0.8×2.3	2.06×1.14×1.34	无	1	仰身直肢	无	宋代一期	
WSM24	土洞墓，竖井式墓道，长方形墓室	70	1.4×0.9×3	墓室1×0.8×1.06 侧室0.9×0.7×0.9	无	2	迁葬	无	宋代二期	
WSM25	单室砖墓，券顶	20	3.8×0.8×1.2	3.6×2×1.25	1	无	无	无	汉代二期	
WSM26	多室砖墓	25	4.4×0.9×2.3	前室3×2.8 后室2.5×2.2 东侧室1.2×0.6	无	无	无	无	汉代二期	
WSM28	多室砖墓	20	5.4×1×2.2	前室3.3×2.2 后室2.9×2	无	无	无	无	汉代二期	
WSJ1	平面为圆形（WSM27改）			2.5×1						
WSJ2	平面近半圆形		2.16×2.22×2							

附表四　辉县市百泉墓地出土器物登记表

墓号	随葬器物					钱币	
	陶器	瓷器	铜器	铁器	其他	五铢	其他
HBM1	无随葬品						
HBM2	大口罐4盘1奁1魁1耳杯3案1灶1井1猪圈1狗1		镜3带钩1戒指2扣2	刀1矛1削1戒指1	石珠1骨簪1	3	
HBM3	大口罐3小口罐1魁1勺1案1井1灶1耳杯4猪圈1		镜1	削1棍1		3	其中有剪轮五铢2枚
HBM4	大口罐8盘1奁1魁1案1灶1耳杯4井1猪圈1		镜2	钩1		2	
HBM5	无随葬品						
HBM6	无随葬品						
HBM7	大口罐3碗1耳杯4灶1井1猪圈1鸡1		镜1			59	
HBM8	大口罐6束颈罐1奁1灶1井1猪圈2釉陶壶2釉陶大口罐2			铁器2叉1钩1	金属链1		
HBM9	废弃墓葬						
HBM10	大口罐2奁1耳杯1灶1鸡1狗1						
HBM11	壶1大口罐5奁1灶1甑1井1猪圈1鸡1狗1			钩1			
HBM12	无随葬品						
HBM13	双系罐1碗1		簪1	镜1		6	
HBM14	小壶1碗1	杯1					
HBM15	无随葬品						
HBM16	无随葬品						
HBM17	大口罐5盘2博山炉1方案1圆案1耳杯6井1水桶1磨1猪圈1鸡3狗2砖2		盆1镜2	刀2			常平五铢3枚
HBM18	无随葬品						
HBM19	大口罐2束颈罐1碗1灶1井1耳杯4猪圈1鸡1			刀1削2	棺钉3	6	

墓号	随葬器物						
	陶器	瓷器	铜器	铁器	其他	钱币	
						五铢	其他
HBM20		执壶 1 碗 1					
HBM21	瓦 4	大口罐 1					祥符元宝 2 景德元宝 2
HBM22							万历通宝 1 顺治通宝 1
HBM24	瓦 4	四系罐 1					开元通宝 1 祥符元宝 1
HBM25	大口罐 1						咸平元宝 1 祥符元宝 1
HBM26	瓦 1	双系罐 1					1 枚已碎，钱文不明
HBM27	板瓦 1	四系罐 1 大口罐 1					
HBM28	大口罐 1						祥符元宝 1
HBM29	瓶 1						
HBM30	瓦 1	双系罐 1					皇佑通宝 1 景祐元宝 1
HBM31		双系罐 1		铁器 1	骨簪 1		淳化元宝 1 元丰通宝 3 元符通宝 2 圣宋元宝 1 大定通宝 1
HBM33		四系罐 2					万历通宝 2
HBM34		双系罐 2					乾隆通宝 8
HBM35	无随葬品						
HBM36							元符通宝 3 元丰通宝 3
HBM37				铁器 2			天圣元宝 1 元祐通宝 1 皇宋通宝 1 绍圣元宝 1 元丰通宝 1 崇宁通宝 1 至道元宝 1 熙宁元宝 1 政和通宝 1 熙宁重宝 1
HBM38	罐底 1 瓮 3 盆 1 甑 1 耳杯 1						
HBM39	废弃墓						
HBM40	瓦 2	双系罐 2					康熙通宝 1 雍正通宝 2 乾隆通宝 1

墓号	随葬器物						
	陶器	瓷器	铜器	铁器	其他	钱币	
						五铢	其他
HBM41	瓦 1	双系罐 1 小口罐 1					万历通宝 1 顺治通宝 1
HBM42							开元通宝 1
HBM43	板瓦 1	大口罐 1					万历通宝 1
HBM44	无随葬品						
HBM45	无随葬品						
HBM47	瓦 1	双系罐 3 四系罐 1	珠 16				崇宁重宝 1 皇宋通宝 1 乾隆通宝 1
HBM48		双系罐 1 四系罐 1					
HBY1	板瓦 3						
HBY2	板瓦 3						
HBY3	砖 3 瓦（残片）						
HBH1	板瓦 4						

附表五　新乡市郭柳墓地出土器物登记表

墓号	随葬器物						
	陶器	瓷器	铜器	铁器	其他	钱币	
						五铢	其他
XGM1	无随葬品						
XGM2	无随葬品						
XGM3							开元通宝1
XGM4	大口罐1	碗1		剪1			开元通宝1
XGM5	双系罐1						开元通宝1
XGM6	盖罐1		泡钉28				开元通宝4
XGM7	盖罐1		泡钉25				
XGM8	双系罐1 砚1		锁样饰件2 铺手1 革带饰件7				开元通宝32枚
XGM9			簪1			1	开元通宝6
XGM10			铜簪1		金耳坠2		崇宁重宝4 元祐通宝18 天禧通宝11 天圣元宝16 嘉祐元宝12 圣宋元宝15 景德元宝1 熙宁重宝6 开元通宝25 元丰通宝6 元符通宝18 咸平元宝1 宣和通宝15
XGM11	小釉陶壶1		铜镜1			20	
XGM12	无随葬品						
XGM13	无随葬品						
XGM14		梅瓶2					
XGM15		碗1					开元通宝3
XGM16		盂1	簪1				治平元宝2 顺治通宝1 康熙通宝1
XGM17		盂2 碗3					

墓号	随葬器物						
	陶器	瓷器	铜器	铁器	其他	钱币	
						五铢	其他
XGM18	无随葬品						
XGM19	无随葬品						
XGM20		碗 1					太平通宝 2 开元通宝 2 至道元宝 1 天禧通宝 2 祥符元宝 7
XGM21							绍圣元宝 2
XGM22	无随葬品						
XGM23	无随葬品						
XGM24	无随葬品						
XGM25	无随葬品						
XGM26	无随葬品						
XGM27	无随葬品						
XGM28							开元通宝 2
XGM29		瓷碗 1 双系罐 2	铜丝 2				开元通宝 5
XGM30						1	开元通宝 1
XGM31	无随葬品						
XGM32	无随葬品						
XGM33	无随葬品						
XGM34	无随葬品						
XGM35			耳环 2				
XGM36				铲 1			
XGM37		碗 1					
XGM38	无随葬品						
XGM39	瓶 3	碗 1	铜镜 1 铜簪 1				
XGM40	大口罐 1	盂 1					开元通宝 8 天圣元宝 7

墓号	随葬器物						
	陶器	瓷器	铜器	铁器	其他	钱币	
						五铢	其他
XGM41	双系罐 1	三彩炉 1 三彩注子 1 碗 1 盏 1	铜镜 1				
XGM42	大口罐 1 瓶 1	碗 1	铜镜 1				
XGM43		盂 1					
XGM44	无随葬品						
XGM45	无随葬品						

附表六　卫辉市山彪墓地出土器物登记表

墓号	随葬器物						
	陶器	瓷器	铜器	铁器	其他	钱币	
						五铢	其他
WSM1	无随葬品						
WSM2	废弃墓道						
WSM3	长盒1圆盒1大口罐3盆2盘2奁1魁2勺1耳杯2案1仓1灶1猪圈1井1狗1鸡1					10	
WSM4	盒1灶1井1猪圈1						
WSM5	无随葬品						
WSM6	束颈罐1					6	其中剪轮五铢一枚
WSM7	灶1（案、耳杯为碎片，无法复原）						
WSM8	奁1井1						
WSM9							顺治通宝1康熙通宝1
WSM10		双系罐2					
WSM11	瓮1灶1			铁削1			
WSM12	甑1案1耳杯1						
WSM13	无随葬品						
WSM14		碗1					治平元宝1元丰通宝2熙宁元宝2开元通宝1皇宋通宝2
WSM15	无随葬品						
WSM16	无随葬品						
WSM17			簪1				皇宋通宝1
WSM18	无随葬品						
WSM19	瓶1大口罐1	碗1					
WSM21	瓶3	碗1					
WSM22	双系罐1	瓶1	铜钩1		蚌壳2		开元通宝2

墓号	随葬器物						
	陶器	瓷器	铜器	铁器	其他	钱币	
						五铢	其他
WSM23		碗1					祥符元宝2 开元通宝2 元丰通宝2 熙宁元宝2
WSM24				铁板1			
WSM25	长盒1 圆套盒1 大口罐3 盘1 奁1 魁2 案1 耳杯6 灶1 井1 猪圈1 鸡1 瓮					2	
WSM26	无随葬品						
WSM27	改为J1						
WSM28	无随葬品						
WSJ1	釉陶板瓦1						
WSJ2	无随葬品						

附表七　百泉墓地人骨鉴定报告

送检方提供			检测结论				
墓葬编号	年代	类别	性别	年龄	身高	健康状况或病理结果	其他
HBM2	东汉	骨骸残片、颌骨、牙		20－26岁		左侧下颌第二磨牙龋坏、第三磨牙阻生	
HBM2	东汉	骨骸残片、颅骨、牙	男	45－50岁			
HBM22	清朝	四肢骨、部分躯干骨	男	45－48岁	166cm左右		
HBM24	宋朝	部分躯干骨、四肢骨、颅骨	女	38－42岁	173cm左右	颅顶外侧钝器伤，骨裂开、伤口周围呈出血性浸润。髋骨的产育史不明显。左下颌间隙曾有感染病史；右侧智齿龋坏；右侧远中错合。	死亡原因非正常
HBM2	东汉	骨碎片				缺少可供判读的信息	
HBM22（西侧）	清朝	骨碎片				同上	
HBM5	魏晋	骨碎片				同上	
HBM26	宋朝	颅骨、四肢骨	女	59－62岁	179cm左右	左侧下颌第一磨牙严重龋坏、穿髓、慢性牙髓炎伴颌骨瘘管；口内多个牙位残冠，髓腔开发	
HBM27	宋朝	部分四肢骨、颌骨、牙	男		165cm左右		
HBM31	宋朝	四肢骨、牙	女	29－34岁	179cm左右		
HBM40	清朝	骨碎片、颌骨、牙		45岁左右		左侧下颌第三磨牙颊面龋洞	
HBM40	清朝	骨碎片				缺少判读信息，无法做出结论	
HBM41	清朝	骨碎片				同上	

送检单位：河南省新乡市文物考古研究所

检测单位：武汉大学科技考古中心

时　　间：2008年8月5日

附表八　郭柳墓地人骨鉴定报告

送检方提供			检测结论				
墓葬编号	年代	类别	性别	年龄	身高	健康状况或病理结果	其他
XGM45		四肢骨、颌骨、牙		35－39岁	177cm左右	牙体的钙、磷元素与正常个体相同，镁元素偏低	
XGM10	北宋	骨碎片				无法获得有鉴定的信息	
XGM19	宋	骨碎片				同上	
XGM21	宋	骨碎片				同上	

送检单位：河南省新乡市文物考古研究所

检测单位：武汉大学科技考古中心

时　　间：2008年8月5日

后 记

该报告是河南南水北调中线工程新乡百泉、郭柳、山彪等三个文物保护项目的报告集。项目由河南省文物考古研究所委托新乡市文物考古研究所进行考古发掘，项目领队赵新平，工地负责人傅山泉。参加发掘的人员有刘习祥、李惠萍、张春媚、赵昌、何林、申文、王政、苗常青、周鹏、赵蕾、韩子宾等。报告编写由傅山泉执笔；资料汇总刘习祥；摄影张宁、苗常青；英文翻译申文；李慧萍、张春媚、赵昌、何林、申文、王政、苗常青、周鹏、赵蕾、韩子宾等同志参加了绘图、描图、拓片工作。

在项目的发掘和报告的整理过程中，得到了河南省文物局局长陈爱兰、副局长孙英民，河南省文物局南水北调文物保护办公室主任张志清，河南省文物考古研究所所长孙新民，新乡市文物管理局局长范禄等领导和专家的大力支持和帮助。河南省文物局南水北调文物保护办公室对本报告的出版提供了经费支持。辉县市文物局、卫辉市文物旅游局和凤泉区文物旅游局在发掘和整理期间曾给予了大力协助。当地乡镇、村各级领导及群众在发掘期间积极配合、全力协助，使发掘工作得以顺利进行。武汉大学科技考古中心对此次考古发掘中出土的人体骨骼进行了鉴定，科学出版社考古分社张亚娜女士为报告编辑出版付出了辛勤劳动，在此一并表示感谢！

由于我们水平有限，书中难免会有不当之处，敬请文物考古界同仁及专家学者批评指正！

编者

2010 年 5 月 5 日

1. 百泉墓群地貌 (南—北)

2. 百泉墓地发掘场景

百泉墓地发掘前地貌

1. HBM2墓室

2. HBM3墓室

百泉墓地汉代墓葬

1. HBM25墓室

2. HBM36墓室

百泉墓地宋代墓葬

1. 铜镜 (HBM4：1)

2. 铜连弧纹镜 (HBM17：13)

百泉墓地汉墓出土铜器

1. 铜连弧纹镜 (HBM3：18)

2. 铜镜 (HBM4：2)

3. 铜镜 (HBM7：8)

4. 铜云龙纹镜 (HBM17：23)

百泉墓地汉墓出土铜器

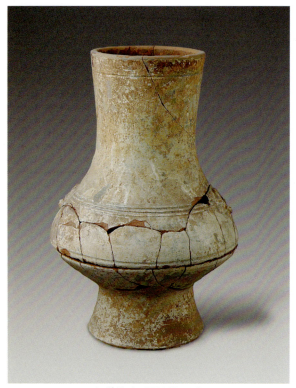

1. 釉陶壶 (HBM8:13)

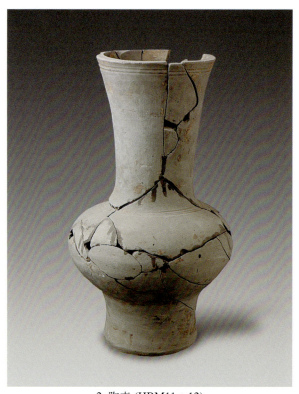

2. 陶壶 (HBM11:12)

3. 陶井 (HBM4:21)

4. 陶井 (HBM11:3)

百泉墓地汉墓出土陶器

1. 陶猪圈 (HBM3：1)

2. 陶猪圈 (HBM4：22)

3. 陶猪圈 (HBM7：1)

4. 陶猪圈 (HBM11：4)

5. 陶灶 (HBM7：4)

6. 陶灶 (HBM11：2)

百泉墓地汉墓出土陶器

1. 陶鸡 (HBM7：7)

2. 陶鸡 (HBM11：7)

3. 陶狗 (HBM17：25)

4. 陶井 (HBM8：8)

百泉墓地汉墓出土陶器

1. 陶魁 (HBM3：8)

2. 陶奁 (HBM10：4)

3. 釉陶大口罐 (HBM8：15)

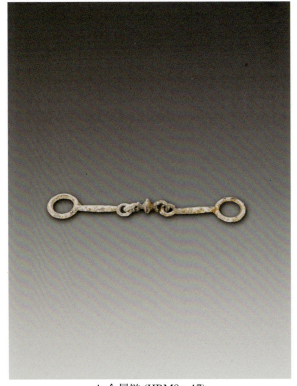

4. 金属链 (HBM8：17)

百泉墓地汉墓出土陶、釉陶、金属器

1. 陶碗 (HBM13：1)

2. 瓷碗 (HBM20：1)

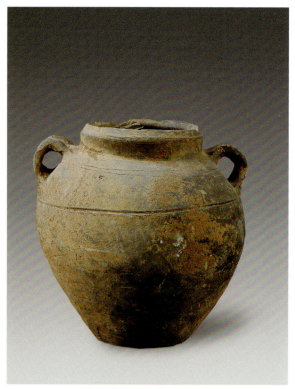

3. 陶双系罐 (HBM13：2)

4. 瓷执壶 (HBM20：2)

百泉墓地唐墓出土陶、瓷器

1. 瓷大口罐 (HBM21：2)

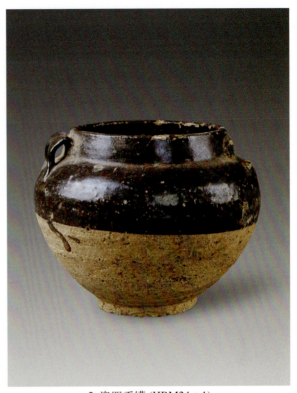

2. 瓷四系罐 (HBM24：1)

3. 瓷双系罐 (HBM30：1)

4. 瓷双系罐 (HBM31：1)

百泉墓地宋、金墓出土瓷器

1. 瓷四系罐 (HBM33：2)

2. 瓷双系罐 (HBM33：3)

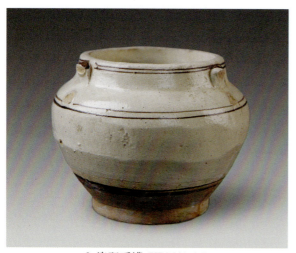

3. 瓷双系罐 (HBM41：1)

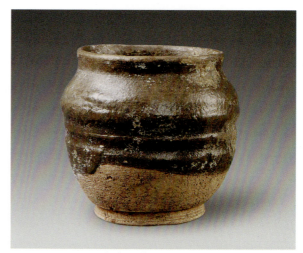

4. 瓷大口罐 (HBM43：2)

5. 瓷双系罐 (HBM48：1)

6. 瓷四系罐 (HBM48：2)

百泉墓地明、清墓出土瓷器

1.郭柳墓地地貌(南—北)

2.郭柳墓地发掘场景

郭柳墓地发掘前、发掘中地貌

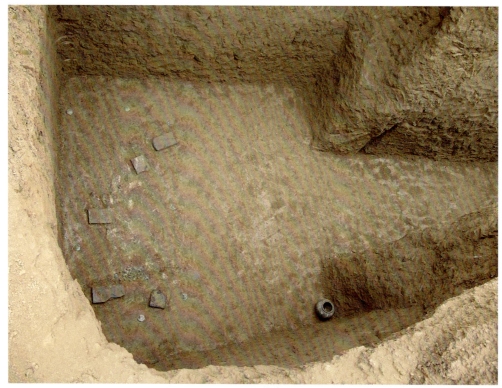

1. XGM7墓室

2. XGM41

郭柳墓地唐代墓葬

1. 瓷碗 (XGM4：1)

2. 瓷碗 (XGM29：5)

3. 瓷碗 (XGM39：1)

4. 瓷碗 (XGM41：4)

5. 瓷双系罐 (XGM29：6)

6. 墓志盒 (XGM6：4)

郭柳墓地唐墓出土瓷、石器

彩版一六

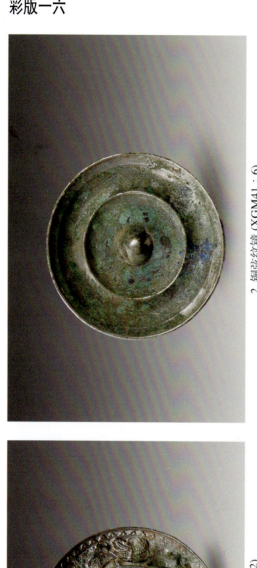

1. 铜瑞兽葡萄镜 (XGM39：2)

2. 铜弦纹镜 (XGM41：6)

3. 铜弦纹镜 (XGM42：4)

4. 铁铲 (XGM36：1)

郭柳墓地唐、宋墓出土铜、铁器

1. 瓷三彩炉 (XGM41：1)

2. 瓷三彩注子 (XGM41：3)

3. 瓷盂 (XGM16：1)

4. 瓷双系罐 (XGM29：4)

郭柳墓地唐、清墓出土唐三彩、瓷器

1. 瓷盂 (XGM17 : 2)

2. 瓷盂 (XGM17 : 3)

3. 瓷盂 (XGM40 : 1)

4. 瓷盂 (XGM43 : 1)

郭柳墓地宋墓出土瓷器

1. 瓷碗 (XGM17：4)

2. 瓷碗 (XGM17：5)

3. 瓷碗 (XGM17：1)

4. 瓷碗 (XGM20：1)

5. 瓷碗 (XGM37：1)

6. 瓷梅瓶 (XGM14：1)

郭柳墓地宋墓出土瓷器

1. XGM15 石棺

2. XGM15 石棺

郭柳墓地宋墓出土石棺

1. 山彪墓群发掘前地貌 (南—北)

2. 山彪墓地发掘后场景 (南—北)

山彪墓地发掘前地貌

1. WSM11

2. WSM25

山彪墓地汉代墓葬

1. WSM19墓室

2. WSM22墓室

山彪墓地唐代墓葬

1. WSM18唐墓墓室

2. WSM21宋墓墓室

山彪墓地唐、宋代墓葬

1. WSM15墓室

2. WSM24墓室

山彪墓地宋代墓葬

1. 陶狗 (WSM3：5)

2. 陶鸡 (WSM3：6)

3. 陶灶 (WSM25：13)

4. 陶猪圈 (WSM25：22)

5. 陶井 (WSM3：9)

6. 陶井 (WSM25：14)

山彪墓地汉墓出土陶器

1. 瓷碗 (WSM19：2)

2. 瓷碗 (WSM21：2)

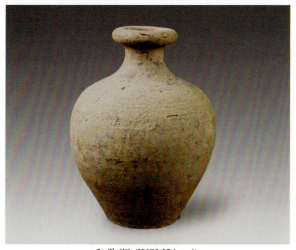

3. 陶瓶 (WSM21：4)

4. 陶瓶 (WSM21：1)

5. 瓷瓶 (WSM22：6)

6. 铁板 (WSM24：1)

山彪墓地唐墓出土陶、瓷、铁器

1. 瓷碗 (WSM14：2)

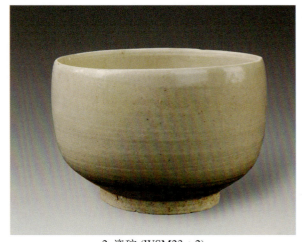

2. 瓷碗 (WSM23：2)

3. 瓷双系罐 (WSM10：1)

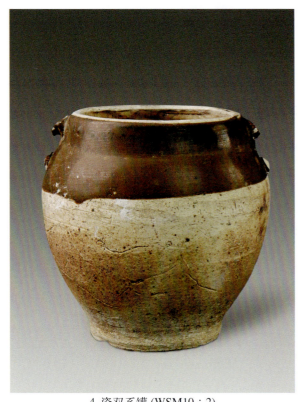

4. 瓷双系罐 (WSM10：2)

1. HBM4墓室

2. HBM19墓室

百泉墓地汉代墓葬

1. HBM8墓室

2. HBM10

百泉墓地汉代墓葬

1. HBM13墓室

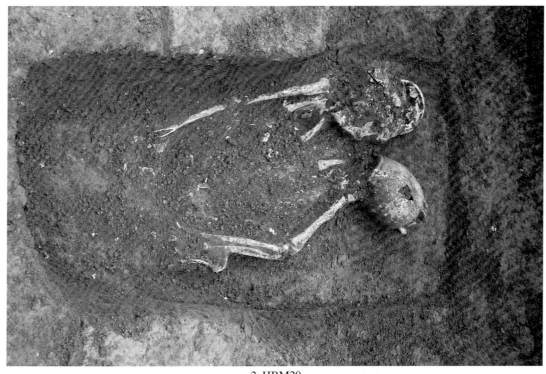

2. HBM20

百泉墓地唐代墓葬

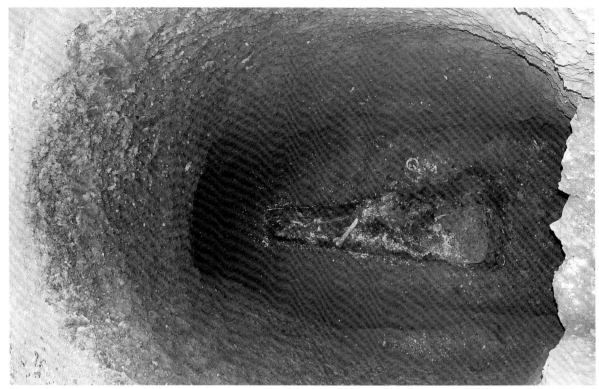

1. HBM15墓室

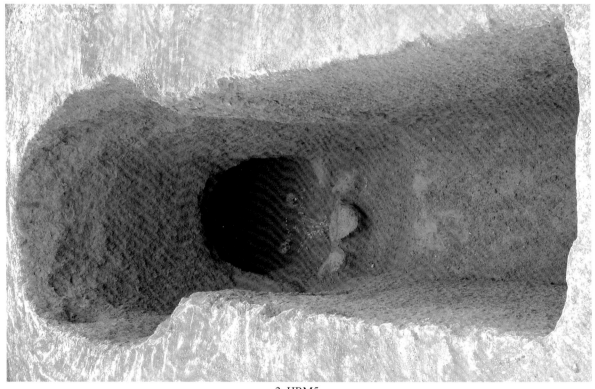

2. HBM5

百泉墓地宋代墓葬

1. 陶大口罐 (HBM2：6)

2. 陶大口罐 (HBM4：13)

3. 陶大口罐 (HBM4：17)

4. 陶大口罐 (HBM7：2)

5. 陶大口罐 (HBM7：3)

6. 釉陶大口罐 (HBM8：16)

百泉墓地汉墓出土陶器

1. 陶大口罐 (HBM3：17)

2. 陶大口罐 (HBM4：12)

3. 陶大口罐 (HBM4：16)

4. 陶大口罐 (HBM7：9)

5. 陶大口罐 (HBM8：6)

6. 陶大口罐 (HBM10：7)

百泉墓地汉墓出土陶器

1. 陶大口罐 (HBM2：1)

2. 陶大口罐 (HBM11：5)

3. 陶大口罐 (HBM11：6)

4. 陶大口罐 (HBM11：13)

5. 陶大口罐 (HBM17：3)

6. 陶大口罐 (HBM17：11)

百泉墓地汉墓出土陶器

1. 陶大口罐 (HBM4：15)

2. 陶大口罐 (HBM8：2)

3. 陶大口罐 (HBM8：3)

4. 陶大口罐 (HBM17：1)

5. 陶大口罐 (HBM19：11)

6. 陶大口罐 (HBM19：17)

百泉墓地汉墓出土陶器

1. 陶灶 (HBM2：5)

2. 陶灶 (HBM3：3)

3. 陶灶 (HBM19：1)

4. 陶奁 (HBM2：13)

5. 陶奁 (HBM4：5)

6. 陶奁 (HBM11：1)

百泉墓地汉墓出土陶器

1. 陶耳杯 (HBM2：28)

2. 陶耳杯 (HBM4：3)

3. 陶耳杯 (HBM4：10)

4. 陶耳杯 (HBM7：12)

5. 陶耳杯 (HBM17：10)

6. 陶盘 (HBM4：9)

百泉墓地汉墓出土陶器

1. 陶耳杯 (HBM2：23)

2. 陶耳杯 (HBM7：10)

3. 陶耳杯 (HBM7：11)

4. 陶耳杯 (HBM19：4)

5. 陶耳杯 (HBM19：6)

6. 陶耳杯 (HBM19：7)

百泉墓地汉墓出土陶器

1. 陶案（HBM2：11）

2. 陶案（HBM3：10）

3. 陶案（HBM4：11）

4. 陶案（HBM17：18）

5. 砖（HBM17：32）

6. 砖（HBM17：33）

百泉墓地汉墓出土陶器

1. 陶猪圈 (HBM2：3)

2. 陶猪圈 (HBM19：8)

3. 陶猪圈 (HBM8：10)

4. 陶灶 (HBM10：5)

5. 陶灶 (HBM4：20)

6. 陶磨 (HBM17：29)

百泉墓地汉墓出土陶器

1. 陶盘 (HBM2：14)

2. 陶碗 (HBM19：14)

3. 陶束颈罐 (HBM8：11)

4. 陶魁 (HBM2：12)

5. 陶鸡 (HBM17：22)

6. 陶鸡 (HBM10：6)

百泉墓地汉墓出土陶器

1. 陶大口罐 (HBM2∶8)

2. 陶大口罐 (HBM2∶10)

3. 陶大口罐 (HBM8∶12)

4. 陶大口罐 (HBM11∶8)

5. 陶大口罐 (HBM11∶14)

6. 陶大口罐 (HBM17∶2)

百泉墓地汉墓出土陶器

1. 陶狗 (HBM2：21)

2. 陶狗 (HBM11：9)

3. 铜镜 (HBM2：15)

4. 铜镜 (HBM2：31)

5. 骨簪 (HBM2：22)

6. 石珠 (HBM2：34)

百泉墓地汉墓出土陶、铜、骨、石器

1. 铜带钩 (HBM2：35)

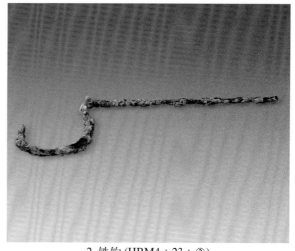

2. 铁钩 (HBM4：23：②)

3. 铁 "Ω" 形器 (HBM8：18)

4. 铁叉 (HBM8：19)

5. 铁刀 (HBM17：14)

6. 铁削 (HBM19：9)

百泉墓地汉墓出土铜、铁器

1. 小陶壶 (HBM14：3)

2. 陶瓶 (HBM29：1)

3. 陶碗 (HBM14：1)

4. 铁镜 (HBM13：3)

百泉墓地唐墓出土陶、铁器

1. 瓷双系罐 (HBM27：2)

2. 瓷四系罐 (HBM27：3)

3. 陶大口罐 (HBM25：1)

4. 陶大口罐 (HBM28：1)

百泉墓地宋墓出土瓷、陶器

1. 铁器 (HBM37：1)

2. 铁器 (HBM37：4)

3. 陶瓦 (HBM24：2)

4. 骨簪 (HBM31：4)

百泉墓地宋、金墓出土陶、铁、骨器

1. 瓷双系罐 (HBM34：1)

2. 瓷双系罐 (HBM40：1)

3. 瓷双系罐 (HBM40：3)

4. 瓷双系罐 (HBM47：1)

5. 瓷双系罐 (HBM47：3)

6. 瓷双系罐 (HBM47：4)

百泉墓地清墓出土瓷器

1. 陶瓦 (HBM40：2)

2. 陶瓦 (HBM40：4)

3. 陶瓦 (HBM41：4)

4. 陶瓦 (HBM47：6)

5. 陶瓦 (HBM26：2)

百泉墓地清墓出土陶器

1. 瓷四系罐 (HBM47：2)

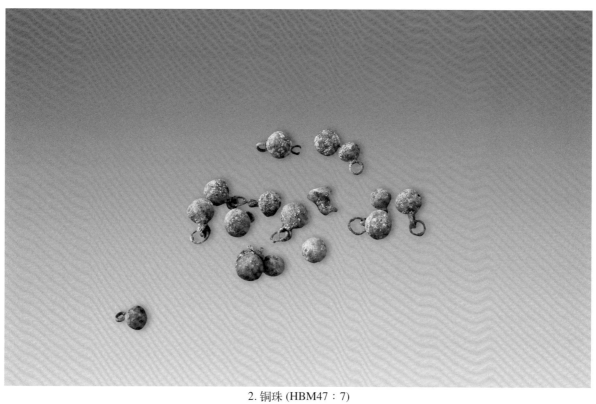

2. 铜珠 (HBM47：7)

百泉墓地清墓出土瓷、铜器

2. XGM4唐墓

1. XGM11汉墓

郭柳墓地汉墓、唐墓

2. XGM30

1. XGM9

郭柳墓地唐代墓葬

1. XGM5墓室

2. XGM42

郭柳墓地唐代墓葬

2. XGM21

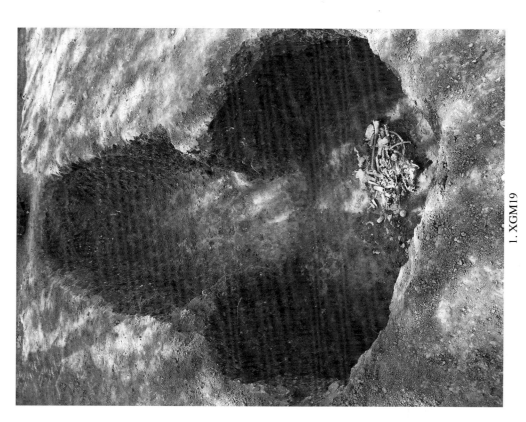

1. XGM19

郭柳墓地宋代墓葬

1. XGM20墓室

2. XGM28

郭柳墓地宋代墓葬

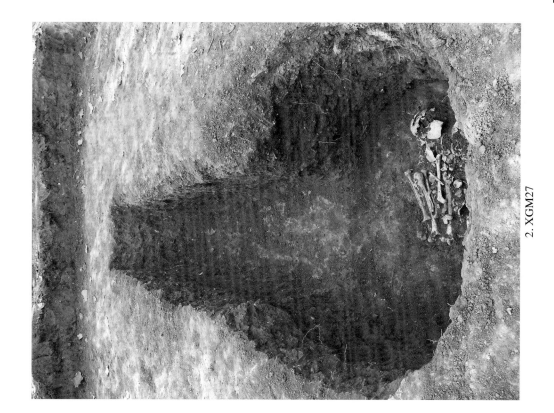

2. XGM27

1. XGM25

郭柳墓地宋代墓葬

1. XGM40宋墓

2. XGM16清墓墓室

郭柳墓地宋墓、清墓

1. 铜镜 (XGM11：3)

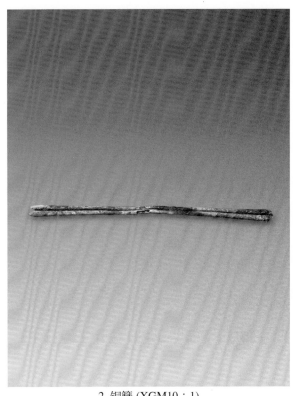

2. 铜簪 (XGM10：1)

3. 铜铺首 (XGM8：2)

4. 铁剪 (XGM4：3)

郭柳墓地汉、唐、宋墓出土铜、铁器

1. 铜泡钉 (XGM6：2)

2. 铜泡钉 (XGM7：2)

3. 铜质鎏金革带饰件 (XGM8：5)

4. 陶双系罐 (XGM5：2)

5. 陶双系罐 (XGM8：6)

郭柳墓地唐墓出土铜、陶器

1. 小釉陶壶 (XGM11：2)

2. 陶大口罐 (XGM40：2)

郭柳墓地汉、唐墓出土釉陶、陶器

1. 陶盖罐 (XGM6：1)

2. 陶盖罐 (XGM7：1)

3. 陶砚 (XGM8：4)

4. 陶瓶 (XGM39：3)

郭柳墓地唐墓出土陶器

1. 陶瓶 (XGM39：5)

2. 陶瓶 (XGM39：6)

3. 陶瓶 (XGM42：1)

4. 陶双系罐 (XGM41：2)

5. 陶大口罐 (XGM4：2)

6. 陶大口罐 (XGM42：2)

郭柳墓地唐墓出土陶器

1. 山彪墓地发掘场景 (南—北)

2. 山彪墓地发掘场景 (北—南)

山彪墓地发掘场景

1. 陶奁 (WSM3：2)

2. 陶长盒 (WSM3：3)

3. 陶仓 (WSM3：14)

4. 陶魁 (WSM3：15)

5. 陶耳杯 (WSM3：10)

6. 陶盘 (WSM3：16)

山彪墓地汉墓出土陶器

1. 陶魁(WSM25：1)

2. 陶耳杯 (WSM25：5)

3. 陶大口罐 (WSM3：1)

4. 陶大口罐 (WSM25：12)

5. 陶大口罐 (WSM25：16)

6. 陶大口罐 (WSM25：18)

山彪墓地汉墓出土陶器

1. 陶甑 (WSM12∶1)

2. 陶奁 (WSM25∶9)

3. 陶圆盒 (WSM3∶4)

4. 陶长盒 (WSM25∶3)

山彪墓地汉墓出土陶器

1. 陶大口罐 (WSM19：3)

2. 陶双系罐 (WSM22：5)

3. 陶瓶 (WSM19：1)

4. 陶瓶 (WSM21：3)

山彪墓地唐墓出土陶器